인생은
수리가
됩니다

인생은 수리가 됩니다

필립 C. 맥그로 지음 — 차백만 옮김

반품은 안 되지만.

청림출판

한 그루의 나무가 모여 푸른 숲을 이루듯이
청림의 책들은 삶을 풍요롭게 합니다.

"내 인생도 수리가 되나요?"

이미 괜찮게 살고 있지만, 더 나은 삶을 원하는가? 좋다.

사는 게 너무나 힘겨워서 어떻게든 그 삶을 바꾸고 싶은가? 좋다.

이 책은 목적을 갖고 전략적으로 인생을 살아갈 수 있는 방법을 담고 있다. 당신의 삶에서 부정적인 행동을 유심히 살펴보고, 당신의 현재 인생전략을 자세히 검토해보는 과정에서 많은 것을 깨달을 수 있다.

인생전략은 바로 여기에서부터 출발한다. 당신이 날마다 어떻게 살아가는지 스스로 검토해보는 과정은 너무나 중요하다. 왜냐하면, 당신의 삶을 책임지는 것은 바로 당신 자신이기 때문이다.

대다수 사람은 자신에게 어려운 질문을 던지지 않으려 든다. 당신도 예외가 아닐 것이다. 자신의 성격과 행동을 있는 그대로 직시하지 않으며, 따라서 성공을 방해하는 요소들에 대해 심각하게 고민하지 않는다.

이것은 일종의 자기기만이다.

남들이야 자기기만이란 안개 속에 살든 말든 내버려두라. 그러나 당신은 눈을 가리던 안대를 벗어젖히고 진실을 직면하라. 남들이야 뿌연 연기 속에서 헤매든 말든 무슨 상관인가?

인생을 제대로 관리하지 못하는 증상, 나는 이것을 '전염병'이라고 부른다. 삶을 책임지지 않고 그냥 내버려두는 태도라고 할 수 있다. 전염병에 걸렸는지 알아보는 방법이 세 가지 정도 있는데 다음과 같다. 혹시 당신에게도 해당되는지 확인해보기 바란다.

가장 두드러지는 것은 현실부정이다. 현실부정은 여러 형태로 나타나는데, 아예 그 상황을 인식하지 못하는 경우도 있고, 상황은 인식하지만 그저 그 상황이 싫어서 저항하는 때도 있다. 어떤 경우든 현실부정은 위험하다. 그리고 이 흔한 실수가 심각하게 나쁜 결과를 가져올 수도 있다.

두 번째 전염병 성향은 초기 가정을 세운 후에 그 가정이 맞는지, 또는 정확한지 검증하지 않는 것이다. 당신이 특정한 입장이나 주장, 신념을 수용한 후에 검증하지 않는다면, 그로부터 파생된 생각은 제아무리 논리적이고 견고하다 해도 완전히 잘못된 결론에 도달할 수 있다. 자신을 신뢰하고, 자신의 신념이 옳다고 확신할수록 다른 가능성을 쉽게 외면하게 된다.

세 번째 전염병 성향은 무기력이다. 무기력은 두려움과 현실부정으로 인한 마비 상태를 말한다. 예를 들어, 승객을 가득 태운 비행기가 갑자기 고도가 떨어지며 추락 중이다. 그러자 조종사는 조금도 당황하지 않고 조종석에 앉아 이렇게 말한다.

"말도 안 돼. 이런 일이 벌어지다니 믿을 수 없어. 조만간 신께서 도와주시든지 하겠지."

"괜찮을 거야. 난 지금까지 한 번도 추락한 적이 없잖아. 그러니 기적이 일어나서 모두 무사할 거야."

당신이 수용하기가 너무 괴로워서 그 상황을 부정하면, 그 상황이 막상 현실이 될 경우 그 충격으로 자기보존이라는 효율적이고 열정적인 행동을 할 수 없게 된다. 그 결과는 실패로 연결된다.

지금까지 언급한 성향은 모두 서로 연관이 있고, 우리가 흔히 범하는 실수다. 그리고 이런 성향이 위험한 상황과 엮이게 되면 큰 재앙이 닥칠 수 있다. 분명한 것은 문제가 심각할수록 문제를 제대로 관리하지 못한 대가는 더 크다는 것이다.

지금까지의 삶을 되돌아보라. 유달리 기억에 남는 중요한 사건들이 있을 것이다. 그렇다면 현실부정이나 잘못된 초기 가정으로 인해 어떤 결과가 도출되었는가? 당신이 무기력에 빠졌을 때, 또는 가면 뒤에 숨어 다른 사람들의 도움을 거부했을 때 어떤 상황이 벌어졌는가?

당신도 주변에서 어리석게도 제 발로 불구덩이로 뛰어드는 사람을 본 적이 있을 것이다. 그 모습을 보며 즉각 이런 생각을 했을 것이다.

'도대체 무슨 생각으로 저러는 거야?'

당신도 인생을 제대로 관리하지 못하는 전염병에 걸렸다면, 다음 목록 중에 해당되는 항목이 있을 것이다.

- 내 직업으로 더 많은 수입을 벌지 못해 좌절한다.
- 내가 가진 능력을 최대한 발휘하지 않는다.
- 틀에 박힌 삶에 치여 원하는 것을 하지 못한다.
- 사는 것이 너무 지루하다.
- 감정이 메마른 삶이나 결혼 생활을 애써 견디고 있다.
- 미래가 없는 단조로운 직업을 유지한 채 버티고 있다.
- 목표를 이루는 데 늘 실패한다.
- 열정도 계획도 목표도 없이 그저 마지못해 하루를 버틴다.
- 아주 위험한 행동을 하면서도 나는 절대 괜찮을 거란 착각 속에 빠져 산다.
- 의욕을 잃고 도전이 없는 따분한 삶에 안주한다.
- 외톨이처럼 살지만 바꿀 생각이 없다.
- 감당할 수 없는 금전적 어려움을 겪고 있다.
- 늘 죄책감이나 좌절을 느끼면서 우울하게 살아간다.

위에 적힌 문장 중에 당신에게 해당되는 것이 있는가? 혹시 아침에 눈뜰 때마다 머릿속에 떠오르는 문장 아닌가?

아마 당신은 인생이 어딘가 망가졌다고 느낄지도 모른다. 금이 가고, 흠집이 생기고, 작은 부품이 떨어져나가고, 녹이 슬어 약해져간다는 느낌 말이다. 아등바등 발버둥 쳐보지만 마음대로 되지 않고, 어떻게 바로 잡아야 할지 감도 잡히지 않는 상황일 수도 있다. 이런 짐을 지고 살아가는 것은 좋지 않다.

나는 그런 사람을 위해 이 책을 썼다. 인생을 잘 관리하지 못한 사람들이 좌절의 수렁에 빠지지 않고, 인생을 말끔하게 수리해 다시 일어서기를 바란다. 인생은 수리가 가능하다. 관리도 가능하고 재정비도 가능하다. 다만 당신에게 인생법칙을 배워 인생전략을 세울 굳은 의지와 순수한 마음만 있다면 말이다. 당신에겐 그럴 능력도, 그럴 자격도 충분히 있다.

이 책은 더 나은 삶에 도달하기 위한 전략적 방법을 제시한다. 나는 오랫동안 수많은 사람을 만나며 그들의 고민과 고통을 나누었고, 끝내 해결책을 찾아냈던 경험을 바탕으로 인생의 법칙을 정리했다. 이 법칙들은 알기 쉽고 누구나 느껴본 것들이며, 인생을 재정비하는 데 효과가 있다. 많은 사람이 이 인생법칙을 바탕으로 인생전략을 세웠다. 그들은 망가져가는 삶을 고쳐냈고 갈등과 두려움과 고통을 털어냈다. 당신도 그렇게 되기를 바란다.

그러나 그전에 먼저 이 사회에 만연한 전염병에서 벗어나야 한다. 당신은 우리 사회가 사로잡혀 있는 상대주의 논리에서 파생된 잘못된 행동부터 버려야 한다. 오늘날 사람들은 모든 것이 상대적인 것처럼 행동한다. 한마디로 절대적인 기준이 없다. 선한 것도 악한 것도 다 상대적이다. 완전히 옳은 것도, 완전히 틀린 것도 없다. 위대한 업적의 기준도 모호하다. 우리는 모든 것에 타협한다. 우리가 주변에서 이런 말을 얼마나 자주 듣는지 한번 생각해보라.

"이 정도면 비교적 잘하고 있는 편이야."

"이 정도론 부족하지만, 별수 없지, 뭐."

"나도 노력하긴 하는데 영 쉽지가 않네."

"고생한 걸 생각해보면 이 정도도 나쁘지 않아."

사람들은 쉽사리 이런 생각에 빠지는데, 그 이유는 명확한 기준이나 예상했던 결과가 없으면 목표를 달성하지 못해도 패배한 것이 아니기 때문이다. 기준이 모호할수록 실패를 감추기가 쉬운 셈이다.

이런 생각은 언뜻 보기에 그럴싸해도 실제로는 망상에 불과하다. 당신은 지금 삶에서 승리하고 있든지, 패배하고 있든지 둘 중 하나다. 이 세상은 경쟁사회다. 그리고 경쟁의 결과는 명확한 인생법칙에 의해 결정된다.

명심하라. 당신이 삶을 바꾸든 바꾸지 않든, 시간은 흘러간다. 당신이 앞으로 얘기할 인생법칙을 배우든 배우지 않든, 역시 시간은 몇 주, 몇 달, 또는 몇 년이 흘러간다.

'모르는 게 약이다'라는 낡은 격언은 잊어라. 무지로 인한 평안함과 행복보다는 차라리 고통과 두려움을 주는 선택과 행동을 소망하라. 인생법칙과 책임감, 어려운 질문과 결정은 당신의 귀에 쓴소리일 수 있지만, 그것이 현실이고 그것이 당신에게 주어진 유일한 해답이다.

필립 C. 맥그로

인생을 수리해주는 과제 목록 18

1장

우선 현실을 인정해야
뭐든 된다

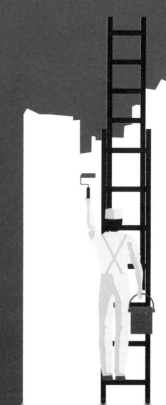

우리는 자신에 대해 고민할 때면
현실을 외면하는 버릇이 있다.
—
마크 트웨인

당신에게는 인생의 전략이 있는가? 아니면 그저 수동적으로 하루하루 닥치는 대로 살아갈 뿐인가? 그럭저럭 살고 있다면, 당신은 충분히 경쟁하고 있지 않은 것이다. 이 세상은 '뼈다귀 하나를 두고 각축을 벌이는 개들'로 가득하다. 그러니 그렇게 어슬렁거리며 뒤쫓아가는 것으로는 절대 성공할 수 없다.

인생의 승자는 게임의 규칙을 알고, 계획도 있다. 그렇기에 그들은 그렇지 못한 이들에 비하면 효율성이 기하급수적으로 높다. 이것은 무슨 대단한 비결이 아니다. 당연한 현상일 뿐이다.

당신도 인생의 승자처럼 게임의 규칙을 이해하고, 계획을 수립하고, 지도를 마련해야 한다. 자신에게 이렇게 물어야 한다.

- 나는 정말 가고자 하는 곳으로 가고 있을까? 아니면 여기저기 배

회하고 있는 걸까?

- 오늘 내가 하는 일은 내가 원해서 하는 일일까? 아니면 어제도 했던 일이라서 오늘도 그냥 하고 있는 걸까?

- 내가 가진 것들은 정말 내가 원했던 것들인가? 아니면 쉽고 안전하고 될 겁이 나서, 적당히 타협해서 얻은 것들인가?

힘든 질문이란 것은 안다. 그러나 당신은 이 질문들에 대한 답을 정말로 알고 있는가?

삶을 살아가고 선택하고 관리하는 법

나는 독자들이 이 책을 고르고 읽는 데 머무르지 않았으면 한다. 이 책을 읽으면서 책과 상호작용하기를 바란다. 그 마음을 담아 책 속에 과제를 담았다. 중요한 대목마다 나오는 다음의 과제를 성실히 수행해보기를 강력히 권한다.

과제 ① 신념 검토하기

첫 과제는 당신의 신념을 검토하는 것이다. 지금껏 살면서 제대로 문제를 인식하지 못했거나, 받아들이지 못했던 다섯 가지 중대한 사건을 나열하라. 그러려면 생각을 좀 달리할 필요가 있다. 예를 들어, 이런 의문이 들 수도 있다.

'내가 현실을 부정했다는 것을 안다는 것은 그 자체로 현실을 인정한 게 아닐까?'

'내가 현실을 외면했다면, 당연히 나는 그런 일이 있었다는 걸 모른다는 건데 어떻게 그걸 글로 적지?'

다시 말하지만, 생각을 바꿔라. 기억하기 싫은 것이 무엇인지, 자신에게 어려운 질문을 던져라. 그런 후 그것들을 목록으로 적어라. 나중에 그 목록을 다시 참조할 것이다. 자, 다시 묻겠다. 당신이 인정하지 않았던 문제는 무엇인가? 아니면 너무나 고통스러워서 피했던 문제는 무엇인가?

참고로 이 책을 읽으면서 적을 것이 상당히 많을 것이다. 그러니 앞으로 모든 '과제물'을 정리할 노트를 따로 준비하는 것이 좋다. 가장 좋은 것은 종이가 흩어지지 않게 스프링이 달린 공책이다. 이 노트는 당신만 볼 수 있는 비밀 노트다. 그래야 자기 생각을 솔직하게 적을 수 있다.

당신이 목록에 무엇을 적든 간에 그중 일부는 당신의 행동으로 인한 결과물일 것이다. 또한, 당신의 문제와 우리가 신문이나 뉴스에서 접하는 비극적인 사건 간에는 결과의 차이만 있을 뿐, 그런 결과에 이르게 한 행동의 차이는 거의 없다. 왜냐하면 당신이 삶에서 보이는 행동 성향은 비극적인 사건에서 보이는 행동과 그다지 다를 바가 없기 때문이다. 그렇지 않은가?

예를 들어보자. 당신은 동네 주택가에서 과속한 적이 있다. 또는 '잠깐' 이웃집에 다녀온다며 어린 자녀를 혼자 집에 내버려둔 적이 있다. 술을 마신 후 다른 사람에게 운전을 맡겨야 한다는 걸 알면서도 직접 차를 몰고 귀가한 적이 있다. 소득세를 줄여서 신고한 적이 있다.

　우리가 듣는 '충격적인 사건'도 이와 다를 것이 없다. 다만 그 결과가 지나치게 비극적으로 치달아서 감옥에 갔거나, 자식이 죽거나, 에이즈에 걸렸을 뿐이다. 어쩌면 당신은 동네에서 과속했거나 음주운전을 했지만, 뉴스에서처럼 아이가 차에 치여 죽은 경우와 달리, 아무런 인명 피해를 남기지 않았을 수 있다. 세금을 줄여서 신고했지만, 다른 사람은 다 걸렸는데 당신만 운 좋게 세무조사 대상에서 빠졌다. 아이를 혼자 집에 두고 이웃집에 다녀왔는데 아이가 별 탈 없이 무사했다. 당신은 남보다 더 올바르게 행동한 것도 아니고, 더 나은 선택을 한 것도 아니다. 그저 운 좋게 넘어갔을 뿐이다. 그러나 삶을 제대로 관리하지 않는 습관이 계속되는 것은 불장난을 반복하는 것과 같다. 사소한 불장난은 언젠가 대형화재로 변할 수 있다.

　삶을 살아가고, 선택하고, 관리하는 과정은 독자적으로 벌어지지 않는다. 이 모든 과정은 이른바 세상이라는 맥락 속에서 벌어진다. 오늘날 같은 험한 세상에서는 세상을 장밋빛으로 바라보는 순진한 시각을 지녔다간 원치 않는 곤경에 처할 수 있다. 이 세상은 드라마에나 나오는, 모든 것이 평화로운 마을이 아니다. 그런 곳은 존재하지 않는다.

험난한 세상, 무엇에 의지할 것인가

세상은 변했다. 세상이 너무 거칠어졌다는 것은 아무도 부인할 수 없는 사실이다. 내가 지나치게 냉소적이라면 미안하다. 그러나 당신도 내 말에 동의할 것이다. 오늘날 우리가 만들어낸 세상은 우리의 부모나 조부모가 알던 세상과는 전혀 다르다. 과거에는 평화로운 마을이 있었을지 모르지만, 지금은 아니다. 우리는 빠른 속도로 질주하는 과정에서 인류 역사상 가장 급변하는 사회에 갇히게 되었다. 우리가 사는 세상은 방향 조절은 안 되고 속도만 빠른, 일직선으로 날아가는 미사일과 같다.

우리의 삶도 엉망이다. 사실 사회가 모든 분야에서 무너지고 있다는 것은 행동과학 박사 학위가 없어도 다 아는 사실이다.

미국의 이혼율은, 일부 추정에 의하면, 자그마치 57.7퍼센트나 된다. 결혼이 유지되는 평균 기간은 고작 26개월이다. 미국인 중 62퍼센트는 비만이다. 지난 10년 동안 아동 정서학대 신고는 330퍼센트나 증가했다. 여성 네 명 중 한 명이 성추행을 당했다. 자살률은 기하급수적으로 높아지고 있다. 미국인 여섯 명 중 한 명은 살면서 한 번은 신체기능이 저하될 만큼 심각한 우울증을 겪는다. 그 때문에 오늘날 항우울제와 긴장완화제 시장은 수십억 달러의 거대산업으로 성장했다.

길거리뿐만 아니라 집에서도 폭력이 난무한다. 매년 미국 사회는 4,000만 건의 범죄를 목격한다. 미국인 중 74퍼센트는 범죄로 인한 재산손해를 입는다. 25퍼센트는 폭력적인 범죄로 인해 피해를 본다. 미국 청소년들도 잘못된 방향으로 나아가고 있다. 14세부터 17세 사이 아이들이 매년 약 4,000건의 살인을 저지른다. 매년 경찰에 교내 범죄를 신고하는 초등학교와 중등학교 교장의 비율은 57퍼센트가 넘는다. 그중 가장 슬픈 통계는 이것이다. 8학년이 된 미국 아이 중 45퍼센트는 술을 마신 적이 있고, 25퍼센트는 약물을 경험한 적이 있다.

한마디로 미국 사회는 망가지고 있다. 미국인들은 자신의 감정을 통제하지 못하며, 아이들에게도 제대로 감정을 조절하는 법을 가르치지 못한다. 그런데도 애써 아무렇지 않은 척한다. 우리는 일부러 겉으로는 이런 인상을 풍긴다. '난 괜찮아. 견딜 수 있어. 잘할 거야.'

그 이유는 우리가 남의 시선을 두려워하기 때문이다. 그런데 실제로 우리는 괜찮지 않다. 우리는 한 번에 한 명씩이라도 이 세상을 변화시켜야 한다. 그러지 않으면 미래에 어떤 일이 벌어질지 정말 두렵다. 따라서 가장 먼저 당신이 변화시켜야 할 인생은 바로 자신의 인생이다.

통계상의 숫자에 머물지 않고, 세상의 진정한 승자가 되고 싶은가? 가능하다. 다만 쉽지 않을 것이다. 그러니 지금부터 내 말에 귀를 기울여라.

우리가 삶을 살아가고, 나아가 더불어 살아가는 과정에는 가장 근본적인 법칙이 존재한다. 그런데 우리는 그 법칙을 망각하고 있으며, 심지어 계속해서 그 법칙을 거스르고 있다.

나는 이 세상을 지배하고 우리의 행동을 다스리는 근본적인 인생법칙Life Laws은 변하지 않았다고 확신한다. 물론 게임의 일부 규칙은 과거와 달라졌지만, 우리 삶의 결과물을 결정짓는 것은 여전히 근본적인 인생법칙이다. 분명한 것은 이런 인생법칙을 무시하거나 의도적으로 외면하면서 커다란 문제가 발생했다는 점이다.

오늘날 우리 사회는 인간의 경험에 대한 지식과 삶의 지침에 목말라 한다. 그러나 우리 사회는 그 갈증을 해롭거나 어리석은 해답, 또는 해로우면서 어리석기까지 한 해답으로 해소하려 들 것이 뻔하다. 우리 사회가 통제 불능의 상태로 흘러가는 원인이 궁금한가? 그렇다면 그에 대한 대안으로 사회가 내놓는 '해답'에 주목할 필요가 있다. 나는 오늘날 사회가 해답으로 제시하는 심리학적 접근법이 그다지 탐탁지가 않다. 내 생각에 그것은 지나치게 모호하고 추상적이며, 주관적이고 개인적인 견해로 점철되어 있다. 그것은 당신이 원하는 해답도, 당신에게 필요한 해답도 아니다.

당신이 사는 세상은 현실이고, 당신이 겪는 문제도 현실이다. 따라서 당신에게 필요한 변화도 현실적이어야 한다. 그저 당신의 문제에 대한 통찰과 이해만으로는 부족하다. 지금 당장 그 문제를 해결하고 변화해야 한다.

자기계발, 자기혁신 그리고 심리학이라는 함정

오늘날 우리 사회를 지배하는 '자기계발'의 문화에 대해서도 살펴보자. 사실 자기계발은 자신을 더 강한 인간으로 단련하는 것과는 거의 상관이 없다. 오히려 타인이 제시한 기준에 불과한 경우가 더 많다.

자기계발은 대체로 초점이 없는 나태한 속임수이자 듣기에 그럴싸한 얘기일 뿐이다. 무엇보다도 진실을 가장한 돈벌이 수단에 불과하다. 이른바 자기계발 전문가란 이들의 말을 들으면 미사여구만 넘쳐날 뿐 알맹이는 없다. 당신은 그저 월세나 제때 내고 자식들이 대학에 가도록 뒷바라지를 잘하고 싶은 것일지도 모른다. 그런데 자기계발 전문가들은 이런 평범한 꿈에 대해서도 내적 감정이나 자아를 들먹인다. 내 말이 과장일지는 모르지만, 적어도 틀린 말은 아닐 것이다.

현대 사회에서는 '자기혁신'도 팔리는 상품이다. 이 상품은 일단 손쉬운 5단계로 구성되어 있다. 당신은 너무나 뛰어난 자질을 지니고 있어서 성공은 떼어놓은 당상이다. 원하는 결과물도 즉각 얻을 수 있다.

그러나 심리학을 가장한 이런 헛소리 때문에 우리가 치러야 할 사회적 비용은 상당하다. 나는 감히 '오염'이란 단어를 쓰고 싶다. 이런 심리학 낭설은 우리가 변명을 멈추고 삶과 정면으로 마주하는 것을 방해하기 때문이다. 오히려 그것은 삶을 회피하는 온갖 새로운 변명거리만 제공한다. 그 결과 우리 사회는 더 산만해지고 더 많은 문제를 겪게 된다.

오늘날 대중화된 심리학은 실제 심리적 질환을 지적하기도 하지만, 한편으론 지나치게 남발되면서 진짜 문제를 감추기 위한 핑곗거리로 사용되기도 한다.

예를 들어, 버르장머리 없는 아이의 행동 때문에 골머리 썩는 엄마는 아이가 '과잉행동장애'가 있으며 '엄마의 주목을 끌려고 일부러 나쁜 행동만 골라서 한다'라는 진단을 받는다. 교실에서 산만한 행동을 하는 아이들에게는 하나같이 '주의력결핍장애' 진단이 내려진다. 당신이 마약을 주사하거나 술에 흠뻑 취해야만 잠자리에 들 수 있다면, 그것은 당신이 '약물남용 질환'으로 고통받고 있다는 뜻이다.

더 충격적인 사실은 우리가 모두 이런 터무니없는 게임에 참여하면서 이런 환상을 확대 생산하고 있다는 점이다. 여기 서서히 가라앉는 배가 있다. 계속해서 항로도 이탈한다. 그렇다면 누군가가 나서서 이렇게 소리쳐야 하지 않을까?

"이봐, 배에 문제가 있어!"

삶에는 전략이 필요하다

당신에겐 새로운 삶의 전략이 필요하다. 아주 절실하게 필요하다. 나는 모호한 철학적 선언이나 헛소리로 가득한 설교, 귀에 착착 감기는 문구나 손쉬운 해결책은 운운하지 않을 것이다. 당신에게 인생을 살아가는 방법, 또는 인생을 변화시켜야 할 당위성을 제시할 생각도 없다. 내 관심사는 당신이 문제를 해결하고, 잘못된 성향을 버리고, 어려움을 극복하는 것이다. 그를 통해 당신 자신과 주변 사람들을 위해 인생에서 원하는 것을 얻을 수 있는, 명확한 지식에 토대를 둔 인생의 승리 전략을 제시하는 것이다.

당신에게 '승리'는 다양한 의미로 다가올 수 있다. 예를 들어, 당신에게 승리는 관계를 회복하거나 상처받은 마음을 치유하는 것일 수 있다. 새로운 직업을 얻거나, 더 나은 가정생활을 영위하거나, 더 날씬한 몸매를 가꾸거나, 마음의 평정을 찾는 것, 또는 가치 있는 목표를 세우는 것도 승리일 수 있다. 그러나 어떤 승리이든 그것을 이루려면 전략이 필요하다. 그리고 전략을 세우려면 전략수립을 위한 지침이 필요하다.

나는 오랜 세월 동안 온갖 고민을 지닌 채 다양한 삶을 살아가는 수많은 고객을 만났고 그들과 함께 삶에서 승리할 수 있는 전략을 수립해왔다. 내가 고객들의 문제를 해결해주기 위해 활용했던 방법을 이제 당신도 동일하게 활용할 것이다. 그 방법은 의도보다는 결과물에 초점을 둔 현실적인 접근이다.

전략적인 삶은 과학적 지식에 토대를 둔다. 지금처럼 복잡한 세상에서 인생전략을 모른다는 것은 글을 못 읽는 것과 다름없다. 그리고 나는 고객들이 인생전략을 수립하는 과정에서 그들을 대신하여 계획을 세워주기보다는 그들이 계획을 세울 수 있도록 도와주었다. 당신도 동일한 방식으로 도울 것이다.

현실 파악하기

과제 ②　변명 준비하기

지금부터 책상 앞에 앉아 이야기를 써보자. 제목은 이렇다. '이 책을 끝까지 읽은 뒤에도 나의 생활에 의미 있는 변화가 일어나지 못했을 경우 자신에게 해줄 변명.'

이 과제는 당신이 백해무익한 자기변명과 자기합리화의 오류를 인지할 수 있는지 확인하기 위한 것이다. 솔직해지기 바란다. 당신의 나쁜 성향은 당신이 가장 잘 안다. 당신이 어떤 변명과 자기합리화를 하는지, 어떻게 실패를 정당화하는지도 당신은 잘 안다. 그러니 당신이 어떤 변명을 늘어놓을지 예상한 후 그것을 이야기로 적어라. 서두는 이렇게 시작하면 된다. '이 책을 읽고 따라 한 후에도 나는 의미 있는 변화를 끌어내지 못했는데 그 이유는 ……이기 때문이다.'

이 과제를 하는 동안 창의적으로 자세하게, 무엇보다도 아주 솔직하게 당신이 실패를 정당화하기 위해 사용할 변명거리를 떠올리기 바란다. 당신은 상황이 어려워지면 자신을 기만하고 그 상황을 빠져나가려 할 것이다. 따라서 이 과제는 자신을 망치는 자기기만을 정직하게 인정하려는 의지가 있는지를 시험하는 과정이다. 또한, 솔직하게 진실을 고백할 것인지, 아니면 이전처럼 지겨운 변명만 늘어놓으면서 계속 살아갈 것인지 확인하는 과정이기도 하다.

자, 이제 변명을 시작해보라.

다 썼다면, 그 내용을 찬찬히 들여다보자. 지금 쓴 것은 당신의 한계에 관한 내용이다. 당신은 지금 막 당신이 맡은 모든 일에서 자신을 망치는 부정적인 생각과 신념을 종이에 기록했다. 그리고 그 종이에 적힌 내용은 삶을 더 낫게 바꾸려는 당신의 노력을 방해하는 것들이다. 더 솔직하고 더 거침없이 자신을 비판한 글일수록 더 가치가 있다. 아래 흔한 변명거리를 적어놓았다. 당신이 적은 글에도 같은 내용이 포함되어 있는가?

- 그 일은 너무 해내기가 힘들었어.
- 그는 나란 사람을 잘 몰라.
- 그것은 다 남들 좋으라고 하는 일이야.
- 애들이랑 일 때문에 도무지 집중을 못 했어.
- 그 남자는 너무 엄격해. 나는 좀 더 자상한 사람이 좋은데 말이야.
- 내 문제는 좀 **특별**해.
- 다시 한 번 읽어봐야겠어.
- 남편이 읽어보기 전에 나 혼자서는 결정하지 못해.
- 내 말이 맞고 그 사람 말은 틀려.

자, 이제부터는 좀 달라져 보자. 적어도 이 책을 읽는 동안, 당신은 자신의 삶과 행동을 되돌아보고 생각을 바꾸는 것만으로 크게 변화할 수 있다. 당신의 삶과 행동, 생각이 '옳은지'를 고민하지 말고, 그것들이 제대로 '통하는지' 아닌지를 고민해라.

내 생각에 지금까지 당신이 선택해온 방식이 통하지 않았다면, 그것만으로도 그것을 바꿔야 할 충분한 이유가 된다. 사실 이것은 너무나 당연한 결론이다. 물론 당신은 성공보다는 당신이 옳은가를 중시할 수도 있다. 그러나 당신의 우선순위가 승리하는 것이고 원하는 것을 얻는 것이라면, 적어도 이 책을 읽는 동안에는 우리가 앞으로 살펴볼 모든 사안에 대해 '입장을 바꿀 수도' 있다는 유연함을 유지하라.

당신은 언제든 예전의 방식으로 돌아갈 수 있다. 그러니 적어도 당분간은 당신의 현재 방식이 제대로 통하지 않는다면, 바꿔 보겠다고 결심하라. 그냥 하는 말이 아니라, 진심으로 하는 말이다. 예를 들어, 결혼 생활이 제대로 굴러가지 않는다면, 바꿔라. 당신의 '자녀 교육' 방식이 제대로 통하지 않는다면, 아무리 그 방법이 옳다고 해도, 바꿔라. 바꾼다고 해서 손해 볼 것은 없다.

당신 생각이 옳은지, 누구 말이 맞는지는 중요하지 않다. 당신의 생각과 행동을 단 하나의 기준으로 평가하라.

'그 방법은 통하는가, 통하지 않는가?'

당신이 생각하기에 옳은 방식으로 살아온 것은 지금까지로도 충분하다. 지금 삶에 만족하지 못한다면 앞으로는 승리를 추구하는 삶을 살아라.

삶이라는 게임에 필요한 인생법칙

자, 여기까지 읽었다면, 이제 당신은 갈림길에 도착했다. 잠시 후 당신은 살면서 가장 중요한 결정을 하게 될 것이다. 당신은 인생법칙을 배우고 이를 토대로 인생전략을 세워서 목적이 있는 삶을 살 것인가? 아니면 주머니에 손을 꽂은 채 어슬렁거리면서 삶이 당신에게 던지는 것들을 수동적으로 받아들이고, 갖지 못한 것에 불평하는 예전과 똑같은 삶을 살 것인가?

'가장 좋을 때'라는 것은 없다. 지금이 가장 좋을 때다. 그러니 지금보다 상황이 더 나아지길 기다릴 이유도 없다.

자, 게임은 막 시작되었다. 아직도 늦지 않았다. 당신이 어떤 상황에 처해 있더라도, 예를 들어, 만족스러운 삶이지만 무언가 결핍되었다는 느낌이 들더라도, 또는 삶이 무너지고 있더라도, 여전히 당신을 승자로 만들어줄 인생전략이 있다. 나는 여러분이 세상 물정에 밝고 현실감각이 뛰어난 사람이 되도록 도울 것이다. 더는 '재능의 부족'이나 '불운', '안 좋은 시기' 탓은 하지 마라. 당신에겐 지금이 가장 좋을 때다. 이제 당신 차례가 돌아왔다.

다만 그러려면 자신에 대한 진실을 직면할 각오를 해야 한다. 그 과정에서 상처를 입을 수도 있고, 너무 가혹하다는 생각이 들 수도 있다. 그러나 그렇다고 해서 포기한다면, 다시 예전 삶으로 후퇴하고 말 것이다.

그러니 이 두 가지 사실을 명심하라. 첫째, 당신에겐 변화할 능력이 충분하다. 그러니 진실을 찾고 인생전략을 세우는 과정은 그만큼 큰 보상을 줄 것이다. 둘째, 다른 사람이 그 변화를 대신해줄 수는 없다. 그렇다고 해서 너무 겁먹을 필요는 없다. 이 변화는 뇌 이식이나 척수 이식 같은 대수술이 필요한 것이 아니다. 이미 당신이 지닌 능력으로도 충분히 해낼 수 있다.

삶이 게임이라면, 그 게임을 주관하는 규칙이 바로 인생법칙이다. 그 규칙이 정당한지, 반드시 그런 규칙이 존재해야 하는지 묻는 사람은 아무도 없다. 인생법칙은 마치 중력처럼 원래부터 존재하는 것이다. 그것은 당신이 바꿀 수 없는 주어진 현실이다.

만약 인생법칙을 무시한다면, 당신은 비틀거리며 삶의 여정을 걸어가면서도 왜 성공하지 못하는지 끝내 깨닫지 못할 것이다. 그러나 당신이 인생법칙을 배우고 수용한다면, 그에 맞게 당신의 선택과 행동도 바뀌면서 효과적인 삶을 살게 될 것이다. 한마디로 당신이 이 책을 통해서 반드시 익혀야 할 기술이자 인생전략의 핵심이 바로 인생법칙이다.

인생전략의 핵심!

- 우리가 삶을 살아가고, 나아가 더불어 살아가는 과정에는 가장 근본적인 법칙이 존재한다.
- 오늘날 대중화된 심리학은 지나치게 남발되면서 진짜 문제를 감추기 위한 핑곗거리로 사용되기도 한다.
- 과학적 지식에 토대를 둔 전략적인 삶을 살기 위한 인생전략이 필요하다.

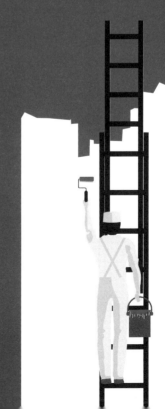

2장

깨닫거나 모르거나
둘 중 하나다

사운드가 별로인 데다,
기타를 연주하는 밴드는 한물갔다.

1962년 비틀스를 퇴짜 놓으면서 데카레코드 임원이 한 말

인간의 본성을 연구하면 경쟁우위를 갖춘다

당신의 전략

깨달은 사람이 되라. 인간의 본성을 자세히 탐구하고, 무엇이 사람을
움직이게 하는지 깨달아라. 당신을 비롯해 사람들이 특정한 행동을 하거나,
특정한 행동을 하지 않는 이유를 이해하라.

이 법칙은 가장 근본적인 진리를 담고 있다. 따라서 인생전략을 개발하는 과정에서 가장 먼저 이 원칙부터 갈고 닦아야 한다. 분명한 것은 지금 당신이 깨닫지 못한 축에 속한다면, 당연히 당신이 가장 먼저 해야할 일은 소수의 깨달은 자들에 속하는 것이다.

깨달은 사람만이 성공한다는 사실

거의 모든 상황에서 사람들은 깨달은 이들과 깨닫지 못한 이들로 나뉜다. 그리고 이 두 부류의 차이는 너무나 분명하다. 깨달은 이들은 그 지식이 주는 달콤한 보상을 즐긴다. 반대로 깨닫지 못한 이들은 어리둥절한 표정을 지으며 좌절하거나, 속수무책으로 시간만 허비한다. 깨닫지

못한 이들이 벽에 머리를 찧으며 왜 매번 상황이 이리도 꼬이는지 모르겠다고 불평한다면, 깨달은 이들은 침착하게 상황을 즐기면서, 심지어 자기 뜻대로 상황을 조종한다.

깨달은 이들은 어리석은 실수를 범하지 않는다. 세상에는 분명한 성공 공식이 있으며, 자신들이 그 공식을 깨달았다는 사실을 알고 있다. 다시 말해, 그들은 성공 공식을 안다. 그들은 하나같이 성공적이다. 왜냐하면, 원하는 결과물을 만들어낼 수 있는 지식을 지니고 있기 때문이다. 한마디로 그들은 깨친 이들이다.

'무엇'을 깨닫고 알아야 할지는 상황마다, 시기마다 달라지지만, 중대한 공통점도 있다. 당신이 알아야 할 것은 대인관계일 수도, 자기관리일 수도, 또는 사회에서의 경쟁일 수도 있다. 또 가끔은 당신의 감정을 조절하는 것일 수도 있다.

일단 그 무엇이 어떤 식으로 작동하는지를 깨닫게 되면, 지식과 능력을 얻게 된다. 당연히 이것은 좋은 것이다. 특히 다른 모든 사람은 맹목적으로 시행착오를 겪으며 살아가는 세상에서 당신이 '깨달은 소수'에 속한다면, 그것은 정말 엄청나게 좋은 것이다.

원하는 결과물을 만들어내는 데 필요한 지식과 기술을 익히지 않은 채로 인생을 살아간다는 것은 인생법칙을 어기는 것이다. 예를 들어, 게임의 규칙을 모르는 상황에서, 어떤 행위가 어떤 결과를 가져오는지 모르는 상황에서, 또는 전략이 없는 상황에서 게임을 한다면 게임에서 승리하기 위한 조건과 충돌할 수밖에 없다. 특히 당신이 게임의 규칙을 알고 이길 수 있는 기술과 계획이 있는 이들과 경쟁한다면, 당신은 아예 적수조차 안 될 것이다. 당신은 이른바 '호구'가 되는 셈이다. 그뿐만이 아니다. 게임의 규칙을 이해하지 못하면 윗사람과 충돌할 수도 있다. 예를 들어, 당신이 규칙대로 행동하지 않으면, 당신은 상사나 당신에게 영향력을 행사할 수 있는 사람들의 눈 밖에 나게 될 것이다. 심지어 불이익을 당할 수도 있다.

인생법칙을 어기는 이들은 하나같이 자신들의 시도가 비효과적이며, 오히려 패망의 길로 이끈다는 사실을 알지 못한다. 반면에 이미 깨달은 이들은 지속적으로 상황을 주시하면서 상황의 변화에 적응한다.

나는 일류 고등교육을 받기 전부터 인생법칙을 익힐 수 있는 '교육의 기회'를 무수히 경험했다. 세상은 내가 인생법칙을 깨칠 때까지 나를 두드리고 또 두드리며 단련시켰다. 그 덕분에 나는 더 집중할수록 덜 고생한다는 것을 배웠고, 그 반대도 사실이란 걸 깨달았다. 무엇보다도 나는 면밀히 상황을 살피는 법을 배웠다.

맨땅에 헤딩하지 않으려면

나는 캔자스시티에서 고등학교를 다녔는데, 밤에는 시내에 있는 홀마크 카드 공장에서 야간 아르바이트를 했다. 당시 카드 공장에서 같이 일하던 친구는 출력이 400마력이나 되는 쉐보레 쉐빌 머슬카muscle car를 가지고 있었다. 새벽 2시나 3시경에 작업을 끝마치고 나면 우리는 텅 빈 도로에서 엄청난 속도로 질주했고, 다른 올빼미족을 찾아 100달러를 걸고 자동차 경주를 하곤 했다.

어느 날, 크리스마스 연휴 때, 나와 그 친구는 또 다른 두 명을 차에 태우고 거리를 배회하고 있었다. 한 명은 소도시에서 놀러온 내 오랜 친구였고, 다른 한 명은 운전하던 내 친구의 친구였는데 나와는 일면식도 없는 사이였다. 우리는 캔자스시티 시내 대로를 거의 160킬로미터가 넘는 속도로 질주했다.

그런데 갑자기 경찰 표식이 없는 잠복 순찰차가 나타나더니 우리 뒤에 따라붙었다. 언뜻 보기에도 그 차는 우리 차만큼이나 빨랐다. 잠복 경찰관은 경광등을 비추지도, 지원을 요청하지도 않았다. 그저 우리한테 갓길에 차를 대라고 지시한 후 재빨리 순찰차에서 내렸다. 그는 덩치가 엄청나게 컸고, 기분이 무척 저기압인 것이 까딱했다간 폭풍우라도 휘몰아칠 것만 같았다.

경찰관이 쿵쿵대며 우리 차로 다가오는 순간, 내 친구의 친구 녀석이 크게 당황했다. 차는 뒷문이 열리지 않는 차였기에 그 녀석은 뒤쪽 창문으로 힘겹게 몸을 빼냈다. 길바닥에 머리를 쿵 하고 부딪히면서 빠져나가더니 이내 도망쳐버렸다. 가뜩이나 화가 난 경찰관은 이제 폭발하고 말았다. 그의 관할 영역에서 말썽을 부렸을 뿐만 아니라, 한 명이 도주했다는 것은 경찰관의 권위를 무시하고 모욕한 셈이었다.

경찰관은 운전석 문을 세게 열고는 내 친구의 옷깃을 잡아 거칠게 밖으로 끌어냈다. 나머지도 다 차 밖으로 나오라고 지시했다. 경찰관이 내 친구의 멱살을 잡은 채로 말했다.

"딱 한 번만 묻겠다. 도망간 놈은 누구지?"

그러자 친구는 아주 퉁명스럽고 비웃는 말투로 이렇게 말했다.

"그 친구 이름은…… 샘 소시지예요. 왜 묻는데요?"

내가 첫 번째 인생법칙을 깨달은 것이 그때였다. 심지어 그때 이렇게 생각했던 것이 지금도 기억난다.

'저 자식 정말 끝내 깨닫질 못하는군.'

아니나 다를까, 경찰관은 친구를 세게 후려쳤다. 어찌나 셌는지 지켜보고 있던 내 코가 다 아플 지경이었다.

운전을 했던 친구 녀석이 혼쭐이 난 후, 다음 차례는 시골에서 놀러온 내 친구였다. 문제는 내 친구가 도망친 녀석의 이름을 몰랐다는 것이다. 이름을 모르기는 나도 마찬가지였기에 상황은 아주 암울했다. 경찰관은 이번에도 똑같은 행동을 했다. 내 친구의 멱살을 확 잡아채더니 눈을 정면으로 응시하며 말했다.

"딱 한 번만 물을 테니 잘 들어. 도망간 녀석은 누구지?"

내 친구는 도망친 녀석의 이름을 몰랐지만 그렇게 답해선 안 된다는 걸 깨닫고는, 아주 공손한 말투로 이렇게 말했다.

"경찰관님, 돌아가신 제 엄마의 무덤(당시 친구의 어머니는 시골에서 잘 살고 계셨다)에 두고 맹세하는데요. 도망친 녀석의 이름은 저도 모릅니다. 그러나 한 가지 분명한 것은 녀석의 이름은 절대 샘 소시지가 아닙니다."

그 말을 들은 나는 잔뜩 겁에 질린 상황에서도 이런 생각을 했다.

'휴, 나행히 이 지식은 제대로 깨달았네. 잘하면 이 상황을 모면하겠는걸.'

나는 잠자코 있었다. 경찰관의 비위를 건드려봤자 좋을 일이 없다는 걸 알았기 때문이다. 나는 살면서 때로는 '입 닥치고' 있는 것이 상책이란 걸 아버지한테서 배웠고, 내가 보기엔 그때가 그런 순간이었다.

요약하면, 상황을 제대로 깨닫지 못한 친구는 자빠진 채로 땅바닥에 입을 맞춰야 했고, 이후 몇 주 동안 양쪽 눈이 까맣게 멍든 채로 지내야 했다. 반면에 상황을 제대로 깨달은 친구는 땅바닥에 자빠지지 않아도 되었고, 두 눈도 말짱했다. 이처럼 둘의 처지는 극명하게 대비되었다. 깨달은 사람에게 인생은 훨씬 잘 풀리게 마련이다.

이 시점에서 당신은 이런 궁금증이 생길 것이다. '나도 살면서 땅바닥에 입을 맞추고 싶지는 않다. 그렇다면 내 인생에서 내가 깨닫지 못한 게 무얼까? 나아가 그것을 어디서 어떻게 깨달을 수 있을까?'

일단 분명한 것은 당신은 모르는 무언가를 배우려는 의지가 있어야만 더 나은 선택과 결정을 할 수 있다는 것이다. 다시 말해, 살면서 '맨땅에 헤딩'하지 않으려면 인생법칙과 삶의 순리를 배우고 이를 삶에 적용해야 한다.

아는 것이 힘이다

일단 당신은 인생을 제대로 사는 것과 그저 생존하는 것과의 차이를 만드는 요소가 무엇인지부터 알아야 한다. 생존은 본능이다. 특별한 의도가 없고, 수동적인 자기보존이며, 삶의 질은 신경 쓰지 않고 그저 하루하루를 버티는 것이다. 반면에 인생을 제대로 사는 것은 직접 배워서 연마한 지식과 태도, 능력을 발휘하는 것이다.

살아가는 일의 목적은 독특하면서 보람찬 좋은 인생을 경험하는 것이며, 이런 좋은 인생을 창조하는 데 필요한 기술은 인생의 원인과 결과를 이해하고 통제하는 기술이다. 다시 말해, 당신은 지식을 활용해서 원하는 방향으로 인생이 흘러가게 해야 한다. 그러려면 왜 특정한 행위를 해야 하고, 어떻게 그 행위를 해낼지 알아야 한다. 또한, 왜 특정한 행동을 해서는 안 되는지도 알아야 한다. 나아가 남들이 왜 그런 식으로 행동하는지, 또는 그런 식으로 행동하지 않는지도 알아야 한다. 이런 지식은 인생이란 경쟁을 펼치는 과정에서 큰 경쟁우위로 작용한다.

곰곰이 생각해보면, 자신과 타인의 행동을 예측하고 통제하는 뛰어난 능력은 살면서 큰 도움이 되었을 것이다. 우리는 더불어 살아가는 세상에 살고 있다. 당신이 하는 모든 행위는 타인과의 상호작용을 요구한다. 빵을 구매하는 것도, 동료들과 일을 하는 것도, 가족과 살아가는 것도, 룸메이트와 함께 생활하는 것도, 또는 그저 당신의 삶을 헤쳐나가는 과정에서도 당신은 타인을 상대해야만 한다.

더 뛰어난 지식의 중요성을 보여주는 사례는 너무나 많고 흔하다. 예를 들어, 당신이 컴퓨터를 사용해야 하는 일자리에 지원했다면, 컴퓨터를 활용하는 지식은 일을 제대로 처리하는 데 당연한 필수요소가 된다. 깊은 숲속에서 길을 잃었다고 해도 빠져나갈 방법을 안다면, 그것은 정말 좋은 일이다. 당신이 여러 사람과 함께 숲속에서 길을 잃었는데 숲을 빠져나갈 방법을 아는 사람이 당신뿐이라면, 당연히 이것은 두 배로 좋은 일이다. 이런 상황에서 지식은 당신에게 상황을 통제하는 능력을 준다. 모든 사람이 당신을 따르게 된다. 그리고 이런 곤란한 상황에서도 당신은 지식이 있기에 평정심을 유지하고, 그로 인한 자신감을 발산하게 된다. 이 모든 것이 가능한 것은 당신이 매력적이거나 돈이 많거나 성격이 좋아서가 아니다. 오로지 당신이 지식을 지닌, 깨달은 사람이기 때문이다. 한마디로 아는 것이 힘이다.

세상을 주도하는 이들을 떠올려보라. 그들은 비즈니스나 정치, 스포츠, 애정관계, 또는 전반적인 인생에서 성공한 사람들이다. 장담컨대, 그들은 어떻게 해야 타인을 원하는 방향으로, 자신의 필요대로 행동하게 하는지 알고 있다. 어떤 자극을 줘야 남들이 자기 뜻대로 움직일지, 자신의 아이디어와 생각, 신념을 수용하게 할지를 안다. 그들은 또한 남들이 어떤 식으로 행동할지, 또는 어떤 행동을 하지 않을지를 잘 예측한다. 왜냐하면, 그들은 인간의 행위를 규정하는 요소들이 무엇인지 잘 알고 있기 때문이다. 타인의 행동을 예측하는 능력은 타인의 행동을 통제하는 능력만큼 강력하다. 특히 스스로 동기를 부여하고, 자신을 통제하는 데 이 두 가지 능력은 아주 강력한 힘을 발휘한다.

예를 들어보자. 당신은 왜 원하는 것을 얻기 전에 늘 중도에 포기하는지 그 이유를 깨달았다. 또한, 그런 성향을 없애려면 어떻게 변화해야 하는지도 깨달았다. 이 두 가지 지식을 알게 되면, 당신의 삶은 즉각 달라진다. 이런 사례는 무수히 많다. 예를 들어, 당신은 배우자가 그런 행동을 하는 이유를 안다. 이유를 알게 되면 배우자를 변화하게 할 수 있고, 그러면 당신의 결혼 생활도 확 달라지게 될 것이다. 이런 지식이 주는 이점은 매우 크다. 자녀 양육에서, 직장에서의 경쟁에서, 자신을 홍보하거나 물건을 판매할 때, 당신이 존경하고 소중히 여기는 사람들의 신뢰와 애정을 얻고자 할 때 이런 지식은 아주 유리하게 작용한다. 한마디로 엄청난 경쟁우위가 되는 셈이다.

게임이 어떤 식으로 돌아가는지 알게 되면, 그리고 게임에서 특정한 결과를 얻을 수 있는 방법을 알게 되면, 당신은 게임에 승리하는 데 필요한 지식을 완벽하게 익힌 셈이다. 특정한 행동이 어떤 결과를 가져오는지 안다면, 그만큼 실수도 줄일 수 있다. 그리고 승자는 누구일까? 바로 당신이다.

내가 강조하고 싶은 것은 누구라도 얼마든지 이런 기술과 지식을 습득하고 배울 수 있다는 것이다. 당신이 얼마나 영리하든, 아무도 당신이 전혀 배우지 않은 상태에서 러시아어를 유창하게 말할 거라고 기대하지 않는다. 당신이 아무리 뛰어나도, 훈련을 받지 않은 상태에서 747 비행기를 조종해서 활주로를 달려 이륙하고 날 수는 없다. 그런데 문제는, 인생이란 게임에서 성공하려면 게임의 작용방식은 물론이고 최소한의 규칙이라도 알아야 하는데, 아무도 가르쳐주는 사람이 없다는 것이다.

우리가 사회로부터 정식 훈련을 받지 못하면, 우리는 살면서 겪는 역할모델에 의존할 수밖에 없다. 그런데 오늘을 살아가는 우리는 인간의 행동 양식에 대해 잘 모르거나 별로 중시하지 않던 부모에 의해 양육되었다. 특히 삶을 관리하는 방법과 관련해서, 이전 세대도 제대로 훈련을 받지 못한 것이 사실이다. 부모 세대가 효과적인 엄마나 아빠, 배우자가 되기 위한 교육을 받지 못했다면, 그들이 어떻게 훌륭한 역할모델이 될 수 있겠는가?

요약하면, 당신은 삶을 관리하는 방법에 대해 알지 못하거나, 안다고 하더라도 잘못된 방법일 수 있다. 때로 새로운 것을 배울 때 가장 힘든 과정은 먼저 기존에 알고 있던 잘못된 지식을 버리는 것이다.

하던 대로 하기를 멈춰라

과제 ③   관습적인 행동 바꾸기

지금껏 관습과 전통에 따라 무턱대고 수용하던 모든 것에 대해 의심하고 도전하려는 태도를 가져라. 노트에 이런 내용에 해당되는 모든 것들을 적어라. 또한, 일상생활과 직업, 가족 관계, 대인관계에서 당신이 어떤 행동을 반복적으로 보이는지 살펴보라. 특정 사안에 대해 무지한 이들의 행동을 무턱대고 따라 하는 경우가 많다는 사실에 꽤 놀랄 것이다.

당신이 적은 것 중 주관대로 행동한 것들은 계속 수용하고 지속하라. 반대로 관습과 전통에 따라 무작정 따라 하던 것들은 행동을 바꾸거나 아예 버려라.

당신은 아는 것만 행동에 옮길 수 있다. 나는 당신이 아직도 알아야 할 것들이 많으며, 이미 알고 있는 것도 틀렸을 수 있다는 것을 유념했으면 한다. 앞으로 살펴볼 9개의 인생법칙은 교과서에는 안 나오는 기본 지식이지만, 이 세상이 어떻게 돌아가는지 정확하게 짚어줄 것이다.

작가 마야 안젤루Maya Angelou는 아주 멋진 말을 남겼다.

"당신은 그저 아는 대로 행동해왔을 뿐이다. 더 잘 알았다면 더 잘 행동했을 것이다."

자, 이제 더 잘 알아야 할 차례다.

이 세상의 모든 사람이 제대로 깨닫지 못한 채 헤매고 있는 것은 아니다. 그렇지만 당신이 특정한 지식을 누구한테서 얻었는지에 대해서는 신중할 필요가 있다. 세상에는 멋진 학위를 소지했지만 어리석기 짝이 없는 사람도 있다. 반대로 고등 교육은 받지 못했어도 현명하고 통찰력이 있는 사람도 있다. 높은 교육 수준에 지혜를 지닌 사람들도 있다. 신뢰할 만한 좋은 선생을 선택하는 것은 결국 당신 몫이다. 다만 선생을 선택하는 목적은 당신의 생각을 그들의 생각으로 대체하거나, 당신의 지식에 그들의 지식을 더하기 위해서가 아니다.

당신이 조직에 몸담아본 적이 있다면 내 말을 이해할 것이다. 조직 내에는 사무실 책상에 놓인 번쩍거리는 명패에서 권위를 찾는 사람도 있는 반면, 제대로 '요령을 알기에' 저절로 권위가 서는 사람도 있게 마련이다.

당연히 당신이 해야 할 일은 명판이 아닌 '요령을 아는' 사람을 찾아 정보와 영향력을 얻는 것이다. 다행히도 우리 주변에는 이런 사람들이 있다. 당신도 살면서 그런 사람들을 만났거나, 특정한 상황에서는 당신 자신이 '요령을 아는' 그런 사람이었을 수도 있다.

잠시 회상해보라. 처음 직업을 가졌을 때, 당신은 여전히 사회초년생이었다. 그때 누군가는 낭신에게 이렇게 말했을 것이다.

"저기 저 선배 옆에만 딱 붙어 있어. 저 백전노장은 이 일에 대해서는 모르는 게 없거든."

사람들이 대선배를 존중하는 이유는 그가 특정한 시스템이나 체계에 대해 속속들이 이해하고, 그 덕분에 그 시스템을 유리하게 활용할 수 있기 때문이다. 다시 말해, 그 선배는 이 특정한 체계를 작동하게 하는 규칙과 신념, 편향, 지침에 대해 누구보다도 잘 안다. 당신의 사무실에는 수많은 졸업장과 자격증이 걸려 있을 수도 있다. 그러나 당신이 얼마나 근사한 배경과 학력을 지녔든 간에, 당신이 얼마나 뛰어난 전문성을 지녔든 간에, 당신은 얼마 지나지 않아 그 선배가 아주 지혜롭다는 사실을 깨닫게 될 것이다.

정전이 되거나, 컴퓨터 네트워크가 끊기면 굳이 기술자를 부르지 않아도 된다. 그저 선배에게 도움을 요청하라. 선배는 누구한테 어떤 식으로 말해야 문제를 해결할지도 안다. 복사기 업체 기술자가 아무리 빨라야 다음 주에나 수리가 가능하다고 답했다면, 그 선배한테 부탁해서 다시 전화를 걸게 하라. 그러면 그는 즉각 수리를 받을 수 있게 조치해줄 것이다(아니면 직접 나서 복사기를 발로 차서 즉각 작동하게 해줄 것이다). 해고가 임박하면, 어찌된 영문인지 가장 먼저 상세한 내용을 아는 것도 다름 아닌 그 사람이다.

다른 직원들이 직장 내에서 돌아가는 상황에 대해 잘 안다면, 대선배는 특히 직장 내에서 벌어지는 사람들의 행동에 대해 잘 안다. 당신이 사회초년생 시절에 선배의 지혜를 지녔더라면, 직장 내 규칙(서면으로 적어둔 사내규정과 불문율을 모두 포함한다)을 어겨서 민망한 상황을 자초하거나, 상사의 눈 밖에 나는 경우가 없을 것이다. 그는 임원들이 어떤 직원을 좋아하는지 알려줄 수도 있다. 당신이 어떤 식으로 행동하고, 어떤 식으로 말해야 상사의 눈에 들 수 있는지 알려줄 수 있다. 그는 '게임의 규칙'에 대해서도 말해줄 수 있다. 그중 일부는 서류에 적힌 것들이지만, 더 중요한 것들은 대체로 서류에 안 나오는 불문율이다. 그는 당신에게 남보다 더 빨리 승진하는 비결도 가르쳐 줄 수 있다.

그의 지식은 경험으로부터 나온다. 그리고 그의 강력한 영향력은 바로 그 지식에서 나온다. 그는 직장이란 체계가 작동하는 방식을 속속들이 안다. 그가 노련한 이유도 그 때문이다. 그는 당신의 행동이 어디까지는 묵인되고, 어디부터는 문제가 될 수 있는지 잘 안다. 그는 사내규정집을 철저하게 연구했다. 무엇보다도 그는 실제 회사가 어떤 식으로 돌아가는지를 직접 관찰했다. 한마디로 그는 깨달은 사람이다.

어쩌면 직장에서 당신이 바로 그 선배일 수도 있다. 그렇지 않다면 당신은 적어도 그런 사람을 알 것이다. 왜냐하면 어느 곳이든 이런 사람은 있게 마련이기 때문이다. 예를 들어, 교도소를 배경으로 한 영화에도 대선배가 등장한다. 늙수그레한 그 사내는 벽에 기대어 선 채 아무 말 없이 예리한 눈초리로 주변을 살핀다. 이런 사람은 경찰이나 마피아, 전쟁을 배경으로 한 영화에도 반드시 등장한다. 또한 그는 언제 밀어붙일지, 언제 양보해야 할지를 잘 아는 유능한 정치가이기도 하다. 무엇보다도 그는 살아남는 법을 안다. 그는 회사의 구내식당에서도 찾을 수 있고, 다리 밑 노숙자 중에서도 찾을 수 있다. 우리 주변에는 이런 말을 해 줄 수 있는 사람이 늘 있다.

"남들이 뭐라고 시킬이돈, 자네가 무엇을 믿든, 얼마나 많은 교육을 받았든, 무엇을 확신하든 중요하지 않아. 그기 알아? 내가 아는 진실은 말이지……."

나는 선배를 상상할 때면 그가 내게 책으로는 배울 수 없는 지혜를 나눠주는 장면을 함께 연상하곤 한다. 그가 나눠주는 지혜는 아주 고상하고 복잡한 사상이 아니다. 오직 경험과 관찰을 통해 얻게 된 핵심을 찌르는 통찰이다. 그는 대단한 달변가가 아닐 수도 있다. 그럼에도 당신은 그가 지혜롭다는 사실을 알 수 있다. 예를 들어, 당신은 그와 이런 식의 대화를 나눌 것이다.

"이 세상에 산타클로스나 유니콘 같은 것은 없어. 엘비스 프레슬리도 오래전에 죽었지. 자네의 삶이 더 나아진다면, 그것은 자네가 더 나은 삶을 만들었기 때문이야. 그러니 신께 기도를 올리는 것도 좋지만, 그보다는 열심히 살려고 발버둥 치는 게 더 중요해."

"올바르게 살고 싶다고? 그러면 먼저 머리를 내밀어서 방향을 살펴보고 잘못된 방향으로 가는 것부터 멈춰야지."

"꼭 손으로 찍어 먹어봐야 똥인지 된장인지 알 수 있는 것은 아냐."

"인생에는 연습이란 게 없어. 계획을 세우고 계획대로 행동하게."

"자네가 저항하지 않으면 사람들은 자네를 이용할 걸세. 강자가 약자를 먹는 약육강식의 세상에서는 이를 악물고 버티는 수밖에 없어."

"인생은 경쟁이야. 누가 앞서고 있는지 점수도 매기고, 시간도 제한되어 있지."

인생에는 사용설명서가 있다

이 책에서 말하는 '시스템', 또는 '체계'는 당신의 인생과 관계, 직업, 가정생활, 영적 활동, 당신이 참여하는 사회, 그리고 무엇보다도 당신 자신과의 관계를 일컫는다. 따라서 당신이 아주 운이 좋은 정자로 출발해서 막대한 재산을 물려받을 부잣집 자제로 이 세상에 태어나지 않았다면, 당신은 시스템을 배워야 한다. 시스템을 배우지 않는다면, 당신은 평생 모든 면에서 궁핍한 삶을 살아가게 될 것이다.

흔해 빠진 얘기지만, 인생은 여정이다. 그리고 다른 여정과 마찬가지로 지도와 계획, 일정표가 없이 여정을 떠났다간 길을 헤맬 수 있다. 반대로 당신에게 충분히 심사숙고한 좋은 계획이 있다면, 당신은 놀랄 만큼 즐거운 여정을 즐길 수 있다.

당신이 인생전략을 세우는 방법에 대해 전혀 모른다고 해도, 그것은 당신이 멍청해서가 아니다. 인생전략은 과학적 방법에 토대를 두고 있으며, 당신은 그 방법을 충분히 익힐 수 있다. 단지 당신에게 필요한 것은 삶의 시스템과 그 과학적 토대를 가르쳐주고, 당신이 받아들이기 힘들어해도 있는 그대로의 진실을 말해줄 멘토일 뿐이다.

나는 삶의 정수를 안다. 그 지식은 오랜 세월 열심히 노력해서 배운 것이다. 나는 당신이 그 지식을 얻으려고 나처럼 수많은 시행착오를 겪지 않길 바란다. 다시 말해, 인생에 '사용설명서'가 있다면, 나는 그 설명서를 처음부터 끝까지 한 글자도 빼놓지 않고 읽었다. 또한, 나는 사람들에게서 특정한 행동을 이끌어내는 동기가 무엇인지 탐구하는 것을 내 직업으로 삼았다. 그리고 지금 당신의 삶에 영향을 주는 사회적 압력에 관해서도 연구했다.

예를 들어, 나는 수많은 법률소송에서 전략 수립을 돕고, 수많은 사람이 삶을 개선하는 과정을 도우면서 모든 인생은 전화위복이 가능하다는 사실을 깨달았다. 즉, 재앙 속에서도 여전히 승리는 가능하다. 나는 잔잔한 파도는 누구나 견뎌낼 수 있지만, 성난 폭풍이 몰아칠 때는 풍랑을 견디며 앞으로 나아가는 사람만이 성공한다는 사실을 배웠다.

이제 나는 인생의 거친 파도를 이겨낸 사람들이 배운 것을 당신에게 알려주고자 한다. 나는 당신이 깨달은 소수의 사람이 되길 바란다. 마술 사가 카드를 뒤집어 어떤 속임수를 썼는지 보여줄 때의 놀라움처럼 당신도 인생법칙을 배우고 따르다 보면 그 극적인 결과에 경탄할 것이다.

사람들을 관찰하며 깨달은 진실들

사람을 움직여야 하는 전략을 세울 때에는 반드시 해야 할 일이 두 가지 있다. 첫째, 사람들의 저항과 변명을 이겨내야 한다. 둘째, 그런 후에는 사람들이 당신이 시선으로 세상을 바라보게 해야 한다.

타인과 공감대를 형성하려면 먼저 그 사람을 이해하고 그 사람의 내적 동기부터 파악해야 한다. 다시 말해, 당신의 가치관과 상대방의 가치관 간에 공통점을 찾아낼 수 있어야 한다. 이것이 바로 사람 간에 연대감을 형성하는 기본이다.

따라서 당신이 영향력을 행사하고 싶은 사람을 대할 때 반드시 명심해야 할 것이 있다. 바로 상대방이 아이이든, 배우자이든, 상사이든 막론하고 상대방을 움직이려면 먼저 상대를 알아야 한다는 것이다. 그러려면 상대방에게 당신이 이상한 생각을 하는 '정신 나간 인간'이 아니라는 점부터 먼저 인식시켜야 한다.

✿ 상대방에 대한 정보를 얻는 질문들

사람들을 정말로 이해하려면 어떤 것들을 알아야 할까? 그 사람이 어떤 사람인지를 잘 보여주는 정보는 무엇일까? 상대방을 이해하기 위해 알아야 할 정보는 다음과 같다.

1 그들이 삶에서 가장 중시하는 것은 무엇인가? 도덕, 돈과 성공, 강력한 권력, 자비 등 그들의 인생관에서 가장 중요한 것은 무엇인가?

2 그들은 인생을 어떻게 살아가야 한다고 믿는가? 그들이 기대하는 삶은 어떤 모습인가?

3 그들은 무엇에 저항하고 어떤 성향(두려움, 편향, 선입견)을 지니고 있는가?

4 그들이 특정한 시각이나 철학, 입장을 기꺼이 수용하거나 철저히 거부하는가?

5 그들은 어떤 말을 들었을 때 상대방을 '괜찮은 사람'이라고 인정하고 신뢰하는가?

6 그들이 가치 있다고 여기는 것은 무엇인가?

7 그들은 자신을 어떻게 생각하는가?

8 그들이 삶에서 가장 원하는 것은 무엇인가?

당신 자신은 물론이고 남들이 왜 그런 식으로 행동하는지 배우려고 애쓰다 보면, 사람마다 행동을 유발하는 동기가 제각각이란 사실을 알게 될 것이다. 사람의 행동을 지배하는 여러 다른 보상에 대해서는 인생법칙 3번, '사람은 보상이 따르는 행동만을 한다'에서 자세히 살펴보고, 지금은 다만 이것만 언급하려 한다. 사람의 행동을 지배하는 기본원칙에는 몇 가지 중요한 공통점이 있다.

● 인간 성격의 공통점

당신이 사는 이 세상은 사회적 세상이고, 당신은 사회적 동물이다. 타인이 왜 특정한 행동을 하거나 하지 않는지를 당신이 이해한다면, 이후로 당신은 절대 자신의 행동이나 타인의 행동에 대해 당황하는 법이 없을 것이다.

이런 공통점은 대다수 사례에 모두 적용되며, 인간을 이해하기 위한 기초지식으로 활용될 수 있다. 당신이 인간 행위의 공통적 특성에 대해 안다면, 그 지식을 당신과 타인의 인생전략을 수립하는 데 활용할 수 있다.

자, 다음은 내가 지금까지 발견해낸 인간의 가장 중요한 10가지 공통적 특성이다.

1 사람은 남에게 거부당하는 것을 가장 두려워한다.

2 사람은 남에게 인정받는 것을 가장 원한다.

3 사람을 효과적으로 움직이려면 그 사람의 자존심을 지켜주거나 높여주어야 한다.

4 사람은 어느 상황에서도 조금이나마 '내가 얻는 게 뭐지?'라며 고민한다.

5 사람은 자신이 중요하게 생각하는 것에 대해 말하기를 좋아한다.

6 사람은 자신이 이해하는 것만 듣고 기억한다.

7 사람은 자신을 좋아하는 사람만 좋아하고, 신뢰하고, 믿는다.

8 사람은 종종 터무니없는 행동을 한다.

9 고상한 사람도 때로는 소심한 소인배처럼 행동한다.

10 사람이라면 누구나 사회적 가면을 쓰고 있다. 따라서 그 사람의 본모습을 보려면 가면 뒤를 들여다보아야 한다.

이 목록을 읽은 뒤 '너무 비관적인 거 아냐?'라고 생각할지도 모르겠다. 그렇지 않다. 나는 비관주의자가 아니다. 나는 현실주의자다. 나는 사실을 있는 그대로 말할 뿐이다. 당신도 지금까지의 경험을 솔직하게 반추해보면, 나처럼 당신도 이 10가지 인간의 특성을 잘 보여주는 사례임을 깨닫게 될 것이다.

성공적인 삶을 살려면 당신의 관점을 타인에게 설득할 수 있는 인생전략이 필요하다. 그리고 지금까지 살펴본 두 개의 목록(상대방을 이해하기 위해 알아야 할 정보와, 사람의 10가지 공통적 특성)은 그런 인생전략을 수립하기 위해 반드시 알아야 할 것들이다. 배우자든 자녀든 고객이든, 또는 당신의 상사나 고용주, 동료, 당신 자신이든 간에 당신이 이 두 가지 목록을 활용해서 생각하고 행동하면 경쟁우위를 확보할 수 있다.

반대로 인간의 행동에 대한 이런 '당연한 사실'을 무시할 수 있다고 생각하면 그것은 큰 오산이다. 그런 잘못된 생각은 일을 시작하기도 전에 망칠 수 있다. 실패는 결코 우연이 아니다. 실패는 자초하는 것이다. 이 두 가지 목록을 활용해서 자신과 타인을 조절하면 실패를 피할 수 있다. 그저 되는 대로 사회생활을 하기보다 이 두 가지 목록만 잘 활용해도 당신에게는 이미 인생전략이 있는 셈이다. 다만 이 두 가지 목록은 사람과 세상이 작동하는 방식을 이해하는 첫걸음에 불과하다.

☀ 법칙은 현실에서 통한다

다시 한 번 말하지만, 지금부터 살펴볼 아홉 가지 인생법칙은 세상의 작동방식을 상세하게 설명해줄 것이다. 당신은 그 법칙들을 기꺼이 배우고, 나아가 그 법칙을 뒷받침하는 일상의 사례를 열성을 다해 수집해야 한다. 그리고 이 과정에서 가장 중요한 것은 당신의 태도다. 내일 문을 열고 집을 나설 때 사람들이 어떤 식으로 행동하는지, 왜 그런 행동을 하는지 주의 깊게 관찰하겠다고 다짐하라. 앞에서 살펴본 두 가지 목록을 활용해서 자신의 행동과 타인의 행동을 고찰하라.

위 목록에 포함된 인간의 공통적 특성 중 몇 가지를 당장 내일 시험해보라. 예를 들어, 공통점 2번, '사람은 남에게 인정받는 것을 가장 원한다'는 쉽게 시험해볼 수 있다. 식당이나 가게에 들렀을 때, 또는 직장에서 일할 때 타인과 상호작용하기 전에 공들여 상대방을 칭찬해줘라. 당신이 식당에 갔는데 종업원이 늦게 주문을 받았다고 가정해보자. 마침내 종업원이 다가왔을 때, 이렇게 말한다.

"와, 정신없이 바쁜가 보네요. 이렇게 바쁘게 일을 시킬 거라면 롤러블레이드라도 줘야 할 것 같은데요. 아무튼, 주문을 받아줘서 고맙네요."

입에 발린 말처럼 들릴 수 있겠지만, 시도해보라. 그러면 10가지 인간의 공통적 특성이 그냥 마구잡이로 선정된 것이 아니라는 것을 깨닫게 될 것이다.

인간의 본성을 연구하라

누군가는 성공적이고, 다른 누군가는 성공적이지 못하다. 그들의 차이가 무엇인지 연구하라. 그런 차이가 나는 원인을 파악하라.

어린 시절 나는 슈퍼맨이 되고 싶었다. 특히 슈퍼맨의 엑스레이 투시 능력이 너무나 갖고 싶었다. 지금까지 우리가 말한 것도 일종의 투시 능력이다. 남들이 보지 못하는 것을 보는 것이 바로 투시 능력 아닌가? 물론 슈퍼맨의 엑스레이 투시 능력보다는 덜 재미있겠지만, 그보다 훨씬 더 유용할지 모른다. 한마디로 일단 투시 능력이 생기면 사람들의 행동을 전혀 다른 차원에서 이해할 수 있다. 그러니 남들의 행동을 자세히 관찰하다 보면 큰 보상을 얻게 될 것이다.

어쩌면 내가 가르치는 것이 타인을 마음대로 조종하는 악랄한 방법이라고 느낄지도 모르겠다. 그렇다. 내가 가르치는 것은 사람을 조종하는 방법이다. 그러나 그것이 반드시 나쁜 것은 아니다.

사실 나는 지금도 당신을 조종하려 하고 있다. 나는 그 사실을 솔직하게 인정한다. 그러나 사과할 생각은 없다. 사실 남을 조종하는 것이 나쁜 것은 은밀하게 이기적인 목적으로 상대방을 해하기 위해 그런 행동을 할 때뿐이다. 그러나 내가 당신을 지금보다 더 나은 개인, 부모, 배우자로 만들어주기 위해 당신을 조종한다면, 그것이 과연 나쁜 것일까? 심지어 나는 솔직하게 먼저 그 사실을 당신에게 말한 후에 행동에 옮기고 있다.

사람을 내 마음대로 조종하는 방법 중 하나는 오늘날 널리 통용되고 있다. 타인의 행동을 예측하고 조종하는 것보다 더 중요한 것은 바로 자신을 예측하고 조종하는 능력이다. 다시 말해, 타인을 효과적으로 조종할 줄 안다면 대단히 유용하지만, 자신을 효과적으로 조종하는 방법을 안다면 그 유용함은 이루 말할 수 없을 정도로 크다. 왜냐하면, 당신이 가정이든, 직장이든, 아니면 여가생활에서든 사람을 만날 때, 이 모든 상황에서의 공통분모는 바로 당신 자신이기 때문이다.

당신이 가장 많은 시간을 함께 보내는 사람도 자신이다. 당신이 가장 영향력을 행사하고 통제해야 할 대상도 자신이다. 부정적인 성격과 행동 양식을 최소화할 필요가 있는 사람도 자신이며, 반대로 긍정적인 성격과 행동 양식을 극대화할 필요가 있는 사람도 자신이다. 우울, 불안, 분노, 무관심, 외로움을 비롯한 여러 성향을 최소화하거나 없앨 수 있는 사람도 결국 자신이다.

그러려면 지식이 필요하다. 자신이 어쩌다가 그런 부정적인 성향을 지니게 되었는지, 왜 그런 성향을 지속하는지, 무엇보다도 어떻게 해야 그 성향을 더 긍정적이고 건전한 성향으로 대체할 수 있는지 지식이 필요하다.

당신도 살면서 누군가를 보면 이런 생각을 한 적이 있을 것이다.

'나도 저 사람처럼 행복하면 좋겠어.'

'나도 저렇게 자신감이 넘쳤으면 좋으련만.'

'나도 저 사람들처럼 누군가와 함께하면 얼마나 좋을까.'

장담컨대, 당신이 정직하다면 자주 이런 생각을 했다고 인정할 것이다. 이것은 부끄러운 것이 아니다. 우리는 매일 행복할 수는 없다. 또한, 타인에게서 당신이 본받고 싶은 성향이나 자질을 찾아내어 부러워한다고 해서 정신적으로 문제가 있는 것도 아니다.

그러나 중요한 것은 당신은 자신의 내적 심리 상태부터 이해해야 한다는 것이다. 다시 말해, 당신이 그런 부러운 감정을 느끼게 되는 요인은 무엇인가?

제대로 아는 것이 중요하다

깨달은 사람이 되는 것이 얼마나 중요한지를 알려면, 정반대 상황을 고려해보면 된다. 그 정반대 상황은 현재 당신이 살고 있는 삶일 수도 있다. 지식의 반대는 무지나 지식의 부족이다. 그러나 이보다 더 위험한 것은 잘못된 생각이나 틀린 정보다.

● 깨닫지 못한 이의 말로

우리는 우리 자신보다 남들이 지닌 잘못된 생각이나 정보를 더 잘 인지한다. 당신도 살면서 세상이 중시하는 가치가 무엇인지, 자신의 행위가 남들에게 어떤 영향을 끼치는지를 전혀 이해하지 못하는 사람을 무수히 만나봤을 것이다. 어떤 멍청이는 시비조의 행동과 말투 때문에 늘 망신을 당한다. 그런데도 사람들이 등 뒤에서 자신을 노려보며 욕한다는 사실을 끝내 눈치 채지 못한다. 심한 체취 때문에 사람들이 인상을 찌푸리며 어색하게 웃는 것을 두고 자신이 사람들에게 강한 인상을 남긴다고 착각하는 멍청이도 있다. 한마디로 남들은 다 아는데 자신만 모른다.

자, 그렇다면 인간의 본성을 연구한 사람은 이런 멍청이와 어디가 다를까?

인간의 본성을 탐구한 사람은 타인을 효과적으로 움직여서 원하는 반응을 이끌어낸다. 그를 토대로 성공의 길로 나아간다. 이런 사람은 주변에 사람들도 많다. 왜냐하면, 그가 자신들을 잘 대해줄 것을 사람들이 알기 때문이다. 실제로 사람들은 이런 사람을 만나고 나면 어찌된 영문인지 자신에 대해 더 좋은 감정을 느끼게 된다. 명심하라. 당신은 세상의 작동방식을 관찰하는 과정에서 특히 세상이 당신을 어떻게 대하는지를 유심히 살펴야 한다.

☀ 잘난 척하는 사람의 말로

여기서 잠깐, 지식의 힘에 관해 설명하면서 멍청이와 사촌지간이라고 할 수 있는 '잘난 척하는 사람'을 빼놓을 순 없다. 이미 모든 것을 다 안다고 착각하는 사람은 의지 부족을 설명하는 아주 좋은 사례다. 이런 사람은 남들을 지루하게 하고, 성가시게 하며, 해롭게 할 뿐만 아니라, 자신의 정신조차 마비시킨다. 모든 것을 다 안다고 착각하면 새로운 정보를 받아들일 기회를 아예 차단하기 때문이다.

이런 사람은 자신이 이미 모든 정보를 다 안다고 믿는다. 따라서 애당초 더 많은 정보를 찾지 않는다. 이런 사람에게 새로운 정보를 찾으려는 노력은 무의미하다. 따라서 몸통 안으로 숨어버리는 거북이처럼 모든 가능성을 차단한다. 그는 자신이 지닌 아집이나 잘못된 신념에 어긋나는 정보에 대해 완전히 폐쇄적이다. 그리고 끝끝내 그 착각을 버리지 못하고 오히려 자랑스럽게 여긴다. 새로운 정보에 대한 마비 상태가 지속되면 심각한 편견은 물론이고, 온갖 형태의 편협하고 틀에 박힌 행동을 하게 된다.

이런 사람은 특정한 집단이나 인종에 대해 잘못된 정보를 입수한 후 그 생각을 끝까지 고수한다. 마치 경전에 적힌 진리라도 되는 양 잘못된 생각을 신봉한다. 이런 사람의 신조는 '틀릴지언정, 절대 의심하진 않는다'다. 사실 이런 아집은 인간에게서 흔히 볼 수 있는 성향이며, 오랜 세월 동안 전쟁을 비롯한 인류의 고난도 이런 아집에서 비롯되었다고 할 수 있다.

당신은 깨달았거나 아니거나, 또는 깨쳤거나 깨치지 못했거나 둘 중 하나다. 그중 최악은 깨닫지 못했는데 스스로는 깨달았다고 착각하는 것이다. 다시 말해, 지금 말하는 내용이 당신에게는 해당되지 않는다고 착각하지 마라.

● 지식의 위력

그러니 이번 장에서 말한 첫 번째 인생법칙을 수용하고, 즉각 나머지 아홉 가지 인생법칙을 배워라. 그러면 당신도 '깨달은 무리'에 속할 수 있을 것이다. 더 이상 인생이 당신에게 던지는 질문에 내 친구가 그랬던 것처럼 멍청하게 '샘 소시지'라는 허튼 답변을 내놓지 마라.

아는 것이 힘인 것처럼, 알지 못하거나 잘못된 정보에 의존하는 것은 자신의 발목을 잡고, 스스로를 잘못된 길로 인도해서 해치는 행위다. 그러니 지금 당장 당신 자신과 주변 사람들의 행동을 이해하기 위한 지식을 배우겠다고 결심하라. 그리고 내 생각에 지금부터 살펴볼 아홉 가지 인생법칙이야말로 이런 지식을 습득하기에 가장 좋은 방법이다. 그러니 그 법칙을 당신이 앞으로 배울 지식의 반석으로 삼길 바란다.

인생전략의 핵심!

- 모두가 맹목적으로 시행착오를 겪으며 살아가는 세상에서 '게임의 규칙'을 깨닫는 것은 대단한 이점이다.
- 인간 행위의 공통적 특성을 파악하고, 그 지식을 인생전략을 수립하는 데 활용할 수 있다.
- 타인의 행동을 예측하고 조종하는 것보다 더 중요한 것은 바로 자신을 예측하고 조종하는 능력이다.

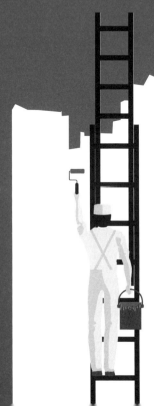

3장

뿌린 대로만
거둔다

씨 뿌리는 사람이 실수로 콩을 삐뚤삐뚤 뿌려두면,
콩의 실수는 아니지만 콩도 삐뚤삐뚤 자라난다.

랠프 월도 에머슨

한 사람에게 일어나는 모든 일은 그 사람이 만든 것이다

당신의 전략

자신의 인생에 대한 책임감을 인정하고 수용하라.
인생이란 결과물을 만들어내는 사람은 바로 당신이다.
더 나은 선택을 함으로써 더 나은 삶을 누리는 법을 배워라.

이 법칙은 매우 단순하다. 당신의 인생은 당신 책임이란 것이다. 좋든 나쁘든, 성공하든 실패하든, 행복하든 불행하든, 공정하든 불공정하든 간에 당신의 인생을 지배하는 것은 당신 자신이다.

자, 이제 책임은 당신 몫이다. 사실 책임은 과거에도 늘 당신 몫이었고, 미래에도 늘 당신 몫일 것이다. 그것이 현실이다. 당신 마음에 들지 않더라도 삶이라는 것이 원래 그렇다.

나는 '절대 명제'로서 이런 주장을 하는 것은 아니다. 이론으로서 이 주장을 펼치는 것도 아니다. 나는 당신 삶에서 결과를 만드는 것은 언제나 당신 자신이라고 말하는 것일 뿐이다. 당신의 대인관계가 흔들린다면, 그것은 당신 책임이다. 당신이 비만이라면, 그 또한 당신 책임이다. 당신이 이성을 신뢰하지 못하는 것도 당신 책임이다. 불행한가? 그 또한 당신 책임이다.

당신의 삶이 어떤 상황에 처해 있든, 이 인생법칙을 수용하면 자신의 삶에 대한 책임을 더는 피할 수 없다. 책임을 진다는 것은 그저 "그래, 내 책임이야"라고 '입으로만' 인정하는 것으로는 부족하다.

왜 책임을 인정해야 하는가

당신이 책임을 인정하지 않으면, 당신이 직면하는 모든 문제를 잘못 판단하게 된다. 문제를 잘못 판단하면, 당연히 문제에 적절히 대응하지 못하게 된다. 그리고 문제에 적절히 대응하지 못하면, 상황이 개선되지 않을 것임은 너무나 분명하고 당연하다. 당신의 문제에 당신 자신이 관련 있다는 말이 믿기지 않더라도, 자신을 더 깊게 파고들어 보라. 장담컨대, 문제는 당신 내면에 있다.

이 인생법칙은 진실이다. 왜냐하면, 당신이 원하든 아니든 우리가 살아가는 세상은 이런 식으로 돌아가기 때문이다. 따라서 당신이 이 진실을 저항하고 거부한다면, 그것은 계속해서 환상 속에 살아가는 것과 다름없다. 자신을 계속해서 피해자라고 생각하는 한, 당신은 결코 발전할 수 없고, 상처를 치유할 수도 없으며, 승리할 수도 없다. 책임감으로부터 도망치면 당신은 결코 주도권을 잡고 자신의 삶을 직접 통제할 수 없다.

진정 변화하고 싶다면, 그리고 자신의 경험은 자신이 만든다는 것을 진심으로 인정한다면, 원하지 않은 결과를 가져오게 된 과정에서 당신이 한 행위, 또는 해야 했는데 하지 않은 행위가 무엇인지 분석해야 한다. 책임을 진정으로 인식한다는 것은 다음과 같은 질문을 스스로 던지는 것을 의미한다.

- 내 삶에서 마음에 들지 않는 상황은 무엇인가?
- 내 어떤 행동이 그런 상황을 발생하게 했는가?
- 나는 누군가를 맹목적으로 신뢰했는가?
- 나는 중대한 경고 신호를 무시했는가?
- 내가 원하는 것을 명확하게 설명하지 못했는가?
- 혹시 내가 원하는 것만 믿도록 나 자신을 기만했는가?
- 내 어떤 선택이 내가 원하지 않은 결과물에 직접적인 영향을 끼쳤는가?
- 잘못된 사람이나 장소를 선택했는가?
- 잘못된 이유로 그런 선택을 했는가?
- 잘못된 시기에 그런 선택을 했는가?
- 내가 하지 않은 행위 중 어떤 것이 내가 원하지 않은 결과물을 가져왔는가?
- 필요한 행동을 하지 않았는가? 그것이 무엇인가?
- 나 자신을 지키고, 내 권리를 주장하는 데 실패했는가?
- 내가 원하는 것을 요구하지 않았는가?
- 최선을 다하지 않았는가?
- 나 자신을 존중하고 자존심을 지키지 못했는가?
- 변화하려면 지금부터 어떤 행동을 해야 하는가?
- 새로운 습관을 시작해야 하는가?
- 오래된 습관을 버려야 하는가?

이 인생법칙이 대단히 중요하다는 점을 당신이 이해했으면 한다. 당신이 이 법칙을 수용하지 않는다면, 또한 당신이 '옳기에' 당신이 문제일리 없다면서 계속 자신을 피해자로 인식한다면, 당신은 결코 인생에서 의미 있고 지속적인 변화를 만들어낼 수 없다.

당신의 인생에서 화가 나고, 상처를 입었고, 분노하는 부분이 있다면, 그런 감정 또한 당신의 것이며 그런 감정이 느껴지는 것도 결국 당신 책임이다.

피해자인 척 행동하는 데에는 다양한 방식이 있다. 당신은 누군가를 야비하고 공정하지 못하며 추악하다고 주장할 수도 있다. 가장 흔한 방식은 당신의 입장만이 옳으며 당신의 입장에 동의하지 않으면 모두 그르다는 생각이다. 이런 시각에서 보면, 이 세상이 이도 저도 아닌 혼란스런 상태에 빠진 것도 당신 탓이 아니라 남들 탓이다. 그러나 정말로 당신이 옳고 다른 사람이 그르다고 할지라도, 여전히 그 문제는 당신의 것이다. 그리고 나라면 이렇게 지적할 것이다.

"당신이 옳다면, 당신이 그렇게 똑똑하다면, 왜 스스로 원하는 결과를 만들지 못하죠?"

당신은 이렇게 답할 것이다.

"사람들이 내 말을 듣지 않아요."

그러면 나는 이렇게 답할 것이다.

"사람들이 당신 말을 듣지 않는 것도 당신 책임이에요."

왜냐하면, 사람들이 당신 말을 듣지 않는다는 것은 결국 당신에게 그럴 능력이 없어서 발생하는 결과이기 때문이다.

결론을 말해주겠다. 당신은 피해자가 아니다. 당신이 처한 상황은 당신이 만든 것이며, 그런 상황에서 느끼는 감정도 당신 소관이다. 이것은 이론이 아니다. 실제 삶이 그렇게 돌아간다.

당신은 기꺼이 입장을 바꿀 수 있어야 한다. 아무리 어렵고 특이한 상황일지라도 그 문제는 당신의 것임을 받아들여라. 사실 이것은 어떤 면에선 희소식이기도 하다. 당신의 문제를 받아들이고, 당신에게 책임이 있다는 사실을 인정한다는 것은 당신이 인생을 깨쳤다는 뜻이다. 그것은 당신이 문제에 대한 해결책도 당신 안에 있음을 안다는 것을 의미한다.

다른 사람들이 인생의 문제를 남 탓으로 돌리는 동안, 당신은 레이저 유도장치가 달린 미사일처럼 정확하게 목표를 향해 날아갈 수 있다. 당신의 삶을 직접적으로 변화시킬 수 있는 요소에만 집중할 수 있다. 그러면 문제 해결의 측면에서 남들보다 한참 앞서 나가게 된다. 그러니 바로 오늘이 당신이 인생에 대해 새롭게 눈뜨는 날이 되길 바란다. 더는 엉뚱한 곳에서 답을 찾으려 들지 마라.

현재 내 모습은 과거의 내가 만들었다

사실 이 인생법칙을 수용하느냐, 마느냐는 '성패를 가를 만큼' 중요하다.

"좋아요. 나는 이 법칙을 수용했고, 앞으로 내 삶의 경험은 내가 만들어갈 겁니다."

이런 말을 한다고 해서 끝이 아니다. 그것이 전부는 아니기 때문이다.

일단 당신이 경험하는 삶은 지금껏 당신이 만들어왔고 지금도 만들어가고 있는 것임을 깨달아야 한다. 이것은 대단히 중요한 인식인데, 그이유는 당신이 지금까지 살아온 삶을 되돌아보면서 각각의 결과물에 대해 새롭고 정확하게 이해한 후 그에 대한 책임을 분명히 해야 하기 때문이다. 다시 말해, 당신은 어떤 선택이 지금의 결과를 가져왔는지 이해해야 한다. 당신의 어떤 행동과 선택이 지금 당신을 이 자리에 서게 했는가?

과제 ④ 부당한 일 떠올리기

책임감을 가지고 삶을 인식하기 위해 가장 좋은 방법은 과거에 마음속으로 자신을 피해자로 생각했던 시절을 검토해보는 것이다. 노트를 펼쳐 당신이 겪은 다양한 일 중에서 당신이 피해자로 느껴졌거나 부당한 대우를 받았다고 생각되는 사건을 다섯 가지 고르고, 당시 어떤 감정이었는지 각 사건을 상세하게 적어라(나중에 추가로 글을 적을 여백을 남겨두면 좋다).

자, 이제 여백에 각 사건에서 당신이 어떻게 나쁜 결과에 대한 직접적인 책임이 있는지 적어라. 나쁜 결과는 당신이 했던 행동 때문일 수도 있고, 하지 않은 행동 때문일 수도 있다. 그런 결과가 나오도록 스스로 몰아갔을 수도 있다. 분명한 경고 신호가 있었는데 간과했을지도 모른다. 어떤 것이든 좋다.

이 과제는 쓸모없는 형식적인 일이 아니다. 책임감 있게 살아가려면 먼저 책임감 있게 생각해야 한다. 이 과제는 삶을 주도적으로 이끌어가기 위해 미래의 인생전략을 수립하는 데 아주 중요하다.

당신이 수많은 틀린 곳에서 헤매기보다는 이 인생법칙을 통해 단 한 군데 옳은 곳에서 해결책을 찾길 바란다. 이제 이런 불평은 그만두라.

"왜 세상은 나한테만 가혹한 거야?"

대신 이렇게 말하라.

"내가 무슨 짓을 한 거지? 다른 결과를 얻기 위해 생각, 행동, 선택을 어떻게 바꿔야 하지?"

당신은 단지 현재 경험만 만들어내는 것이 아니다. 지금껏 당신이 겪어온 좋은 경험, 나쁜 경험 모두 당신이 만들어낸 것이다. 그 사실을 이해하고 의도적으로 인정했다면, 이제 당신은 경험과 결과를 주도적이고 적극적으로 만들어나갈 수 있다.

이 책을 계속 읽으면서 우리는 함께 당신의 삶을 설계해갈 것이다. 원하는 삶을 살고 원하는 결과물을 얻을 수 있는 전략을 함께 수립할 것이다. 그리고 그 전략을 수립하는 기초 토대는 나의 인생이 나의 책임임을 깨닫는 것이다. 지금 당장, 당신의 영혼에 이런 깨달음을 새겨두라. 그리고 지금껏 겪어온 삶을 해석하고자 할 때 이 사실을 떠올려라. 그런 뒤 미래에 당신이 어떤 선택을 할 때마다 이 사실을 명심하라.

집중할 것에만 집중하라. 당신의 선택과 행동에 집중하라. 그러면 당신은 살면서 왜 당신의 삶이 그 모양인지 더는 질문하지 않게 될 것이다. 오히려 이런 질문을 하게 될 것이다.

"왜 이래야 하지? 내 삶을 다르게 변화시킬 수도 있지 않을까?"

당신의 삶을 지배하고 만들어가는 인생법칙을 이해하고 나면, 당신은 이렇게 말할 것이다.

"지금 내가 살아가는 이 삶은 너무나 당연한 결과야. 내가 우울해하는 것도 당연한 이유가 있어. 내가 술에 의존하는 것도 이유가 있어. 내가 왜 두 번이나 결혼에 실패했는지도 알겠고, 왜 이런 변변찮은 직업에 종사하는지도 알 것 같아. 이전까지는 내 인생을 결정짓는 원칙에 대해 알지 못했어. 그러나 이제 그 원칙을 깨달았고 받아들였으니 그 원칙에 맞춰 살아가겠어. 지금까지는 성공이 아닌 실패를 하도록 설계된 삶을 살아왔지만, 더는 아니야."

"모두 내 책임이다"

이런 사고의 흐름이 일반적인 통념과 다르다는 것은 나도 잘 안다. 분명한 것은 이런 생각은 인간의 행동에 대한 우리 사회의 일반적인 설명과는 대조된다. 사실 모든 문제에 대해 부모 탓을 하거나, 선생님 탓을 하거나, 불운을 탓하거나, 우주의 음모로 몰아붙이는 것이 더 쉽긴 하다.

남 탓으로 돌리는 것이 더 쉽다는 말은 책임을 지지 않는 것이 더 쉽다는 뜻이다. 다른 사람에게 책임을 돌리는 것이 더 쉽다. 그러면 당신은 피해자이니 굳이 자신에게 변화를 요구하지 않아도 되기 때문이다.

불우한 가정환경, 가정의 불화, 자녀에 대한 언어적·육체적·성적 학대에 관한 책은 무수히 많다. 이런 책은 당신이 어린 시절을 박탈당했고, 당신 내면에 있는 어린 자아가 밖으로 분출되고 싶어한다고 말한다. 어떤 미사여구로 포장했든 간에 우리 책임이 아니라고 주장하는 메시지를 읽게 되면, 우리는 그 순간만큼은 마음이 편해진다. 그래서 우리는 이런 주장을 하는 책을 탐독한다. 그 책들이 마음의 짐을 덜어주기 때문이다. 또한, 이런 책의 주장이 얄팍하게나마 이성적으로 들리는 이유는 "모두 내 책임"이라고 말하는 것이 혼란스러운 감정을 주기 때문이다.

이 세상에 의도적으로 자신을 망치려 드는 사람은 없다. 따라서 나를 망친 사람이 나 자신이 아니라면, 나 말고 다른 누군가를 비난해야 한다. 그리고 일단 당신이 모든 잘못을 타인에게 전가하고 나면, 그걸로 끝이다. 당신은 상처를 받았다. 다른 사람이 당신에게 상처를 주었다. 그렇다면 잘못은 당신이 아닌 다른 사람에게 있다. 너무나 당연한 결론이다. 왜냐하면, 제정신이라면, 당신 스스로 자신에게 피해를 주지는 않을 테니까.

그러나 상당히 그럴싸하게 들리긴 해도 이것은 진실이 아니다. 당신이 성인이고 독립해서 살고 있다면, 치매도 아니고 뇌종양도 아니라면, 어떤 형태로든 올바른 생각을 하지 못하는 상황이 아니라면, 모든 책임은 당신에게 있다.

도무지 인정하지 못하겠는가? 많은 사람이 그렇다. 내가 치료했던 환자 대다수도, 내가 교육했던 세미나 참가자들도, 내 어깨에 기대어 눈물을 쏟던 지인들도, 내게 조언을 구했던 사람들도 하나같이 자신의 불행을 다른 무엇이나 다른 누군가의 탓으로 돌렸다.

그러나 당신은 절대로 목표에서 시선을 떼어선 안 된다. 아무리 겁이 나고 기분이 나빠도 두 번째 인생법칙에 따라 살아가고 싶다면, 그를 통해 삶에서 경쟁우위를 확보하고 싶다면, 당신은 현실을 입맛에 맞게 해석하기보다는 있는 그대로 냉철하게 인식하는 현실주의자가 되어야 한다. 반대로 현실을 냉철하게 받아들이지 못하면, 당신은 인생의 문제에 대한 해결책과 해답을 효과적으로 찾지 못하게 된다.

❀ 남 탓 하는 것이 의미 없는 이유

당신이 차 열쇠를 어디 두었는지 까먹어서 온 집 안을 헤집고 다닌다고 상상해보자. 당신은 서랍도 뒤져보고, 주머니도 뒤져보고, 구석구석 다 찾아본다. 열쇠를 찾기 위해 최선을 다하게 되고, 그 덕분에 열쇠 찾기의 선수가 된다. 자, 그런데 사실 열쇠는 집이 아니라 자동차에 꽂혀 있었다. 따라서 당신이 오랫동안 열심히 집 안 구석구석을 다 뒤진들 집에 없는 열쇠를 찾기란 만무하다. 마찬가지로 당신이 당신 문제의 원인을 제아무리 다른 사람에게서 찾는다고 해도 찾을 리는 만무하다. 왜냐하면, 그 원인은 타인이 아닌 당신에게 있기 때문이다.

모두가 경쟁하는 세상에서 온전히 자기 자신을 책임지는 사람이 된다는 것은 큰 차이를 만들어낸다. 이 엉망진창인 상황에서 벗어나게 할 수 있는 유일한 사람이 당신 자신뿐임을 깨닫고 나면, 더는 기사회생의 헛된 희망에 매달리지 않고 문제를 해결하려 노력하게 되기 때문이다.

재차 말하지만, 남 탓을 해서는 절대로 문제를 해결할 수 없다. 오직 패배자만이 남 탓을 한다. 진실을 인정하는 것이 어렵다고 해서 자신을 기만하는 사람이 되진 마라. 상황을 망친 장본인은 당신 자신이다. 그 사실을 빨리 인정할수록 삶도 더 빨리 개선된다. 문제를 직면하라. 남 탓을 하고 싶은 마음이 든다면 아래 사실을 떠올려라.

- 선택은 당신이 했다.
- 당신이 그런 말을 했다.
- 적은 금액에 합의를 본 것은 당신이다.
- 화를 낸 것은 당신이다.

- 자녀를 원한 것은 당신이다.

- 당신 스스로 자신을 하찮게 대했다.

- 그 여자를 가까이 한 것은 당신이다.

- 저 개를 기르자고 한 것은 당신이다.

- 그날 운전을 안 하기로 결정한 것은 당신이다.

- 당신이 그 작자를 집에 들여놓았다.

- 네 기분은 네가 결정하는 거야.

- 포기한 것은 당신이다.

- 당신이 그들을 다시 받아들였다.

- 세상과 타협한 것은 너야.

- 그 직업을 택한 것은 당신이다.

- 당신이 사람들이 막 대하게 내버려둔 것이다.

- 이사하자고 한 것은 당신이다.

- 당신이 냉장고에 넣어두었다.

- 저 물건은 당신이 샀다.

- 네가 먹었잖아.

- 그 말에 혹한 것은 당신이라고.

- 당신이 요청했다.

- 그 사람을 믿은 것은 당신이다.

✿ 남 탓 하는 습관 떨쳐내기

너무 과장할 생각도, 같은 말을 여러 번 반복할 생각도 없지만, 남 탓

하는 습관을 떨쳐내기란 몹시 어렵다. 따라서 두 번째 인생법칙을 인정하고 받아들이는 것은 인생에서 가장 흔한 '대처법'을 버리는 것과 마찬가지다.

당신이 울며 겨자 먹기로 어쩔 수 없이 두 번째 인생법칙을 강요당하고 있다고 느낀다면, 이 법칙에 한 가지 유념할 점이 있다. 나는 모든 것이 당신 잘못이라고 비난하는 것이 아니다. 그저 당신의 책임이라고, 스스로 '책임감을 느껴야' 한다고 말하는 것일 뿐이다.

비난하는 것과 책임을 지는 것은 서로 다르다. 비난당한다는 것은 그런 행동을 의도했거나, 또는 그런 행동으로 인한 결과를 간과했다는 뜻이다. 대조적으로 책임을 져야 한다는 것은 당시 그 상황이 당신의 통제 속에 있었다는 말이다. 이처럼 책임에는 의도성이나 경솔함이 포함되지 않는다. 그저 당신의 행위가 그런 결과물을 가져왔다는 것을 의미할 뿐이다.

내가 친구들과 야단법석을 떨다가 두 발로 의자 위로 펄쩍 뛰어올라 의자를 부쉈다고 가정해보자. 그것은 내가 그 물건을 난폭하게 함부로 다뤘다는 것을 의미한다. 의자가 부서진 것은 내 책임이며, 내가 의자를 부쉈다고 비난해도 정당하다. 자, 이번에는 내가 의자에 그저 앉기만 했는데 의자가 부서졌다고 가정해보자. 이번에도 의자를 부순 것은 내 책임이다. 그러나 나는 의자를 적절하게 사용했고, 애당초 의자를 부술 의도가 없었기에 내가 악의적으로 그 의자를 부쉈다는 비난을 받지 않아도 된다. 다만 나는 부서진 의자에 대한 책임만 있을 뿐이다.

따라서 나는 당신이 살면서 해온 나쁜 선택과 행동을 두고 비난받아야 마땅하다는 말을 하는 것이 아니다. 그저 그런 행동과 선택을 한 것은 당신 자신이며, 따라서 그 결과도 당신의 책임이라는 사실을 일깨워주려는 것뿐이다.

과거의 행위에 대해 마야 안젤루는 이렇게 말했다.

"당신은 그저 아는 대로 행동해왔을 뿐이다. 더 잘 알았다면 더 잘 행동했을 것이다."

바로 이것이 당신 스스로에 대한 평가여야 한다. 과거에 어떤 행동을 했든, 당신은 그저 아는 대로 행동했을 뿐이다. 그리고 그런 행동을 한 것은 당신이기에 그 책임도 당신에게 있다. 나는 우리가 함께 이 책의 진도를 나가는 동안 당신이 더 많이 알게 되고, 그 결과 더 잘 행동하게 되었으면 좋겠다. 그리고 더 많이 배우고, 더 잘 행동하는 것도 결국 당신 책임이다.

✹ 인생에 대한 책임을 지는 태도

지금까지 우리는 긴 지면을 할애해서 현대사회에 만연한 전염병과 같은 부정적 성향에 대해 알아봤다. 인생에 대한 책임감, 특히 전염병과 같은 나쁜 행동에 대한 책임감은 대체로 두 가지 형태로 나타난다. 꿈과 계획, 기회, 자존심은 눈 깜빡할 사이에 사라지기도 하고, 때로는 서서히 사라지기도 한다.

나는 책임감의 첫 번째 청대를 인생은 물론이고, 재판정에서도 목격했다. 재판정에서는 배심원이 최종 판결문을 읽는 짧은 순간에 모든 나쁜 선택의 결과가 현실이 되어 나타난다. 다시 말해, 재판정에서는 선택에 대한 책임이 단 한 번의 망치질이 되어 거세게 내리쳐지는 순간, 그에 따라 자유가 속박되기도 하고, 큰 금전적 손실이나 이득을 보기도 한다. 그 광경은 종종 아주 극적이고 감동적이기까지 하다. 신문의 헤드라인으로 등장하고, 6시 뉴스에서도 보도되며, 전 세계가 그 뉴스에 집중한다.

그러나 일단 그 뉴스에 관한 관심이 사그라지면, 재판의 당사자가 아닌 사람들은 평상시처럼 다시 일상으로 쉽게 복귀한다. 반면에 적절한 인생전략이 없어서 잘못된 선택을 한 당사자의 삶은 절대 예전으로 돌아가지 못한다. 내 주위에도 이런 식으로 순식간에 운명이 바뀐 경우가 있었다. 화난 애인이 당긴 방아쇠. 잘못된 결정을 한 비행기 조종사. 파티에 갔다가 술에 취해 음주운전을 해서 약혼녀의 목숨을 앗아간 젊은이. 이처럼 선택에 따른 책임은 단호하고, 사정을 봐주지 않으며, 도망칠 수 없다.

책임의 두 번째 형태는 첫 번째 형태보다 훨씬 느리고 조용하면서 교묘하게 나타난다. 그러나 그 결과는 마찬가지로 참혹하다. 두 번째 형태는 천천히 삶에서 벗어나게 만든다. 세세하게 그 상황을 녹화하는 TV 카메라도 없고, 그 내용을 상세하게 받아 적는 일간지 기자도 없다. 사실 두 번째 형태의 책임에서는 사람들의 주목을 끌 만한 극적인 사건도 없다. 유일한 목격자는 당신 자신뿐이다. 당신은 과거의 잘못된 선택을 회상하면서, 당신이 세상과 타협했고, 고여서 썩어가는 물처럼 꿈이 점점 사라지고 변질되어가는 것을 목격했다. 몇 주, 몇 달, 심지어 몇 년에 걸쳐 이런 질문이 당신을 괴롭혀왔다.

'내가 어쩌다 이 지경이 된 거지?'

'어쩌다 내 인생이 요 모양 요 꼴이 됐을까?'

'내 인생과 내 계획은 어찌 되는 걸까?'

'왜 맨날 지겹도록 똑같은 삶을 사는 걸까?'

이 두 번째 책임감은 마치 소리 없이 접근하는 흉포한 폭풍처럼 엄청나게 파괴적이다.

책임감의 법칙은 매우 기본적인 법칙이자 인생의 성패를 좌우할 만큼 강력하다. 그러니 이제부터는 당신이 어떤 식으로 자신의 경험을 직접 만들어내는지 살펴보자.

당신은 매일 일상에서 하는 선택을 통해 자신의 경험을 창출한다. 선택이 경험을 만드는 이유는 모든 선택마다 그에 따른 결과가 따라오기 때문이다. 더욱 자세히 설명하면 이렇다.

- 그런 행동을 선택하는 것은 그에 따른 결과도 선택하게 된다.
- 그런 생각을 선택하는 것은 그에 따른 결과를 선택하는 것이다.
- 그런 생각을 선택하는 것은 그에 따른 생리 활동을 선택하는 것이다.

요약하면, 당신은 선택에 따른 대가를 치러야 한다. 당신이 이 세상에서 하는 모든 선택에는 결과가 뒤따른다. 그리고 그런 결과가 축적되면서 이 세상에서 당신이 겪는 경험을 결정하게 된다.

한마디로 당신의 선택에 따른 결과물이 당신의 경험이다. 당신이 정말 멍청한 행동을 한다면, 그에 따른 심각하고 부정적인 결과를 경험할 가능성이 크다. 개인의 안전을 도외시한 무분별한 삶을 살기로 선택했다면, 그에 따른 고통이나 부상이란 결과를 선택한 것과 마찬가지다. 당신이 역겹고 폐만 끼치는 배우자와 헤어지지 않기로 선택한다면, 그에 따른 마음의 상처와 감정적 고통을 함께 선택한 셈이다. 당신이 약물과 알코올에 의존하는 삶을 선택한다면, 그에 따른 어둡고 병든 삶도 선택한 것이다.

생각하고 행동하는 순간 결과가 결정된다

당신의 생각도 행동과 비슷하다. 어떤 생각을 선택하느냐에 따라서 당신의 경험이 결정되는데, 당신이 선택하는 생각에는 그에 따른 결과가 함께 따라오기 때문이다. 당신이 자신을 깎아내리고 비하하는 생각을 선택하면, 그에 따른 낮은 자존감과 자신감의 결여도 함께 선택하게 된다. 당신이 분노와 좌절로 점철된 생각을 선택한다면, 그에 따른 소외감과 고립감, 적대심도 함께 선택하는 셈이다.

　선택에 따른 결과를 말할 때 빼놓을 수 없는 것이 정신과 육체의 상관관계다. 특정한 생각을 선택하는 것은 그 생각과 연관된 생리 활동도 함께 선택한다는 뜻이다. 실제로 당신이 떠올리는 모든 생각에는 그에 따른 생리 활동이 따라온다. 예를 들어, 당신이 아삭아삭하고 시큼한 오이 피클을 먹고 있다고 상상해보라. 시큼하면서 달콤한 피클 냄새가 코를 찌른다. 한 입 베어 물자 아사삭 소리가 난다. 그리고 당신의 입안에 달콤하면서 시큼한 향이 폭발한다. 자, 이제 어떤 일이 벌어질까? 저절로 침이 흘러나올 것이다. 이처럼 당신은 입안에서 생리 활동의 변화를 경험하게 된다.

또 다른 예를 들어보자. 불빛 하나 없는 컴컴한 거리를 걸어본 경험이나, 칠흑 같은 어둠으로 뒤덮인 주차장에서 차를 찾던 순간을 떠올려보라. 갑자기 뒤에서 소리가 들린다. 당신의 몸은 즉각 반응한다. 머리카락이 곤두서고, 팔에 소름이 돋고, 심장박동도 빠르게 증가한다. 모든 신경이 경계태세에 돌입한다. 아무도 당신을 건드리지도, 당신에게 어떤 행동을 가하지도 않았다. 그저 당신은 단 하나의 생각, 다시 말해 '위험에 처했다'라는 생각만을 떠올렸을 뿐이다. 이처럼 무형의 생각은 가시적이고 극적인 생리 활동을 일으킬 수 있다. 모든 생각에는 그에 따른 생리 활동이 수반된다는 것을 인정하지 않는 것은 순진한 착각이다.

당신의 생각이 당신을 얼마나 강력하게 조종하는지 생각해보라. 우리는 일상에서 여러 사람과 대화를 나눈다. 그러나 그중에서도 가장 왕성하게 지속해서 대화를 나누는 상대는 다름 아닌 '자신'이다. 우리는 하루에 10명의 사람과 시간을 보낼 수도 있지만, 자신과는 매일 매 순간을 함께 한다.

우리는 타인과의 대화를 모두 합친 것보다 더 많은 시간을 우리 자신과 대화한다. 그리고 우리 자신과의 대화는 우리의 삶을 조종하게 된다. 예를 들어, 매일 똑같은 테이프를 반복해서 틀어놓은 것처럼 머릿속에서 늘 같은 생각을 반복하는 사람도 있다.

우리 자신에 대한 독백, 다시 말해 스스로를 반복적으로 세뇌하는 독백이 부정적이라면, 당연히 그에 따른 우리의 성과도 부정적일 수밖에 없지 않을까? 이런 내적 대화에 '부정적인 자기암시'가 담겨 있다면, 당신은 스스로 불필요한 걸림돌을 만들고 있는 셈이다. 부정적인 자기 대화의 예를 들면 아래와 같다.

- 나는 머리가 나빠.
- 나보다는 저 사람들이 훨씬 재밌고 많이 알아.
- 나는 여기 있는 다른 사람들만 못해.
- 나는 성공할 수도 없고, 성공하지도 못할 거야.
- 나는 늘 포기하지.
- 내가 무얼 하든 결과는 달라질 게 없어.
- 이미 다들 결심했으니까 나로선 어쩔 도리가 없어.
- 매일 똑같은 일상이야. 아무것도 변하지 않아.
- 저 사람들은 내가 멍청하단 걸 알아챌 거야.
- 나는 여자니까 다들 내 말을 무시할 거야.
- 그 일을 하기에는 난 아직 어려.
- 난 나이가 너무 많아서 그 일을 못해.

과제 ⑤ 부정적인 자기암시 목록 적기

노트와 메모지에 부정적인 '자기암시' 목록을 10가지 적어라. 그 메모지를 지니고 다니다가 부정적인 자기암시가 떠오르면 메모지에 적어라. 며칠 정도 메모지를 지니고 다니면서 내용을 추가하면 좋다. 하루에 얼마나 자주 부정적인 자기암시를 하는지 세어보라. 과제를 반드시 실행해야 한다. 이 목록을 적는 것은 인생법칙을 익히는 데 매우 중요하다.

지금까지는 특정한 행동이나 생각을 선택하면 그에 따른 결과도 함께 선택하는 것임을 살펴보았다. 그렇다면 지금부터는 선택과 결과 간의 상호작용이 당신의 삶에서 실제 어떤 식으로 나타나는지에 대해 자세히 살펴보자. 그러려면 일단 당신이 일상에서 가장 흔히 하는 선택을 들여다보고, 그런 선택이 어떻게 당신의 삶을 결정하는지 알아보겠다. 다시 말해, 나는 그저 '당신이 선택한 행동이 결과를 만든다'라는 이론적인 내용만 말하는 것에 그치지 않고, 실제 당신의 일상에서 하는 선택에 대해 살펴보려 한다.

- 당신은 어디에 있을지를 선택한다.
- 어떤 식으로 행동할지 선택한다.
- 무엇을 할지 선택한다.
- 누구와 시간을 보낼지 선택한다.
- 무엇에 집중할지 선택한다.
- 무엇을 믿을지 선택한다.
- 언제 동조할지 선택한다.
- 언제 저항할지 선택한다.
- 누구를 신뢰할지 선택한다.
- 누구를 피할지 선택한다.
- 특정한 자극에 대해 어떤 식으로 반응하고 행동할지 선택한다.
- 다음 가치에 대한 자신의 생각을 선택한다.

  -자신, 타인, 위험, 욕구, 권리

당신이 일상에서 하는 가장 중요한 선택 중 하나는 대인관계에서 타인의 눈에 자신을 어떤 모습으로 보이게 할 것인가이다. 사람은 누구나 '세상을 살아가는 고유한 방식'이 있다. 누구나 고유한 외모나 태도를 지니고 있다. 이 세상에서 자신만의 특정한 역할이 있거나, 대인관계에서 보여주는 특정한 행동방식도 있다. 이를 두고 성격이라고 부르기도 하고, 스타일이라고 부르기도 한다.

이 선택이 중요한 이유는 당신이 타인을 특정한 방식으로 대하면 그에 따라 타인의 반응도 달라지기 때문이다. 다시 말해, 당신은 매일 무수히 많은 선택을 하고, 그 선택은 세상을 경험하는 방식을 결정한다. 또한, 당신의 선택은 세상이 당신을 대하는 방식도 결정한다. 그렇다면 이 과정이 어떻게 진행되는지 좀 더 자세히 살펴보자.

상호성: 주는 대로 받는다

상호성의 원칙을 간단하게 설명하면 '주는 대로 받는다'라는 것이다. 다시 말해, 당신이 상대방을 어떤 태도로 얼마나 친밀하게 대하느냐에 따라 상대방이 당신을 대하는 방식도 달라진다.

우리는 상호성의 원칙을 일상에서 흔히 경험한다. 예를 들어보자. 당신은 길을 가다가 아는 사람을 만났다. 그가 인사를 건넨다.

"안녕하세요. 별일 없죠?"

그 말에 당신이 답한다.

"네, 잘 지내요. 그쪽은요?"

그러면 역시나 뻔한 답변이 돌아온다.

"저야 늘 잘 지내죠."

지극히 평범한 대화다. 이런 상호작용은 일상적이며 정중하다. 그러나 이런 가벼운 대화로는 절대로 상대방에게서 엊그제 밤에 배우자가 바람을 피우는 광경을 목격했다며 눈물을 쏟아내는 속 깊은 얘기를 끌어내지 못한다. 일상적인 인사를 건넨 사람에게 속내를 털어놓았다간 상대방만 더 당황하게 된다. 대체로 당신이 남을 대하는 방식대로 남도 당신을 대하게 마련이다.

한편 상호작용은 전혀 다른 차원에서 일어날 수도 있다. 예를 들어, 이렇게 말을 건넬 수 있다.

"저런, 표정이 너무 안 좋네요. 무슨 일 있어요?"

이제 당신은 더 깊은 차원에서 상호작용을 시도한 셈이다. 그러면 상대에게서 더 진실한 반응을 끌어낼 수 있다. 당신이 더 친밀하게 상대방을 대하면, 상대방도 대화에 더 깊이 참여하게 된다.

우리가 타인을 대하는 방식이나 태도, 친밀함의 정도는 아주 다양하다. 또한, 우리는 각각의 상황에 맞춰 적합한 방식을 선택해서 상호작용을 한다. 그러나 상호작용 방식에는 일정한 유형이 있다. 즉, 당신이 보여주는 여러 상호작용 방식은 하나의 유형으로 종합될 수 있는데, 상대방은 그 유형에 따라 당신을 대하게 되고, 그로 인해 당신이 세상을 경험하는 방식도 결정된다.

사람은 저마다 고유한 특성이 있다. 당신에게도 당신만의 특성과 존재 방식이 있다. 사람들은 누군가에 대해 말할 때 그 사람의 특성을 언급하곤 한다. 예를 들어 '그 남자는 독불장군이야' 또는 '그 여자는 기분파야'라는 식이다. 어떤 이들은 전쟁을 치르듯 삶을 살아간다. 그들은 적대적이고, 심지어 쉽게 격분한다. 반면에 너무 소심해서 남에게 무시당하는 것을 당연히 여기고, 실제로 그런 대접을 받으며 살아가는 사람도 있다. 이처럼 당신이 남을 대하는 방식에 따라 당신이 받는 대접도 달라진다.

혹시 남들이 당신을 대하는 방식에 불만이 있는가? 장담컨대, 그렇다면 그런 상황을 만든 장본인은 당신이다. 왜냐하면, 세상이 우리를 대하는 방식을 결정하는 것은 바로 우리 자신이기 때문이다.

타인과 상호작용하는 18가지 유형

당신이 타인과 어떤 식으로 상호작용을 하는지 냉정하게 살펴보라. 그러면 왜 세상이 당신을 그런 식으로 대하는지 이해하게 될 것이다. 좀 더 이해를 돕기 위해, 여기 상호작용의 일부 유형을 소개한다.

✺ 고슴도치형

이 유형은 늘 몸에 가시를 곤추세우고 있다. 매 순간 누군가가 자신을 공격할 것이라 생각하며 긴장을 늦추지 않는다. 그리고 모든 상황에서 불만거리를 찾아낸다. 시도 때도 없이 타인의 말을 자신에 대한 비난으로 받아들인다.

이 유형은 걸핏하면 화를 낸다. 이런 사람을 가까이하려는 것은 마치

고슴도치를 끌어안는 것과 비슷하다. 그 때문에 사람들은 고슴도치형을 가급적 상대하려 들지 않는다. 막상 상대하더라도 늘 거리를 둔다.

세상 사람들의 시각에서 보면, 고슴도치형과의 상호작용은 양쪽 모두에게 손해다. 그래서인지 고슴도치형은 주변 사람들이 다들 냉담하다고 불평한다. 그들은 남들이 왜 자신에게 쌀쌀맞은지 도무지 이해하지 못한다. 이 유형은 자신이 남들을 매몰차게 대하기에 남들도 자신을 그런 식으로 대한다는 것을 절대 깨닫지 못한다.

● 항복한 개형

심한 학대를 당해서 사람이 가까이 다가가기만 해도 배를 하늘로 향하고 벌렁 드러누워서 발을 쳐들고는 무방비 자세를 취하는 개를 본 적이 있는가? 사람 중에도 이렇게 행동하는 이들이 있다.

"다 내 잘못이에요. 내가 망친 거예요. 난 혼나도 싸니까 저를 혼내주세요."

이런 유형은 세상에는 때리는 사람과 맞는 사람이 있으며, 그중 자신은 맞는 사람에 속한다며 알아서 세상에 고개를 숙인다. 또 세상에는 일종의 서열이 있고, 자신은 가장 밑이라고 생각한다. 당연히 세상은 그 기대에 맞게 그들을 대한다.

● 숲속의 군주형

이 유형은 주변 사람들을 꾀죄죄한 하층민처럼 대하면서 자기같이 대단한 사람과 한자리에 있는 것만도 대단한 영광이라고 으스대는 부류다. 이런 유형은 자신을 아주 대단하게 여긴다. 그래서 자신의 사업과 행동, 자신이 겪은 일에 대해 신이 나서 떠들어대며, 자신의 이야기를 남들도 당연히 흥미로워할 것으로 착각한다.

교만하다거나, 자기중심적이란 표현으로는 이런 사람들을 묘사하기에 부족하다. 이 유형은 진심으로 우주가 자신을 중심으로 돈다고 믿기 때문이다. 그 결과 세상은 이에 대응해서 숲속의 군주형을 적대시한다.

숲속의 군주가 종종 가족이나 동료에 의해 겉으로 드러나지 않는 소심한 방법으로 골탕을 먹게 되는 것도 이 때문이다. 예를 들어, 비가 내리기 시작해도 아무도 숲속의 군주에게 차의 창문을 열어두었다는 말을 해주지 않는다. 이 유형은 자신의 몰락을 사람들이 기뻐한다는 사실을 절대 눈치 채지 못한다.

● 빛 좋은 개살구형

이 유형은 백화점 진열대에 서 있는 마네킹과 비슷하다. 그들의 행동은 하나같이 남에게 보여주기 위한 것이다. 그들은 어리석은 행동을 하면서도 전혀 개의치 않고, 오직 겉치레만 중시한다.

이 유형의 목표는 당신보다 더 잘나 보이고, 그 사실을 당신에게 분명하게 각인시키는 것이다. 그들은 남의 눈에 멋지게 보이기 위해 시간을 허비한다. 일부러 자신을 비하하면서까지 남들의 칭찬을 끌어내려고 애쓴다. 이 유형에게 자기만족을 심어주기란 밑 빠진 독에 물 붓기다. 빛 좋은 개살구형은 세상과 수박 겉핥기식으로만 소통하기 때문에 늘 진정성과 친밀성이 결여되어 있다.

● 독불장군형

독불장군의 목적은 딱 하나다. 사람과 일을 자기 맘대로 움직이는 것이다. 독불장군형은 당신의 삶과 자신의 삶은 물론이고, 불행하게도 당신이 말해준 모든 것까지 다 통제하려 든다. 대인관계에 대한 당신의 생각과 감정마저 통제하고 싶어한다.

독불장군은 당신과 주변 사람들을 이용해서 목적을 달성한다. 그 과정에서 상처 입는 사람이 있어도 별로 신경 쓰지 않는다. 그저 다른 사람으로 대체하면 될 뿐이다. 그런 면에서 독불장군은 끝내 채워지지 않는 욕심을 지니고 있다. 따라서 독불장군이 세상과 소통하는 방식은 철저하게 일방적이다. 타인의 반응은 그저 소심한 반항이나 거부, 수동적 분노에 불과하다. 결국, 독불장군은 외롭고 좌절스러운 삶을 살 수밖에 없다.

● 드라마 속 여주인공형

신경질적인 여주인공에겐 인생의 모든 사건, 심지어 일상적인 사건마저도 매우 특별하다. 여주인공에게는 자신이 겪는 질병이 지금껏 어떤 의사도 경험하지 못한, 세상에서 가장 심각한 질환이다. 여주인공은 간단한 접촉 사고도 대형 교통사고처럼 과장해서 말한다. 남들이 자신에 대해 한 말은 달콤한 칭찬이거나 따뜻한 위로여야만 한다. 그렇지 않으면 그것은 세상에서 가장 무례하고 사악한 비난일 뿐이다.

드라마 속 여주인공이 세상을 대하는 방식을 보면 조금도 신뢰가 가지 않는다. 주변 사람들은 여주인공의 가식을 눈치 채고, 여주인공의 말은 무조건 의심하고 보게 된다. 사람들은 드라마 속 여주인공의 어떤 부분도 진지하게 받아들이지 않는다. 결국, 드라마 속 여주인공형은 무능력과 조소, 동정으로 점철된 삶을 살게 된다.

● 피해자형

이 유형은 아무 책임도 지지 않는다. 그들은 모든 상황에서 피해자일 뿐, 자신이 나서서 한 일은 아니기 때문에 자신에게는 책임이 없다고 믿는다. 피해자형은 인생이란 위험한 열차에 억지로 올라탔으며, 다른 모든 승객이 자신을 해치려 한다고 생각한다. 피해자는 불평만 늘어놓고, 늘 앓는 소리를 하며, 언제나 남을 비난한다. 그 결과 세상은 늘 자신을 불쌍히 여기는 이런 태도에 넌덜머리를 내고, 피해자를 능력 있는 개인으로 존중하지 않게 된다. 피해자는 자기 주도적이지 못한 수동적인 태도, 장애물을 극복하지 못하는 좌절로 가득한 삶을 살게 된다.

● 분석의 귀재형

분석의 귀재는 모든 것을 다 안다고 자부한다. 그 결과 '너무 고민만 하는' 유형이다. 모든 상황을 따분할 정도로 세세하게 분석하느라고 자신이 처한 상황은 물론이고 인생의 본질을 놓치는 우를 범한다.

이 유형이 세상을 살아가는 방식은 매우 지적이지만 실용적이지 못하다. 분석의 귀재형은 과도한 분석으로 사람들을 피곤하게 하므로 사람들이 기피한다. 결국, 따분한 외톨이의 삶을 살게 된다.

● 떠버리 음모주의자형

떠버리 음모주의자는 주변을 살피다가 당신에게 귓속말로 자신만 아는 '비밀'이라며 모든 것을 다 말해주는 유형이다. 사람들의 눈에 떠버리 음모주의자는 성가시게 캐묻길 좋아하고 신뢰할 수 없는 사람이다. 사람들은 그가 '나한테 남의 비밀을 말해주는 것처럼, 내 비밀도 남에게 말한다'라는 걸 잘 안다.

결국, 사람들은 이 유형을 경계하게 된다. 아무도 '일급비밀'을 털어놓으려 하지 않는다. 떠버리 음모주의자는 타인의 비밀을 공유하며 다른 사람과 친해지려다가 자멸하고 만다.

● 핑계 대장형

직립보행을 하고 엄지를 사용하는 지구상 모든 동물 중에서 이 유형이 가장 가증스러운 동물이다. 당신이 무슨 말을 하든, 어떤 해결책을 제시하든, 어떤 의견을 내놓든 간에 요 핑계 저 핑계를 대며 이런 식으로 답한다. "나도 알아. 그런데 말이지……."

그러고는 당신이 내놓은 해결책이 통하지 않는 수만 가지 이유를 늘어놓는다. 이 유형은 상대방을 짜증나게 해서 두 손 두 발 다 들게 한다. 그 결과 늘 세상 사람들과 갈등을 빚으며 살게 된다.

✹ 스칼렛 오하라형

이 유형은 어려움에 직면하면 애써 무시하려 든다. "그 일은 내일 고민할 거야"라든가, "내일은 내일의 태양이 뜰 테니까"라고 말한다. 사람들은 이 유형의 부족한 현실감각과 어리숙한 모습에 고개를 절레절레 흔든다. 결국, 사람들은 이 유형이 인생의 문제를 해결할 의지가 없음을 깨닫고는 도와주어도 헛수고라고 생각하며 아예 방관한다.

✹ 마스크맨형

이 유형은 삶에서 '무언가'를 숨기려고 엄청난 에너지를 쏟는다. 그런데 역설적으로 그 에너지 때문에 그가 무언가를 숨기고 있단 사실이 분명하게 드러난다. 그러나 이 유형은 세상 사람들이 복면을 벗기려 노력할수록 더 움츠러들고, 더 속이려 든다. 당연히 사람들은 이 유형이 정직하지 못하다는 사실을 눈치 챈다. 사람들의 불신은 이 유형의 성공을 가로막는다. 따라서 이 유형이 적절한 인간관계를 맺기란 거의 불가능하다.

✹ 지킬 앤 하이드형

문자 그대로 전혀 예측이 불가능한 유형이다. 이런 유형은 어제까지는 당신의 속내를 털어놓을 만큼 믿을 수 있는 사람이었다가도 내일이 되면 전혀 못 믿을 사람으로 변모한다. 사람들은 이 유형이 언제든 본색을 드러내고 폭발할 것임을 안다. 이러한 두려움과 불신은 이 유형이 세상을 살아가는 데 큰 걸림돌로 작용한다.

✺ 도덕군자형

이 세상에는 순수하지 못한 마음이나 의도를 지닌 사람이 있게 마련이다. 그러나 놀랍게도 도덕군자는 이런 현실을 전혀 깨닫지 못한다. 도덕군자는 그저 선하려고만 애쓸 뿐, 현명해지려는 노력은 조금도 하지 않는 것처럼 보인다. 도덕군자는 '젠장', '제길' 같은 지극히 일상적인 비속어에도 눈살을 찌푸린다. 지나치게 점잔을 떨면서 마치 혼자만 딴 세상을 사는 것처럼 군다. 이 유형은 순순한 도덕심을 가지고 세상을 살아가는 사람들이 아니라 자신과 타인에게 극단적이고 비현실적인 도덕적 잣대를 들이대는 이들이다.

✺ 완벽주의자형

이 유형은 평범한 사람들과 달리 모든 면에서 완벽해지려고 노력하는 사람이다. 완벽주의자는 완벽함을 이 세상 최고의 미덕으로 여긴다. 또한, 완벽주의자는 어느 상황에서도 완벽해야만 한다. 그러나 '완벽하겠다는 목표'에는 그 자체로 교만과 생색이 담겨 있다. 완벽주의자는 당신이 완벽하길 바라지 않는다. 오로지 자신만 완벽하면 그만이다. 그러므로 완벽주의자는 당신보다 훨씬 잘난 셈이다.

"넌 결점이 있지만, 난 모든 면에서 완벽해."

그러나 이 세상에 완벽함이란 존재하지 않으니 완벽주의자는 늘 좌질한다. 자신이 정해둔 완벽함의 수준에 결코 도달하지 못한다. 따라서 완벽주의자형의 일상은 지속적인 자기비하가 이어진다.

✹ 비관론자형

이 유형은 세상이 종말을 향해 나아가고 있다고 믿는다. 그들이 보기에 직장에서든, 가정에서든, 대인관계에서든, 또는 경제나 기후를 보더라도 종말은 임박했다. 비관론자는 걱정이 많고, 늘 초조하다. 그들은 언제나 손에 땀을 쥐는 불안한 삶을 살아간다. 머릿속에는 안 좋은 일이 끝없이 떠오른다. 그러나 세상 사람들은 비관론자형의 터무니없는 불안감을 성가시게 생각한다.

✹ 투덜이형

투덜이는 세상만사가 모두 불만이다. 날씨는 너무 덥거나 너무 춥다. 거리는 너무 멀다. 몸도 너무 피곤하다. 일은 너무 어렵다. 속담처럼 '교수형 당하는 순간에도 밧줄이 마음에 안 든다고 불평할' 유형이다. 투덜이는 사람들이 자신을 무시하고 사랑하지 않는다고 불평한다. 이 유형에게 인생은 결코 공정하지 않다. 따라서 투덜이형은 이 세상이 자신에게만 유달리 큰 시련을 준다고 믿는다.

✹ 억압자형

이 유형은 죄책감이 타인을 마음대로 조종할 수 있는 수단이자 무기임을 안다. 억압자는 죄책감을 이용해서 다른 사람을 압박한다. 억압자는 종종 자신이 상처를 입었다면서 하소연을 늘어놓거나, 피해자인 척한다. 억압자는 당신이 자신에게 상처를 주었으며, 그것은 평생 동안 죄책감과 수치심을 느껴야 할 만큼 커다란 죄악이라고 몰아세운다.

당신은 이 18가지의 유형 중에서 자신과 일치하는 유형을 찾았거나, 적어도 지금껏 만나본 사람들과 유사한 유형을 찾았을 것이다. 일단 당신이 그 유형을 인식했다면, 그 유형에 따라 당신이 세상을 경험하는 방식도 달라진다는 사실을 인정해야 한다. 또한, 당신은 이 목록을 보면서 주변 사람을 여럿 떠올렸을 것이다. 왜 그들이 그런 식으로 세상을 살아가는지 이해하게 되었기를 바란다.

모든 것은 당신이 선택한다

두 번째 인생법칙을 수용하고 나면, 당신은 피해자란 착각을 멈출 수 있다. 그것은 마치 달리는 자동차에 올라탄 것과 같다. 당신이 직접 운전대를 잡고 차를 몰지 않는다면 사고를 불러올 뿐이다. 그러니 직접 운전대를 잡아라. 원하지 않은 경험으로 더는 고통받지 마라. 의식적으로, 의도적으로, 적극적으로 원하는 경험을 창출하라.

자, 이쯤에서 잠시 1장에서 논의했던 내용, '당신은 선택을 회피할 수 없다'라는 사실을 되돌아봤으면 한다. 사실 선택을 회피하는 것도 그 자체로 선택이다. 따라서 당신은 이렇게 말할 수 없다.

"나는 선택에 뒤따르는 결과를 책임지고 싶지 않습니다. 두 번째 인생법칙은 몰랐다면 더 좋을 뻔했어요."

미안하지만, 두 번째 인생법칙은 내가 일깨워주기 전부터 이미 당신의 삶에 영향을 끼치고 있었다. 나는 그저 당신이 그 사실을 인식하고, 그 인식을 토대로 새로운 삶의 경험을 만들어나가길 바랄 뿐이다.

모든 것이 결국 당신의 선택임을 깨닫는다는 것은 매일 매 순간 당신이 선택하는 모든 행동과 생각이 경험을 창출한다는 것을 인식하는 것이다. 그러니 당신의 생각과 행동은 내적인 삶과 외적인 삶에 모두 영향을 끼친다는 사실을 늘 의식하면서 생활하라. 결론은 이렇다. 지금 당신의 삶은 당신 책임이며, 현재의 삶에 어떻게 느끼고 대응하느냐도 당신 책임이다.

변화를 꾀하게 되면 이전에는 하지 않았던 것들을 하게 된다. 그 말은 당신이 계획하지 않았던 새로운 영역으로 들어선다는 뜻이다. 처음에는 그 상황이 마음에 들지 않을 것이다. 안타깝게도, 인간은 이해할 수 없는 새로운 것들을 마음대로 판단하고 저항하는 본능이 있다. 그러나 인간은 의지로 그 본능을 이겨낼 수 있다. 의식적으로 '기꺼이 해내겠다'라는 태도를 취하라. 기꺼이 새로운 것을 시도하고 실험해보라.

나는 지금까지 살면서 "아니오"라고 말해서 내 인생이 더 풍성해지거나 더 나아졌던 경우가 단 한 번도 없었다. 반면에 단지 "네, 한번 해보죠"라고 말한 것만으로 삶이 나아진 경우는 여러 번 있었다. 내 취향이 아니라고 생각했던 영화를 보자는 말에 좋다고 했고, 대학교에 진학하라는 말에 알았다고 했다. 나는 기꺼이 시도함으로써 새로운 가능성을 발견했다. 반대로 내 멋대로 판단하거나 싫증 내기 좋아하는 본능대로 행동했을 때에는 득을 본 적이 없었다.

그러니 당신도 기꺼이 시도하라. 적극적으로 다가가라. 물론 적극적인 것과 무모한 위험을 감수하는 것은 다르다. 적극적이 되라는 말을 냉철한 판단을 하지 말라는 말로 해석해선 안 된다.

혹시 매사에 의욕이 없다면 그 상태에서 벗어나라. 판에 박힌 일상에서 벗어나 주변을 둘러보면 깜짝 놀랄 것이다. 비상식적이고 고통스러운 생활에 오래 머물수록 삶을 창출하기란 더욱 어려워진다. 때로 변화는 작은 걸음부터 시작된다. 그 작은 걸음에서 탈출의 기회가 생겨날 수 있다.

인생전략의 핵심!

- 당신이 경험하는 삶은 지금껏 당신이 만들어왔고 지금도 만들어가고 있다.
- 모든 것이 당신의 선택임을 깨닫는 인식의 변화는 대단히 중요하다.
- 뿌린 대로 거둔다는 사실을 생각과 행동의 기준으로 삼으라. 인생을 끌고가는 사람은 바로 당신이다.

4장

세상 사람들이
움직이는 원리

내가 행하는 것을 내가 알지 못하노니
곧 내가 원하는 것은 행하지 아니하고
도리어 미워하는 것을 행함이라.

- 사도 바울

사람은 보상이 따르는 행동만을 한다

당신의 전략

당신과 타인이 특정한 행동을 하는 데 따른 보상이 무엇인지 파악하라.
인생을 관리하려면 보상을 관리하라.

열 살배기 크리스토퍼는 자전거를 즐겨 탄다. 오늘은 피아노 교습을 마치고 집으로 돌아오는 길에 농구를 하려고 공원에 들렀다. 사실 이런 적이 처음은 아니다. 크리스토퍼는 집에 늦으면, 엄마가 아주 걱정할 것도 잘 안다. 엄마를 사랑하기에 걱정을 끼치고 싶지 않은데도 곧장 집으로 가지 않는다.

26세 케이틀린은 두 분의 조부모와 어머니를 암으로 잃었다. 자신도 암에 걸릴까봐 무척 겁이 난다. 케이틀린은 그 생각을 하면서 오늘만 두 갑째 담배를 꺼내 문다.

제이슨은 법원 보호관찰 명령을 두 번 받았고, 미국 프로풋볼리그에서 세 번째 징계를 받았다. 제이슨의 올해 연봉은 326만 달러나 되지만, 경기에 출전해야만 받을 수 있다. 오늘 제이슨이 데이트를 한 여자는 집에 가고 싶어한다. 여자가 원하지 않는데도 억지로 못 가게 막는 것은 잘못이란 걸 안다. 이번에 또 사고를 쳤다간 여러 사람, 특히 어머니가 크게 실망하리란 것도 잘 안다. 그런데도 제이슨은 호텔 객실 문을 걸어 잠그고는 셔츠를 벗는다.

배리와 케이는 아이가 격렬한 부부싸움을 보고 들으면 매우 큰 상처가 된다는 것을 안다. 거의 9년 6개월이 넘게 함께 살아온 이 부부는 늦은 시간까지 일하고 집에 돌아와서 쪼들리는 생활비 얘기를 꺼내봤자 서로 감정만 상하는 부부싸움으로 이어질 뿐이란 걸 잘 안다. 오늘 밤도 둘 사이에 긴장감이 팽팽하다. 그렇지만 둘 다 조금도 양보하지 않는다. 둘 중 누구도 돈 얘기는 나중에 하자고 먼저 제안하지 않는다. 그렇게 다시 부부싸움이 시작된다.

킴벌리는 다시 살만 빠진다면 뭐든 할 생각이다. 자그마치 34킬로그램이나 살이 쪘다. 킴벌리는 외모를 무척 중시한다. 뚱뚱해진 몸이 마음에 들지 않자 화장과 헤어스타일에 집착한다. 원치 않게 불어난 체중에 대한 보상심리인지 화장과 머리를 완벽하게 하려고 애쓴다. 지금 킴벌리는 불 꺼진 방에서 침대에 누운 채 초코바를 다섯 개째 먹는 중이다.

당신도 방금 들려준 이야기 속의 사람들처럼 평범한 사람들이고, 머리를 절레절레 흔들 만큼 멍청한 말이나 행동을 수차례 반복한 적이 있을 것이다. 그러면서 이렇게 되뇌었을 것이다.

"대체 내가 왜 이러지? 왜 이런 짓을 반복하는 거지? 하고 싶지 않고, 하고 나면 매번 후회하는데, 대체 왜 이러는 걸까?"

아주 좋은 질문이다. 대체 왜 그러는가? 세 번째 인생법칙에 답변이 담겨 있다.

그 행동을 하는 이유

당신이 그런 행동을 하는 이유는 그에 따르는 보상이 있기 때문이다. 다시 말해, 원치 않는 행동이라도 그 행동을 하면 특정한 목적이 달성된다는 사실을 알고 있기 때문이다.

앞에 소개한 이야기 속 주인공들에게 공통점이 있다는 걸 눈치 챘는가? 혹시 당신의 삶에도 그런 공통점이 있다고 생각했는가? 그들은 스스로 원하지 않는 행동을 하고 있다. 그 행동을 하면 자신과 주변 사람에게 원치 않는 부정적인 결과가 생길 것을 안다. 그런데도 여전히 원치 않는 행동을 한다.

당신도 마찬가지다. 그런 행동을 하는 이유는 원하는 효과가 나타나기 때문은 아닐까? 보상이 뒤따르기 때문은 아닐까?

당신이 선택한 행동에 결과가 따라온다는 사실은 이제 이해했을 것이다. 그렇다면 당신이 특정한 행동을 반복한다는 것은 그에 따른 결과를 원한다는 뜻이다. 다시 말해, 결과가 마음에 들지 않으면 그 행동을 반복하지 않을 것이다.

특정한 행동을 반복하지 않는다는 것은 그에 따른 결과를 원하지 않는다는 뜻이고, 즉 그 행동에는 보상이 없다고 보아야 한다. 예를 들어, 뜨거운 난로에 손을 대면 당연히 원치 않는 결과가 생길 것이고, 더는 그 행동을 반복하지 않을 것이다.

또 한 가지 우리가 분명하게 아는 사실은 행동을 바꾸면 그에 따라 결과도 바뀐다는 것이다. 이 사실을 '정말로' 이해한다면, 당신은 이미 삶의 변화를 위한 중대한 첫발을 내디딘 것이다.

그러나 무엇을 해야 할지를 아는 것과 그것을 어떻게 해낼지를 아는 것은 별개 문제다. 불행하게도 우리는 일부 행동, 특히 가장 싫어하는 행동이나 버리고 싶어하는 습관일수록 고집스레 반복하곤 한다.

- 당신은 먹고 싶지 않은데 음식을 먹는다. 전혀 배고프지 않은데도 먹는다.
- 담배를 피우고 싶지 않은데 담배를 피운다.
- 논쟁할 때 흥분하고 싶지 않은데 논쟁을 했다 하면 끝내 흥분하고 만다.
- 원치 않는데도 남들의 요구에 굴복한다.
- 당신은 최고의 성과를 내고 싶다고 의식적으로 생각하면서도 긴장감에 일을 망친다.
- 죄책감을 느끼기 싫은 데도 죄책감이 들고, 하고 싶지 않은 활동에 엄청난 시간을 쏟는다.
- 당신은 매일 밤 텔레비전이나 보면서 시간을 허비하는 것이 싫다. 그 시간에 독서를 하거나, 가족과 시간을 더 보내는 것이 낫다고 생각한다. 그런데도 여전히 텔레비전 앞에 앉아 있다.

그뿐만이 아니다. 당신은 이런 행동들을 반복하고, 또 반복한다. 대체 왜 그럴까? 유연하고 이성적인 사고를 하는 당신이 왜 스스로 싫어하고 고통을 자초하는 행동을 반복하는 것일까?

나쁜 행동을 반복하지 않는 법

당신의 삶을 개선하고 싶다면 이런 비이성적인 반복 행동을 없애는 방법부터 숙지해야 한다. 나쁜 행동을 반복하지 않는 방법은 크게 두 가지다.

첫째, 원하는 결과를 얻기 위한 긍정적인 행동을 시작해야 한다. 둘째, 원하는 결과를 얻는 것을 방해하는 행동을 즉각 중단해야 한다. 부정적인 행동을 없애려면, 일단 그 행동을 하는 원인부터 알아야 한다. 원인을 알아야만 어떤 자극을 줘서 더 나은 쪽으로 행동하도록 할지를 알 수 있기 때문이다.

그렇다면 '사람은 보상이 따르는 행동만을 한다'라는 세 번째 인생 법칙은 이런 이해할 수 없는 행동에 어떤 해답을 제시할까? 부정적인 행동을 반복하는 원인을 이해하려면, 먼저 인간이 어떻게 행동하는지부터 알아야 한다. 당신은 행동이 결과를 만든다는 사실을 이미 알고 있다. 그러나 아직 모르는 것이 있다. 이런 결과들이 각기 다른 의식의 수준에서 생겨나며, 결과가 나타나는 형태도 제각각이라서 미묘한 것도 있고, 강력한 것도 있다는 사실이다.

이런 특징은 습관적인 행동에서 두드러진다. 특정한 행동이 거의 자동으로 일어나게 되면, 당신은 더 이상 그 행동을 의식하지 않거나 원인과 결과에 대해 심각하게 고민하지 않게 된다. 이렇게 보면 비논리적인 행동은 겉보기에만 그럴 뿐, 실제로는 나름의 원인이 있다. 또, 당신이 반복하는 나쁜 행동 중에 오직 부정적이고 원하지 않는 결과만을 가져오는 행동은 없다.

당신이 무의식적으로 나쁜 행동을 반복하는 이유는 그 행동이 어느 정도까지는 원하는 효과를 가져온다는 것을 알고 있기 때문이다. '원하는 효과를 가져온다'라는 말은 원치 않는 행동을 함으로써 어떤 형태로든 보상을 얻는다는 뜻이다. 이 공식은 그 행동이 전혀 효과가 없고, 심지어 고통을 가져온다는 사실을 아는 상황에서도 여전히 통용된다.

다만 그 행위로 인한 결과만을 두고 보면, 당신은 어떤 식으로든 보상을 얻는다. 보상이 없다면 당신이 그런 행동을 하거나, 그런 상황을 받아들일 리가 없다. 간단한 예로 과식을 들 수 있다. 당신은 이성적인 측면에서 과식이 좋지 않다는 걸 안다. 그러나 사람은 오로지 원하는 보상이 있는 행동만 하므로 과식으로 나타나는 결과가 당신에게는 어떤 식으로든 보상을 제공한다고 보아야 한다.

이게 바로 세 번째 인생법칙의 핵심이다. 문제가 되는 행동이 어떤 식으로든 당신이 원하는 목적을 달성하는 데 도움이 되지 않거나, 가치를 제공하지 않는다면, 당신은 절대 그 행동을 하지 않는다. 이 진실은 모든 상황에 적용된다. 제아무리 비논리적이고 이상한 행동이나 습관일지라도 그 행동을 반복하는 이유는 그 행동이 원하는 결과를 가져다주기 때문이다. 이럴 경우, 당신은 원하든 원치 않든 그 행동을 하게 된다.

행동과 보상이 작동하는 방식

이미 눈치 챘겠지만, 보상이란 개념은 모든 행동에서 아주 중요한 요소다. 보상은 동물을 훈련할 때에도 중요한 수단이다. 잘 알려진 예로, 수

십 년 동안 심리학자들은 미로를 이용한 생쥐를 훈련해왔다. 훈련을 받은 생쥐는 미로를 요리조리 빠져나와서 종을 울리고, 보상으로 먹이를 얻을 수 있다. 또한, 반복적으로 원을 그리며 돌도록 생쥐를 훈련할 수도 있는데, 당연히 여기에도 보상이 있어야 한다. 심지어 훈련받은 생쥐는 어떤 행동이 원하는 효과를 가져오는지, 어떤 행동이 그렇지 않은지도 안다.

한 가지 유의할 것이 있다. '원하는 효과를 가져온다'라는 말을 보상이 주어지면 무조건 좋은 행동이라고 해석해선 곤란하다. 내 말은, 사람은 보상이 주어지면 그것이 좋은 행동이든 나쁜 행동이든 기꺼이 그 행동을 하게 된다는 것이다.

또한, 보상은 사람의 삶을 형성하는 데에도 영향을 끼친다. 예를 들어, 많은 부모가 아이가 소리를 지르며 울음을 터트리면 즉각 달려가 아이를 안아서 달랜다. 아이의 관점에서 보면, 소리 지르며 우는 행동은 편안함과 즐거움을 가져다준다. 이 사실을 깨달은 아이는 부모로부터 같은 보상을 얻어내기 위해 그 행동을 활용한다. 자, 이쯤에서 갑자기 이런 생각이 들 것이다. 혹시 다른 사람과의 관계에서도 내 특정한 행동이 상대방에게 보상으로 작용하는 것은 아닐까? 예를 들어, 배우자나 애인의 특정한 행동에 내가 계속해서 보상을 제공하는 것은 아닐까?

사람들은 종종 피학대 성애자Masochist가 되는 까닭을 도무지 이해하지 못하겠다는 말을 한다. 나도 심리학자라서 그런 말을 자주 들었다. 피학대 성애를 부정적으로 볼 수는 있지만, 어떤 면에서 그 행위도 행동과 보상이라는 논리적 연관성에 의해 습득한 것으로 보아야 한다. 보상이 행동을 규정한다는 단순한 원칙을 적용하면, 피학대 성애도 설명이 가능하다.

피학대 성애자의 과거를 살펴보면, 신체적 학대를 가하는 부모 밑에서 자란 경우가 많다. 어린아이라면 당연히 부모의 관심과 보살핌을 원한다. 모든 어린아이는 부모의 관심을 끌기 위해 어떤 행동도 마다하지 않는다. 다만 신체적 학대를 가하는 부모는 아이가 울면 토닥이거나 달래기보다는 매우 당혹해하며 자제력을 상실해서 가혹한 체벌을 가하곤 한다.

아이를 신체적으로 학대하는 부모들은 대체로 순간적인 충동에 의해 행동하는 것으로 알려졌다. 일반적으로 이런 부모는 분노를 다 표출한 후 흥분이 가라앉으면 죄책감에 휩싸이곤 한다. 자신이 저지른 참혹한 짓을 되돌리고 싶은 부모는 아이를 쓰다듬고, 위로해주고, 친밀하게 대한다. 이런 사건이 수차례 반복되면, 부모의 의도와는 상관없이 아이는 고통이 사랑과 위로, 자상함으로 이어지는 중간단계라고 인식하게 된다. 이런 일련의 연결고리는 추악하고 슬프지만, 한편으론 지극히 논리적이다. 이처럼 인간의 행동을 지배하는 보상의 힘은 부인할 수 없을 만큼 강력하다.

다행인 것은 보상이 반대로도 작용한다는 점이다. 다시 말해, 특정한 행동에 따라오는 결과가 부정적이거나 고통스럽다면, 대체로 그 행동은 사라지게 된다. 앞에서 언급한 뜨거운 난로가 그 예라고 할 수 있다. 뜨거운 난로를 건드리는 것은 아주 고통스러운 결과를 가져오기에 제아무리 냉정하고 무심한 사람이어도 그 행위를 반복하지 않는다. 이런 행동은 대체로 단 한 번만 해보는 것으로 학습이 끝난다. 마찬가지로 원하지 않는 행동에 따라오는 보상을 없애면 그런 행동을 반복하지 않게 할 수 있다. 예를 들어, 아이(또는 배우자)가 입을 삐죽거리거나 화를 내더라도 당신이 모른 척한다면, 그런 행동은 사라질 것이다. 왜냐하면 그 행동이 더는 통하지 않기 때문이다.

행동과 보상의 관계를 이용하라

행동역학의 세밀한 내용은 너무나 방대해서 모두 살펴볼 수는 없지만, 적어도 이 정도면 내가 주장하는 핵심을 이해했을 것이다. 지금까지 내가 한 주장은 당신이 이미 아는 내용일 수도 있다. 그러나 아는 것만으로 부족하다. 진정 힘든 부분은 실제 당신의 삶에서 보상이 무엇인지를 파악하는 것이다. 그래야만 당신은 당신의 행동에서 인과 관계를 이해하고 통제할 수 있다.

특정한 행동을 그만하고 싶은가? 그렇다면 그 행동에 대해 스스로 보상하는 것부터 그만두어야 한다. 타인의 행동에 영향을 주고 싶은가? 그렇다면 타인의 행동에 뒤따르는 보상이 무엇인지부터 파악하라. 그런 후 그 보상을 조절함으로써 타인에게서 원하는 행동을 꾸준히 이끌어낼 수 있다.

보상으로 타인의 행동을 조절하는 것이 사람을 이용하거나 통제하는 것으로 들리는가? 실제로 그렇다. 예를 들어, 자기만 내세우는 당신의 상사가 배고플 때 음식을 섭취하기보다는 고등학교 시절 미식축구 선수로 뛰었던 무용담을 떠벌리는 것을 더 좋아하는가? 그가 자신의 말을 잘 들어주는 사람을 더 좋아하는가? 당신이 이 사실을 안다면, 적어도 상사에게 잘 보이는 방법 하나쯤은 알고 있는 셈이다. 물론 그렇다고 해서 당신이 자원해서 상사의 잘난 체를 들어주는 고통을 겪어야만 하는 것은 아니다. 다만 상사가 어떤 보상을 원하는지 안다는 건, 당신이 그 보상을 조절할 수 있다는 것을 의미한다.

당신은 예외일까? 당신은 남들과 달라서 특정한 행동에 따른 보상에 지배되지 않을까? 당신은 이 인생법칙에 해당하지 않는다고 생각하는가? 그것은 착각이다. 당신이 특정한 행동에 따른 보상이 무엇인지 모르겠다면, 그 상황을 충분히 분석하고 들여다보지 않았기 때문이다. 다시 말해, 당신은 보상이 무엇인지 아직도 파악하지 못했다는 말이다. 따라서 혹시라도 자신이 무의식적으로 보상을 얻고 있는 것은 아닌지 의심해야 한다.

보상의 여러 가지 형태

보상은 여러 행태로 다가온다. 따라서 보상이 어떤 형태일지는 당신도 모를 수 있다. 예를 들어 당신은 자기학대, 과대평가, 복수심, 불안한 감정에서 보상을 느낄 수도 있다.

✹ 금전적 보상
가장 명확하고 측정하기 쉬운 보상의 형태는 금전적 보상이다. 우리가 집에 머물며 자녀들과 놀아주거나 늘어지게 늦잠을 자는 대신에 매일 출근하는 까닭은 금전적 보상 때문이다. 우리는 돈을 중시하기 때문에 돈을 벌기 위해 기꺼이 특정한 행동을 하거나 특정한 희생을 감내한다. 그러나 금전적 보상보다 더 강력한 보상도 있다. 예를 들어, 심리적 보상은 인정, 칭찬, 사랑, 동료애, 탐욕, 처벌, 만족감 등 다양한 형태로 나타난다.

◉ 심리적 보상

심리적 보상은 어떤 행위를 반복하게 할 정도로 강력하다. 특히 안정감과 안도감은 건강한 삶을 유지할 때 따라오는 보상이다. 이런 심리는 위험을 회피하기 위해 두려움에 떨며 소극적으로 살아가는 건강하지 못한 삶에서도 나타날 수 있다. 그밖에 정신적 만족감은 평정심, 초월한 존재가 함께한다는 느낌, 의롭고 도덕적인 감정으로부터 비롯되는 보상이다.

◉ 신체적 보상

신체적 보상은 충분한 영양 섭취와 운동, 체중 관리, 건강한 성생활에서 파생되는 강력한 보상이다. 그런데 이것은 건강하지 못한 상황의 결과물일 수도 있다. 예를 들어, 신체적으로 남을 위협하거나 지배하는 경우, 또는 다이어트나 자해행위처럼 자신의 몸에 긍정적으로 또는 부정적으로 지나치게 집착하는 경우에도 신체적 보상이 발생한다. 이런 모든 보상은 특정한 행동을 야기하는 강력한 동기가 된다.

✴ 성취감

성취감은 어떤 일을 해냈다는 느낌, 해당 분야에서 남들의 인정을 받는 것, 또는 임무를 잘 완수했다는 만족감이다. 반면에 똑같은 성취라고 할지라도 때론 부정적인 보상이 있을 수 있다. 예를 들어, 자신의 가치를 업무성과로만 평가한다든지, '일 중독자'가 되는 것도 성취에 따른 부정적 보상이다.

✴ 사회적 보상

사회적 보상은 집단의 일원이란 소속감에서 비롯된다. 특히 당신이 집단의 일원일 뿐만 아니라, 집단에서 중요한 역할이나 리더 역할을 맡고 있다면, 사회적 보상은 더욱 커진다.

사회적 보상에도 부정적인 측면이 있다. 예를 들어, 타인이 인정해줄 때에만 자신의 존재가치를 느끼는 사람은 늘 불안해하며 집단에 소속되어 있다는 안정감을 갈구하기도 한다.

내가 얻는 보상은 무엇인가

지금까지 살펴본 다양한 형태의 보상은 거의 모든 사람의 삶에서 작용된다. 당신이 하는 행동, 특히 습관적으로 반복하는 행동은 이런 다양한 보상에 의해 유발되고 유지된다. 따라서 왜 당신이 특정한 행동 양식을 반복하는지를 이해하려면, 먼저 그런 행동 양식에서 당신이 어떤 보상을 얻는지부터 냉정하게 살펴보아야 한다.

보상은 아주 명확한 경우도 있지만, 자세히 살펴보아야만 보일 때도 있다. 건전한 보상이든 부정적 보상이든, 모든 형태의 보상은 극단적으로 추구하면 대단히 해롭다. 예를 들어, 성취감을 쫓아 너무 열심히 일하느라 가정에 소홀해진다는 것은 바람직하지 않다. 반대로 가정에서의 만족감에 너무 빠져서 돈을 충분히 벌지 않는 것도 문제가 있다. 유념해야 할 것은 때로 이런 보상체계가 삶에 미치는 영향을 인식하지 못한다는 점이다.

우는 아이에 대한 상반된 두 가지 사례에서 살펴본 것처럼, 부모는 무심코 아이가 하는 파괴적 행위에 보상을 제공할 수 있다. 그리고 이런 의도하지 않은 보상은 툭하면 성질을 부리는 아이로 만들거나, 피학대성애 성향을 키울 수도 있다. 이처럼 보상의 힘은 행동을 더 강화할 수도 있다.

대부분 보상체계는 단순하고 분명하다. 예를 들어, 비만인 사람들 중에는 음식을 삼키는 느낌이 주는 쾌감, 다시 말해 음식이 너무 맛있어서 과식하는 사람이 훨씬 더 많다. 그들에겐 음식을 섭취하는 데서 오는 감각적 만족감이 이상적인 체중을 유지하는 데서 오는 즐거움보다 훨씬 크다. 나아가 음식이 주는 보상은 사람마다 다를 수 있다. 만족감, 위로, 외로움으로부터의 도피, 대인관계의 윤활유, 안락한 여가 등 음식에서 얻는 보상은 사람마다 다르다.

당신이 없애고 싶은 행동은 과식일 수도 있고, 전혀 다른 것일 수도 있다. 왜 그런 행동을 하는지 분석하려면 그 행동에 따른 보상이 무엇인지부터 파악해야 한다. 보상은 건강한 결과물일 수도 있지만, 역겨운 결과물일 수도 있다.

사람이 특정한 행동을 반복하는 이유는 그 행동에 어떤 형태로든 만족스러운 보상이 뒤따르기 때문이다. 따라서 가장 먼저 할 일은 당신이 없애고픈 행동이나 생각, 선택이 무엇인지 진지하게 고민하는 것이다. 보상이 무엇인지를 파악하고 나면 그것을 바꾸려는 변화를 시도할 수 있다.

과제 ⑥   부정적 행동의 보상 찾기

노트를 펼쳐서 당신이 반복하는 가장 실망스럽고 부정적인 행동 다섯 가지를 적어라. 어떤 행동을 하는지 최대한 자세히 묘사하라. 그런 다음 어떤 반복성이 보이는지, 그 행동을 하려는 욕구가 얼마나 강한지 적어라. 다음에는 두 문장이나 세 문장 정도로 그 행동이나 상황이 해롭다고 생각하는 이유를 적어라.

자, 이제 가장 힘든 과정만 남았다. 다섯 가지 행동을 반복하게 만드는 보상이 무엇인지 최대한 자세히 분석하고 파악한 후 노트에 적어라.

비금전적 보상의 영향력

힌트를 주기 위해 금전적인 보상 외에 보편적인 보상으로 어떤 것들이 있는지 설명하겠다. 이런 비금전적 보상은 당신의 부정적인 행동에 어떤 식으로든 영향을 끼치고 있을 확률이 높다.

✹ 남에게 거부당하는 두려움

앞에서 모든 사람의 가장 큰 욕구는 남들에게 인정받는 것이라고 했다. 모든 사람의 가장 큰 두려움은 남들에게 거부당하는 것이다. 어떤 사람들은 사람의 가장 큰 욕구는 성공이며, 가장 큰 두려움은 실패라고 반박할 수도 있다. 그러나 깊이 생각해보면 성공이란 것도 결국 행동이나 업적을 다른 사람이 인정해주는 것이다. 반대로 실패했다는 것은 세상이 당신의 결과물을 거부했다는 말이다. 따라서 당신의 삶에서 보상이 무엇인지를 파악할 때에는 당신의 가장 큰 욕구가 사람들이 당신을 인정하고 받아들이는 것임을 명심하라.

한편, 거부에 대한 두려움 탓에 행동이 통제된다는 가능성에 대해서도 유념해야 한다. 사람들은 두려움을 모면하기 위해 어떤 짓이든 한다. 그만큼 두려움은 강력하다. 변화하는 것보다는 그대로 있는 것이 쉽고, 새로운 것을 시도하기보다는 시도하지 않는 것이 더 쉽다. 한마디로 거부될 위험을 무릅쓰지 않는 것이 쉽다. 따라서 당신이 변화를 회피하고 소극적으로 행동한다면, 이렇게 물어보라.

"거절당할지도 모를 두려움과 위험을 피하면서 얻는 안도감이 보상인가? 시도조차 하지 않는 것이 나한테는 보상이 아닐까?"

우리는 변화를 추구하지 않을 때 안도감이라는 보상을 얻게 된다. 반대로 변화를 추구할 때에는 두려움을 느끼게 된다.

✺ 지금 당장 보상을 얻을 것인가

보상에 대해 살펴볼 때 고려해야 할 또 다른 요소는 '즉각적인 만족감'과 '지연된 만족감'이다. 우리는 만족을 늦추는 데 익숙하지 못하다. 패스트푸드점이나 편의점, 간편식 등은 우리가 원하는 것을 원하는 때에 즉각 얻어야 한다고 스스로를 세뇌하고 있음을 잘 보여준다. 즉각적인 만족에 대한 욕구는 장래의 큰 보상 대신 현재의 작은 보상을 더 중시하게 만든다.

휴일 아침에 잠자리에서 일어나 조깅을 나서기보다는 계속 침대에서 뒹구는 것도 이 때문이다. 침대에서 뒹굴면 즉각적인 만족을 준다. 반면에 조깅을 하면 20년이나 30년 후에 수명을 연장하는 데 도움이 된다. 그러나 이 순간만큼은 침대에서 뒹구는 것이 훨씬 편하다.

내 고등학교 동창 중에 졸업하자마자 새 자동차를 가지고 싶어했던 친구들이 있었다. 그들은 자동차 할부금을 납부하기 위해 기술이 필요 없는 단순노동직에 취직했고, 즉각적인 만족감을 얻었다. 반면에 몇몇 친구들은 대학에 진학했는데 장래에 더 나은 삶을 위해 만족을 늦춘 셈이다. 다시 말하지만, 당신이 특정한 행동을 선택하는 것은 그에 따른 결과도 함께 선택하는 것이다. '지금 당장' 고통에서 벗어나는 것, 또는 '지금 당장' 보상을 얻는 것은 아주 강력한 동기가 된다.

내가 원하는 보상을 파악해야 장애물을 없앤다

지금까지 살펴본 여러 요인을 참조해서 당신이 부정적 행동에서 얻는 보상이 무엇인지 파악하고 글로 적어라. 그 과정이 힘들어도 절대 포기하지 마라. 당신은 그런 부정적 행동에서 상당한 보상을 얻고 있다. 그렇지 않고서야 그 행동을 반복할 이유가 없지 않은가.

당신이 특정한 행동양식에서 보상을 얻고 있다는 사실을 깨닫고 나면 스스로가 아주 한심하게 느껴질 것이다. 그 사실을 부인하고 피하고 싶을 것이다. 그러나 문제 회피야말로 정말 위험하다.

장래에 벌어질 결과에 대한 두려움은 가장 강력한 동기가 된다. 그 두려움은 당신을 속박하고 당신의 삶을 망칠 수 있다. 그런 면에서 문제를 직면하는 고통에서 벗어나게 해주는 보상은 대단히 큰 유혹으로 다가온다. 심지어 당신은 무감각한 상태를 기쁘게 여기면서 좀비처럼 인생을 살아갈 수도 있다. 이처럼 보상은 당신을 조종할 뿐만 아니라, 당신 삶의 모든 것을 통째로 지배할 수도 있다.

중독성이 강한 부정적 보상은 당신을 거미줄처럼 옭아매지만, 당신에게 현실을 직시할 수 있게 해주는 나침반과 같은 '북극성'도 있다. 그리고 당신이 늘 머릿속에 간직해야 할 '북극성'은 다음과 같다.

내가 어떤 행동을 반복한다면, 그 일에서 보상을 얻고 있기 때문이다. 나는 보상을 얻으려고 행동을 반복하지 않는다고 기만하지 않을 것이다. 열심히 찾으면 그 보상이 무엇인지 파악할 수 있다. 왜냐하면, 보상은 실제로 존재하기 때문이다. 나는 내가 하는 행동 중 일부 행동에서만 보상을 얻는 것이 아니다. 오히려 나는 내 모든 행동에서 매번 보상을 얻는다. 나만 그런 것이 아니다. 왜냐하면, 이 법칙에는 예외가 없기 때문이다.

이 진실을 망각하지 않으면, 계속 해답을 찾아갈 수 있다. 당신의 보상이 무엇인지 찾아라. 그러면 의식적으로 그 보상에서 벗어날 수 있다. 찾아내지 못한다면 당신은 실에 매달린 꼭두각시처럼 특정한 사람이나 사물에 계속 조종당할 것이다.

결론은 이렇다. 당신은 삶에서 얻는 보상에 따라 행동한다. 따라서 보상이 무엇인지 알고, 그 보상을 조절하는 방법을 알면, 당신의 행동뿐만 아니라 타인의 행동도 조절할 수 있다. 이 개념을 확실하게 이해하고 수용할 때에만 삶에 대한 통제력도 극적으로 강화될 것이다.

인생전략의 핵심!

- 사람이 특정한 행동을 반복하는 이유는 그 행동에 어떤 형태로든 만족스러운 보상이 뒤따르기 때문이다
- 이성적이든 이성적이지 못하든, 내가 어떤 행동을 반복한다면, 그것은 내가 보상을 얻고 있기 때문이다.
- 우리는 삶에서 얻는 보상에 따라 행동한다. 따라서 보상이 무엇인지 알고, 그 보상을 조절하는 방법을 알면, 당신의 행동뿐만 아니라 타인의 행동도 조절할 수 있다.

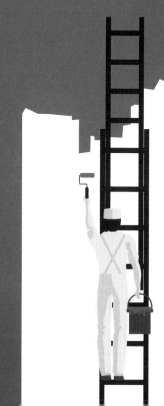

5장

**잔인할 정도로
솔직해져라**

"독 안에 든 쥐야."

**1876년 리틀 빅혼에서 북미 원주민의 공격을 받을 때
조지 A. 커스터 중령이 한 말**

인생법칙

04

인정하지 않으면 변화할 수 없다

당신의 전략

당신, 당신의 삶, 당신과 연관된 모든 이들을 있는 그대로
냉철하게 인식하라. 인생에서 잘못 돌아가는 부분이
어디인지 솔직히 인정하라. 변명은 그만두고,
이제부터 결과를 창출하라.

어쩌면 네 번째 인생법칙은 당연한 말처럼 들릴 것이다. 그리고 실제로
도 아주 지당한 말이다.

당신이 특정한 사고방식, 상황, 문제, 처우, 행동, 감정을 인정하지 않
으면, 즉 어떤 상황에서 당신의 역할에 대해 스스로 책임지지 않으면,
당신은 절대 그 상황을 바꿀 수 없다. 당신이 자초하는 해로운 행위를
인정하지 않으면 그 행동은 지속될 뿐만 아니라, 더 가속도가 붙어서 마
침내 당신의 삶에 습관으로 박힐 것이다. 그러면 변화에 대한 저항도 더
욱 거세질 수밖에 없다.

예를 들어, 주치의가 당신에게 최근에 어지럼증을 겪었냐고 물었는
데, 당신은 그 사실을 인정하지 않고 이렇게 말한다.

"아뇨, 그런 증상은 없었어요."

그러면 주치의는 어지럼증을 치료하지 않을 테고, 당신은 이후로도

계속 어지럼증을 겪을 것이다. 주치의는 당신의 발가락 통증과 팔꿈치 결림 증상은 치료할지 몰라도, 당신이 거짓말을 하는 한 가장 큰 문제인 어지럼증은 치료하지 못한다. 의사는 당신이 건강해지려는 욕구가 있다고 믿는다. 따라서 당신이 증상에 대해 정확하게 얘기해 줄 것이라고 신뢰한다. 그래야만 어떤 부분을 치료하는 데 집중할지를 결정할 수 있기 때문이다.

당신은 스스로에 대해서도 이런 식으로 신뢰할 수 있다고 생각할 것이다. 의사가 당신이 솔직하게 증상을 말할 거라고 믿는 것처럼, 당신 또한, 자신이 솔직하게 스스로를 속이지 않을 거라고 믿을 것이다. 그러나 세 번째 인생법칙에서 본 것처럼, 당신은 때론 자신에게 솔직하지 못하다. 문제를 부인함으로써 고통을 피할 수 있는 분명한 보상이 있는 경우, 우리는 자신을 기만하는 미덥지 못한 존재가 된다.

성공적인 인생전략을 가지고 싶은가? 그러려면 당신의 삶이 현재 어떤 상태에 놓여 있는지 알아야 한다. 현재 당신의 삶의 위치와 도달하고자 하는 위치 간의 관계가 명확해야만 한다.

예를 들어, 당신이 '결혼 생활이 망가지기 일보 직전'이라고 내게 말한다면, 나는 당신이 '결혼 생활이 잘 굴러간다'고 말할 때와는 전혀 다른 조언을 해줄 것이다. 스스로 거짓말을 하면, 아무리 좋은 인생전략이라고 할지라도 왜곡되어 망가지고 만다.

명심하라. 자신에게 거짓말을 하는 방법에는 두 가지가 있다. 진실을 긍정적으로 왜곡할 수도 있고, 또는 진실을 누락함으로써 기만할 수도 있다. 사실을 그대로 말하지 못하는 것은 사실을 왜곡하는 것만큼이나 위험하다. 따라서 스스로 어려운 질문을 하고, 현실적인 답변을 내놓을 수 있는 용기와 배짱이 필요하다.

어쩌면 지금쯤 이런 의문이 들 수도 있다.

"그런데요, 대답은커녕 아예 어떤 질문을 던져야 할지조차 모르겠어요."

걱정하지 마라. 그 부분에 대해서는 함께 살펴볼 것이다. 다만 스스로에게 제대로 된 질문을 던지려면 먼저 더 많은 것을 알아야 한다. 지금은 당신의 모든 신념과 시각, 행동 양식에 대해 질문하고, 검토하고, 의심해보겠다는 의지를 갖는 것이 더 중요하다. 왜냐하면, 우리가 진실에 관해 얘기하려면, 먼저 당신의 신념과 시각, 행동 양식을 실제 진실과 비교해서 솔직하게 평가하려는 의지가 필요하기 때문이다.

현실을 인정하기 힘든 이유

당신은 진실을 논의하면서 방어적인 태도를 취해선 안 된다. 거짓말을 하거나 부인할 수 있는 선택권도 없다. 현실부정은 꿈을 말살한다. 현실부정은 희망도 없앤다. 제때에 해결책을 모색함으로써 문제를 극복할 수 있는 기회마저 앗아간다. 말 그대로 현실부정은 당신을 죽일 수 있다.

일부러 과장해서 이런 얘기를 하는 것이 아니다. 내가 이런 얘기를 하는 까닭은 이것이 진실이기 때문이다. 나는 현실부정이 삶의 모든 측면에서 나쁜 결과를 가져오는 것을 목격했다. 당신도 비슷한 사례를 목격했을 것이다. 이제 당신 삶에서 현실부정을 해결할 차례다. 그러려면 모든 인간에게는 자기방어 기제가 있다는 사실부터 인정해야 한다. 이를 두고 행동과학자들은 종종 '지각적 방어'라고 부른다.

지각적 방어는 우리 마음이 감당하지 못할 거라고 판단하거나, 직면하기 싫어하는 것들로부터 우리 자신을 보호하려는 일종의 방어체계다. 당신도 들어봤을 텐데, 감당하기 힘든 정신적 외상을 겪을 때 발생하는 이른바 '우호적 기억상실' 또는 '선택적 기억상실'이 바로 지각적 방어다. 나는 심리학자로 일하면서 자녀, 또는 사랑하는 사람이 죽거나 불구가 되는 것을 목격하고는 그 사건을 철저하게 기억에서 차단해버린 환자를 많이 보았다. 또한 의식이 있는 상태에서 화상을 입거나, 신체가 절단되거나, 큰 부상을 당한 사람도 치료한 적이 있다. 다행스럽게, 이런 사람들도 자신들이 겪었던 참혹한 고통을 기억하지 못한다.

이런 참혹한 사고를 겪은 경우라면 지각적 방어는 신이 주신 선물과도 같다. 그러나 아무리 얇게 팬케이크를 굽더라도 언제나 양면이 존재하는 것처럼, 지각적 방어 현상에도 반드시 나쁜 점은 있게 마련이다. 다시 말해, 지각적 방어가 모든 상황에서 긍정적으로 작용하는 것은 아니다. 지각적 방어는 커다란 정신적 외상을 당한 상황에서만 작용하는 자기방어 기제가 아니다. 내가 이 사실을 특히 강조하는 이유는 네 번째 인생법칙이 말한 대로 당신의 삶에 문제가 있음을 인정해야만 비로소 그 문제를 통제하거나 없애려는 의식적인 노력도 가능하기 때문이다. 따라서 인간의 태생적인 성향 중 하나인 자기방어 기제가 정직한 자아인식을 방해한다면, 당신은 그것이 무엇인지를 먼저 파악해야 한다.

지각적 방어는 일상에서 늘 작용한다. 그리고 지각적 방어는 당신이 진실이라고 믿고 싶지 않은 것을 외면하게 한다. 많은 경우에 지각적 방어는 경고신호를 포착하는 것을 방해함으로써 제때 적절하게 대응하지 못하게 한다. 당신이 상사의 눈 밖에 났다는 사실을 눈치 채지 못하는 것도 방어기제 때문일 수 있다. 당신이 중요한 인간관계를 서서히 망치면서, 상대방과 멀어지고 사이도 나빠지고 있는데도 전혀 인식하지 못하는 까닭 역시 지각적 방어 때문일 수 있다. 또한, 당신은 지각적 방어 때문에 제때 발견해서 조기에 치료하기만 하면 완치될 수 있는 질병의 초기 증상을 무시한 채 병을 키우고 있을지도 모른다. 나아가 지각적 방어는 자녀들이 우울증이나 약물 남용, 음주, 세상과의 단절처럼 나쁜 상황에 빠져들고 있다는 조기 경고 신호마저 외면하게 만들 수 있다.

당신이 이 세상을 마치 검열 때문에 절반쯤 지워진 편지를 읽는 것처럼 띄엄띄엄 인식한다면, 당신은 환상 속에서 살아가는 것과 다름없다. 애써 현실을 외면하며 환상 속에 살아간다는 걸 인정하지 못한다면, 그 또한 이 글을 읽고 있는 순간에도 당신의 지각적 방어기제가 작용하고 있기 때문이다.

당신이 애써 외면하는 것들은 삶에서 아주 중대한 것들이다. 당신이 보지 못하는 '맹점'이야말로 인생에서 가장 직면해야 하는 것일지도 모른다. 이 얼마나 소름 끼치는 상황인가.

현실부정과 그 기저에 작용하는 지각적 방어기제는 당신의 삶에 엄청난 영향을 끼친다. 문제는 시간이 지난다고 해서 나아지지 않는다는 것이다. 문제를 인정하지 않는 한 변화할 수 없다. 문제를 인정할 때까지 상황은 갈수록 악화될 뿐이다.

427호기는 왜 추락했나

나는 이 직업에 종사하면서 운 좋게도 항공업계와 관련된 일을 할 수 있었다. 여러 항공사를 상대로 인간 심리에 대한 자문을 제공했다. 병리학자나 검시관이 부검을 통해 신체적 사인을 파악하는 것처럼, 항공사는 비행기 추락사고가 나면 심리 전문가를 불러 심리적 부검을 실시한다.

나는 전 세계를 돌며 비행기 추락 현장에서 심리적 부검을 수행했다. 부검을 수행할 때 내가 쓰는 도구는 조종실 음성이 녹음된 블랙박스다. 블랙박스에는 추락하기 전 30분 동안의 음성녹음과 함께 추락 시점까지의 중요한 계기판 기록이 남아 있는 운항 정보가 저장되어 있다. 또한, 나는 승무원들의 기록을 철저하게 분석해서 혹시라도 이전 사건이 추락사고와 연관이 있는지를 파악한다. 또한, 추락사고 목격자와 생존자에 대해서도 조사한다.

이러한 심리 분석은 정신적으로 힘들고 괴로운 일이긴 하지만, 한편으론 인간의 문제 해결과 위기관리, 리더십, 극한의 압박 속에서 정신과 감정의 상호작용에 대해 배울 수 있는 특별한 기회이기도 했다. 무엇보다도 나는 심리적 부검을 통해 현실부정의 어마어마한 위력을 깨달을 수 있었다.

시간은 막 자정을 지나 1분이 흐른 시점이었다. 날씨는 맑았고, 가시거리는 약 8킬로미터 정도였다. 427호기는 200명이 넘는 승객을 태우고 있었는데, 그중 절반은 미국인이었다. 비행기가 향하는 곳은 이전에 자유 세계와의 왕래가 차단되었다가 최근에 개방된 동유럽 국가의 한 공항이었다. 맬른 기장과 훌면 부기장이 함께 호흡을 맞추는 것은 그 날이 처음이었다. 착륙을 준비하기 위해 3,000미터 이하로 고도를 내리는 과정에서도 규정에 맞게 기장과 부기장 사이에 정확히 필요한 대화만이 오갔다. 대화 내용 또한, 하나같이 진지했다.

그때 비행기는 폭이 14.4킬로미터에 불과한, 길게 뻗은 북쪽 협곡을 지나고 있었다. 비행기 양쪽으로 높이가 3,658미터 정도 되는, 흰 눈이 쌓인 산이 삐쭉 솟아 있었다. 비행기가 올바른 방향에서 공항으로 접근하고 있다면, 계기판은 비행기의 정면이 12시 방향, 또는 북쪽으로 향하고 있다고 표시해야 했다. 이 과정에서 조종사는 자동운항장치를 이용해서 비행기를 조종할 수 있었다. 그리고 실제로 두 조종사는 자동운항장치를 켰다. 그런데 비행기가 고도 약 2,438미터 정도에서 수평을 유지하며 착륙 명령을 기다리고 있을 때, 계기판이 비행기가 약간 좌측 10시 방향으로 향하고 있다고 가리켰다. 다음은 조종실 블랙박스에서 복원된 대화 내용의 일부다.

00:01:14 **부기장** (정확히 북쪽이 아닌 좌측을 가리키고 있는 계기판을 두고) "계기판이 왜 이러죠?"

00:01:20 **기장** "글쎄……. 일단 항로를 유지하면 다시 정상으로 되돌아오겠지. 그러니 항로를 유지하게."

00:01:32 **부기장** "다시 맞췄는데 계속 이상한데요. 아까 처음에는 제대로 작동했던 것 같은데요."

(기장은 답하지 않는다. 여승무원이 승객에게 착륙 준비를 안내하는 소리가 들린다. 여승무원은 이 항공사를 이용해줘서 고맙다고 말한다.)

00:01:48 **부기장** "왜 그런지는 모르겠는데, 이거 고장 난 것 같습니다. 계기판 상으론 우리가 가는 방향에 공항이 없다고 나옵니다. 왜 비행기 진로가 60도(북동쪽)를 가리키죠? 계기판이 이상한 건가요?"

00:01:54 **관제소** "427호기, 활주로 35R 착륙해도 좋다. 바람은 355도 방향 10노트로 부는 중이고, 고도계는 30.06. 이상."

00:02:00 **부기장** "여기는 427호기. 활주로 접근 중. 활주로 33R, 아니 35R. 이상."

00:02:05 **기장** "자, 이제 중심은 잡았네. 어, 잠깐만, 살짝만 움직여서 항로를 유지하면 곧장 공항이야. 착륙 허가는 받았고, 그러면 착륙을 시작……잠깐, 이게 왜 이러지……."

00:02:23 **부기장** "오른쪽을 보십시오. 어쩌면……."

00:02:26 **지상 근접경고장치** "삐, 삐. 고도 상승, 지표 근접. 고도 상승, 지표 근접. 삐, 삐."

00:02:27 **기장** "이런……고도 높여! 당장! 당…….″(충돌 소리)

가장 마지막에 녹음된 것은 427호기가 3,658미터 높이의 산꼭대기 측면에 부딪히는 소리였다.

비극적인 추락사고의 기술적 분석은 복잡하지 않았다. 두 조종사는 처음 와보는 공항이었기에 계곡에 진입할 무렵부터 이것저것 신경 쓸 것이 많았다. 관제탑과 통화를 하느라 바빴고, 관제탑 기사의 서투른 영어를 알아들으려 신경을 쓰는 과정에서 두 조종사는 자동운항장치를 잘못 조작해 비행기가 1초당 오른쪽으로 1도씩 비행하게 설정했다는 사실을 몰랐다. 비행기는 계곡을 1분당 8킬로미터의 속도로 빠르게 비행하고 있었다. 계곡의 폭이 고작 14.4킬로미터에 불과했기 때문에, 비행기는 단 1분 만에 심각하게 경로를 이탈했다. 게다가 비행기의 고도도 산맥 정상보다 낮은 높이였다.

내 생각에 두 조종사와 함께 200명이 넘는 승객의 목숨을 앗아간 원흉은 현실부정이었다. 두 조종사의 대화를 들어보면, 둘은 00:01:14에 뭔가 이상하다는 걸 알아챘다. 부기장이 "계기판이 왜 이러죠?"라고 말하는 시점이다. 민간항공기 조종사는 명확하고 정확한 지침을 따르도록 훈련받는다. 그중 가장 중요한 원칙은 '즉각 고도를 높여라'다. 한마디로, 문제가 생기면 일단 고도부터 높여야 한다.

문제에서 벗어나려면 상황에 맞는 적절한 전략이 필요했고, 두 조종사는 우선 서로가 제대로 상황을 파악하지 못하고 있다는 사실부터 인정해야 했다. 그러나 전문가를 자부하는 두 사람은 아주 불쾌했을 것이다. 그 사실을 인정하는 것은 스스로 "비행기가 어디로 향하는지도 모르다니. 넌 기본도 못 지키고 있어"라고 말하는 것과 같기 때문이다. 그래서 두 조종사는 그 사실을 인정하기보다는 문제를 계기판 탓으로 돌렸다. 계속해서 현실을 외면했다. 두 조종사는 약 50초 동안 자신들의 생각과 상충하는 데이터를 부정했고, 그 결과 문제에서 벗어날 수 있는 기회를 송두리째 날려버렸다. 결국 두 조종사는 끝까지 문제를 인정하지 않고 저항함으로써 자신들을 포함해 250명의 생명을 죽음으로 내몰았다.

이 추락사고에 대한 분석은 모두 내 의견이다. 다른 전문가들은 추락의 원인으로 다른 사안을 지목할 수도 있다. 그러나 거듭 주장하는데, 이 비극적인 사고의 핵심 원인은 두 조종사의 현실부정이란 것이다.

내 생각에 항공업계의 인명피해 사고 중 가장 큰 원인이 바로 이런 현실부정이다. 항공승무원들이 문제를 인식하지 못해서 적시에 조치를 취하지 못하는 이유는 문제가 발생했다는 사실을 부정하기 때문이다.

그러나 나는 현실부정이 매 순간 모든 인간의 삶에서 등장하는 기본적인 성향이란 사실도 잘 안다. 우리는 문제가 발생하면 현실을 부정한다. 나쁜 소식에는 귀를 막는다. 그 결과 우리는 우리를 향해 굉음을 울리며 다가오는 경고신호조차 보지 못하게 된다.

재혼한 여성은 첫 번째 결혼과는 다를 것이라고 너무 확신한 나머지, 재혼에서도 첫 번째 결혼 때와 동일한 갈등이 발생하고 있다는 사실을 애써 부정한다. 좋은 남편과 아빠로 지역사회에서 존중받는 남자는 어떻게든 남들 눈에 행복한 가정으로 비치기 위해 가족 모두가 심리치료를 받고 있는 상황에서도 아무런 문제가 없다고 스스로를 세뇌한다. 상황이 통제 불능 상태에 빠졌다는 사실을 인정하지 않고, 이전과는 다르게 돌아간다는 사실을 부정하면, 당신은 소중한 시간을 허비하게 된다. 그리고 당신이 선택할 수 있는 대안도 점점 사라지게 된다.

추락사고에서 두 조종사가 문제를 인식하고 적절한 대응을 할 수 있는 시간적 여유는 고작 60초 남짓이었다. 당신에겐 시간이 얼마나 남아 있는가?

당신의 현실을 모두 인정하라

당신의 삶은 수리가 안 될 정도로 망가지지 않았다. 고치기에 너무 늦지도 않았다. 그러니 적어도 무엇을 고쳐야 할지는 솔직히 알아야 한다. 그러려면 장밋빛 안경을 벗어던지고 이 세상과 당신의 삶을 명확하게 바라보아야 한다. 그러면 앞서 얘기한 두 조종사의 경우와 달리, 지금 당신을 향해 다가오는 중대하고 즉각적인 위험을 인식할 수 있을 것이다.

또한, 당신의 꿈과 희망을 서서히 말려버리는 끈질긴 문제가 무엇인지도 알 수 있다. 당신이 받아들여야 할 진실은 주변 사람과 관련되었지만, 당신에게 더 중요한 문제일 수도 있다.

당신이 지금 느려터진 게으름뱅이처럼 살고 있다면, 인정하라. 불만으로 가득해서 늘 화가 나 있다면, 인정하라. 겁에 질려 있다면, 인정하라. 스스로 솔직해져라. 그러지 않으면, 인생의 암흑기에서 벗어나서 진정 원하는 것을 얻을 수 있는 최고의 기회를 스스로 걷어차버릴지도 모른다.

세 번째 인생법칙은 타인의 삶에서 더 잘 목격된다.

'왜 저 사람은 자기 인생을 망치고 있다는 사실을 모를까?'

당신도 그런 생각을 해봤을 것이다. 가장 좋은 예는 알코올중독이다. 우리는 누구나 알코올중독에 대해 안다. 당신이 알코올중독이거나, 주변에 알코올중독인 사람이 있거나, 가족이나 친구 중에 알코올중독자가 있을지도 모른다. 알코올중독자가 자신에게 문제가 있다는 사실을 스스로 인정하지 않는 상황에서 알코올중독을 해결할 확률이 얼마나 될까? 0퍼센트에 가까울 것으로 생각한다면, 그것은 거의 확실한 예상이다. 그 문제를 직면하지 않는 한, 알코올중독은 절대 버릴 수 없는 습관이기 때문이다.

알코올중독자가 문제부터 인정해야 하는 것처럼, 당신도 먼저 문제가 있다는 사실부터 인정해야 한다. 자신에게 부정적인 행동이나 성격, 생활방식을 파악하지도 못하고, 의식적으로 인정하지도 못하면, 그 문제를 절대 해결할 수 없다. 그것은 마치 알코올중독자가 중독이 아니라고 계속 부인하는 것과 마찬가지다. 문제를 인식하지 못하면, 그걸로 끝이다.

그렇다면 무엇을 인정해야 할까?

나는 당신이 인생에서 제대로 돌아가지 않는 모든 것을 다 인정하기를 바란다. 결혼 생활, 직업이나 일, 태도, 분노 조절, 우울함, 두려움 등 제대로 작동하지 않는 것은 모두 다 인정하라. 앞에서 언급한 것처럼, 당신이 현재 하는 행동이나 일이 무조건 옳다고 확신하더라도 상관없다. 제대로 작동하지 않는다면 모두 바꿔라.

'인정'이란 개념을 좀 더 솔직하게 파고들어 가 보자. 변화에 대한 신념이나 확신 없이 그저 고개를 끄덕이거나 입으로만 동의를 표하는 것은 인정이 아니다. 당신도 이런 말을 수없이 들어봤을 것이다.

"정말로 이 일에 매진해야겠어."

"이게 문제라는 것은 알겠는데, 어떻게 해야 할까?"

"네 말이 맞아. 나도 변하고 싶어. 그런데 말이지……."

이것은 문제를 인정하는 것이 아니다. 내가 말하는 인정은 솔직하게, 꾸미지 않고, 있는 그대로, 진실하게 자신과 직면해서 자신이 무엇을 하는지, 무엇을 하지 않는지, 또는 해로운 줄 알면서 모른 척 넘어가는 것이 무엇인지 파악하는 것이다.

고상한 척하면서 남들에게 듣기 좋으라고 자신의 문제를 반쯤만 인정하는 허튼소리는 진정한 인정이 아니다. 진실과는 거리가 멀고 상황을 모면하기 위한, 듣기에 그럴싸한 '고백'도 진정한 인정이 아니다. 내가 말하는 인정은 잔인할 만큼 철저한 현실 인식이다. 정신이 번쩍 들 정도로 냉혹하게, 당신의 인생을 망치고 있는 문제를 인식하는 것이다. 또한, 아무리 추하고 미묘한 것일지라도 보상이 있다고 시인하는 것이 진정한 인정이다. 자신이 누구인지, 무엇이 잘못되었는지 솔직하게 인정하려는 의지가 없이는 절대로 변화를 끌어낼 수 없다. 이 법칙에는 예외가 없다.

대다수 사람이 원하는 것은 진실이 아닌 확신이다. 사람은 자기 생각이 옳든 그르든 그에 대한 확신을 원한다. 이미 도달한 결론이 사실이든 아니든, 그 결론을 뒷받침하는 정보와 사람을 찾는다. 사람은 현재 모습에 편안함을 느낄 수 있는 말, 기분 좋은 말만 듣고 싶어한다.

내 말이 맞는지 스스로를 시험해보라. 삶에서 실질적이고 영속적인 변화를 끌어내야 한다는 내 주장을 읽은 순간, 당신은 변화가 불가능한 이유를 50가지 정도는 떠올렸을 것이다. 그런 생각은 당신이 살면서 하는 수많은 옳은 생각 중 하나다

사람은 누구나 살면서 옳고자 한다. 왜냐하면, 옳은 것이야말로 우리가 삶에서 중시하는 것이기 때문이다. 우리는 신념에 따라 살아가는 것으로 스스로 옳게 한다.

오랜 기간 환자들을 만나고, 특히 부부를 치료하는 과정에서 목격한

바로, 대다수 사람의 목표는 어떻게 해야 생산적으로 살아가고 행동할지를 배우는 것이 아니었다. 그들은 자신의 신념과 행동이 옳다는 것을 증명하려고 애썼다. 부부 중 어느 한쪽이라도 솔직하게 이렇게 말하는 경우는 드물었다.

"필 박사님, 우리 부부 중 누가 옳은지는 중요하지 않습니다. 그저 결혼 생활이 잘 돌아갔으면 좋겠습니다."

그들은 대체로 이렇게 말했다.

"내가 옳다는 걸 박사님이 아셨으면 해요. 제 배우자한테 내가 옳다고, 내 뜻대로 해야 한다고 말해주셨으면 좋겠어요."

자신이 옳다는 생각을 굽히지 않았다간 비극적인 결말을 맞을 수도 있다. 나는 부부가 자녀 양육 방식에 대한 각자의 생각을 절대 양보하지 않아서 결국에는 가정이 파탄에 이르고 마는 상황을 수없이 목격했다. 그런데 실제로는 부모 둘 다 너무나 옳지 못한 생각을 지닌 경우가 많다.

잔인할 만큼 스스로 솔직해져라

사람은 본능적으로 쾌락을 추구한다는 주장을 믿는다면, 인간이 고통은 회피하고 즐거움만을 추구하는 존재라고 생각한다면, 현실을 직면하기란 힘들고, 나아가 변화하기는 더 힘들다는 사실을 당신도 알 것이다. 계속 편안하게 있으려면, 현재 상태를 유지해야 한다. 현재 상태를 벗어나 새로운 방향으로 나아간다는 것은 두렵고, 위험하며, 고단하기 때문이다.

문제를 인정하는 것에는 약간의 두려움이 따른다. 문제를 인정한다는 것은 꽤 스트레스를 받는 일이다. 스스로를 몰아붙이는 것이기도 하다. 인생이 잘못 돌아가고 있다는 사실을 굳이 인정하지 않으면 '지금껏 살던 대로 그냥 쭉' 살아갈 수 있다. 그러나 일단 문제가 있음을 인정하고 나면, 당신이 원하지 않는 삶과 타협하고 있다는 사실을 인정해야만 한다.

문제를 인정하고, 그 문제를 해결할 책임이 자신에게 있음을 인정하고 나면, 현재 상태를 유지하며 살아가기가 훨씬 힘들어진다. 왜냐하면, 당신은 이미 자기기만에서 벗어났기 때문이다. 이제 당신은 알면서도 계속해서 자신을 파괴하던지, 아니면 변하든지 둘 중 하나를 선택해야 한다. 문제의 책임이 나한테 있다는 걸 인정하면, 남 핑계를 대며 뒤로 숨을 수는 없다.

기억하라. 이 세상에 우연이란 없다. 당신이 살아갈 삶은 당신의 선택과 행동에 따라 결정된다. 그렇다면 문제가 없다며 애써 회피하는 것은 변화를 위한 좋은 시도가 아니다.

네 번째 인생법칙을 인생전략에 반영하려면, 솔직함의 개념, 특히 자신에게 정직하다는 것이 무슨 뜻인지 잘 이해해야 한다. 솔직하다는 것은 진실하다는 것이다. 그 진실은 꾸미지 않은, 있는 그대로의 냉혹한 진실이며, 때론 추악하기도 하다. 자신에게 잔인할 만큼 정직하려면 그만한 용기와 의지가 필요하다.

인생전략을 짜기로 마음먹었다면, 어떤 경우에도 현재 상황에 대해 거짓말을 하거나, 변명하거나 자신을 속이지 않겠다고 약속하라. 지금은 감상에 젖은 연민어린 시선으로 자신을 가엾게 여기거나, 허튼 거짓말로 기만할 때가 아니다. 자신에게 어려운 질문을 던지고, 잔인할 만큼 정직한 대답을 내놓아야 할 때다.

- 나는 패배자의 삶을 살고 있는가? 그렇다면 이렇게 인정하라. "나는 패배자의 삶을 살고 있다. 변명의 여지가 없다. 그냥 패배자처럼 산다."
- 나는 게으른가? 최선을 다하고 있지 않은가?
- 내 인생은 막다른 길로 향하고 있는가? 목적지가 불분명한가?
- 나는 겁을 먹었는가? 지나치게 긴장한 채로 삶을 살고 있는가?
- 내 결혼 생활은 곤경에 빠졌고, 감정적으로 망가졌는가?
- 내 자녀들은 패배자처럼 스스로를 망치고 있는가?
- 나는 목표가 없는가? 그냥 매일 틀에 박힌 삶을 살고 있는가?
- 나는 계속해서 다짐만 하고 실천을 하지 않는가?

나는 오래전부터 어떤 문제든 문제를 정확히 정의하는 것이 문제 해결의 절반이라고 믿었다. 당신이 문제를 있는 그대로 인식할 수 있는 용기와 의지를 지니고 있다면, 더는 스스로를 기만하는 상상 속의 세계에서 하루라도 더 머물 수도 없고, 머물고 싶지도 않을 것이다. 그러나 그것이 전부는 아니다. 당신이 특정한 목표를 이루지 못하는 까닭을 파악했다면, 절대 변명하지 마라. 핑곗거리를 내놓지 마라.

당신은 지금까지 배운 네 가지의 인생법칙에 따라 생각하고 생활해야 한다. 특히 당신이 어떤 상황에 처해 있든, 그 상황이 우연이 아님을 인정해야 한다. 변명하지 마라. 모든 것은 당신 책임이다. 그런 상황을 만든 것은 당신이다.

변화할 수 있는 힘을 원한다면 먼저 지식을 쌓아야 한다는 것을 인정하라. 원하지 않는 삶을 사는 이유가 그로부터 보상을 얻기 때문이란 것도 인정하라. 당신의 특정한 성격이 성공으로 가는 길을 막고 있다면 그 사실도 솔직하게 인정하라. 겁을 먹었다면, 솔직하게 "나 겁이 나"라고 말하라. 혼란스러운가? 혼란스럽다고 인정하라. 생각해보라. 당신은 내일 아침에 깨어나 스스로 이렇게 다짐한다.

"살면서 처음으로 나 자신한테 거짓말을 하지 않는 거야. 머리털 나고 처음으로 있는 그대로 현실을 직시하는 거라고."

이 얼마나 참신한가! 인정하지 않는 것을 고칠 수는 없다. 앞으로 책을 읽으면서 이 점을 염두에 두라. 스스로 무엇이 잘못되었는지를 인정하는 것은 좋은 일이다. 과거에는 그것을 나쁘게 여겼을 수도 있다. 이것은 패배자의 태도다. 잘못된 점을 인정하지 않는 것은 현실을 인정하기보다는 부정하는 것이다. 그렇게 하면 진실을 직면하는 사람들에 패해서 뒤처지게 된다.

반대로 이번에는 문제를 인정함으로써 얻을 수 있는 혜택에 대해 살펴보자. 문제를 인정하는 것은 종신형을 선고받은 죄수에게 가석방 위원회가 이렇게 제안하는 것과 비슷하다.

"죄를 사면해주겠소. 다만 당신이 저지른 범죄에 대해 빠짐없이 지금 당장 서면으로 제출하시오. 모든 범죄행위를 글로 적어서 제출하면 석방입니다. 그러나 하나라도 빼놓았다간 처벌할 겁니다."

죄수가 너무나 부끄러운 나머지, 또는 너무 게을러서, 또는 어떻게든 범죄를 부정하려는 생각에 이 제안을 거절한다면, 과연 멍청이는 누구일까?

나는 당신에게 이렇게 말하고 싶다.

"지금껏 살면서 저지른 잘못을 부정하지 말고, 말을 얼버무리며 변명하지도 마세요. 당신이 뚱뚱하면 뚱뚱한 거고, 게으르면 게으른 겁니다. 겁이 난다고요? 그러면 겁이 난다고 적으세요. 당신은 신체적 장애가 있는 것도 아니고, 선천적 에너지 결핍장애인 것도 아니며, 인생을 유달리 신중하게 살아가는 것도 아닙니다. 그저 당신은 뚱뚱하고, 게으르고, 두려워하는 사람입니다. 현실을 있는 그대로 인정하세요. 그러지 않으면 영원히 변화할 수 없습니다."

삶을 있는 그대로 받아들이는 법

자신에 대한 진실을 인정할 때 절대 일말의 여지도 남겨두어선 안 된다. 당신은 진실을 절반 정도만 인정할 수도 있다. 그러나 진정한 변화를 원한다면 "그래 봤자 뭐가 달라지겠어"라며 진실을 건성으로 인정하지 마라. 이런 식으로는 절대 변화할 수 없다.

진실을 인정한다는 건, 사람에겐 누구나 보기에 좋지 않고 대범하지 못하고 매력적이지 않은 면이 있다는 사실을 수용하는 것이다. 또한, 때로 우리가 건강한 목표와 상반되는 행동을 하고, 현실과 타협한다는 것을 수용하는 것이다. 이런 얘기를 한다고 해서 의기소침하지는 마라. 나는 그저 있는 그대로를 말할 뿐이다. 그러니 직면한 현실을 바꿔라.

당신은 늘 완벽할 필요가 없다는 여유를 지녀야 한다. 당신에게 원치 않는 짐, 왜곡된 생각이나 잘못된 감정이 있음을 인정하되, 자신을 나쁜 사람으로 몰아선 안 된다.

당신도 살면서 극적으로 당신을 변화시킨 사건을 경험해본 적이 있을 것이다. 누군가를 사랑했는데 상처만 받았을 수도 있다. 그 상황에서 쓸쓸함과 분노, 상심과 두려움을 느꼈을 것이다. 억울한 누명을 쓰거나 비난을 받고, 그 과정에서 분노와 복수심, 좌절을 느꼈을 수도 있다. 자녀나 형제, 자매를 잃고 인생이 공정하지 못하다며, 신을 멀리하고 삶을 두려워했을 수도 있다. 당신은 불화와 적개심이 가득한 결혼 생활 때문에, 또는 상처를 받을까 두려워하는 마음 때문에 사람을 기피하는 폐쇄적인 성격이 되었을지도 모른다. 혹시 당신이 남들만 못하다고 느끼는가? 그렇다면 당신은 두려움의 감정과 외톨이의 심경을 알 것이다.

그런데 이런 것들이야말로 지금의 당신과 당신의 삶을 만들어준 가치 있는 경험이다. 그리고 이런 경험을 수용해서 당신의 고유한 성격으로 받아들인 것도 당신이다. 이런 경험들이 사람을 대하는 방식에 영향을 끼쳤음을 인정하지 않는다면, 그것은 삶에서 중요한 부분을 부정하는 것과 같다.

인정하지 않으면 절대로 변화할 수 없다. 왜곡된 성격이나 상황을 인정하지 않는 한, 그것들이 당신의 책임임을 인정하지 않는 한, 당신은 그 경험으로부터 절대 벗어날 수 없다.

어려운 환경에서도 유의미하고 지속가능한 변화를 만든다는 것은 쉽지 않다. 그러니 현실을 기만하거나 외면하면 그 과정을 더 어렵게 만들 뿐이다. 타인의 위로에 혹하지 마라. 무엇보다 스스로 늘어놓는 자기

변명에 속지 마라. 이 책이 당신의 모습을 있는 그대로 받아들이는 것처럼, 당신도 당신의 상황을 있는 그대로 솔직하게 인정해야 한다. 제발 현실을 직시하라.

인생전략의 핵심!

- 문제를 인정하지 않는 한 변화할 수 없다. 그리고 당신이 문제를 인정하기 전까지 상황은 갈수록 악화될 뿐이다.
- 인생에서 제대로 돌아가지 않는 모든 것을 다 인정하라. 제대로 작동하지 않는 것은 모두 바꿔라.
- 현실을 있는 그대로 인정하라. 그러지 않으면 영원히 변화할 수 없다.

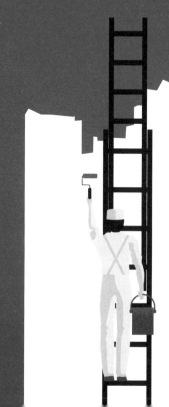

6장

실패하지 않지만
성공하지도 않는 비결

말을 잘하는 것보다
실행을 잘하는 게 낫다.

벤저민 프랭클린

결심을 했으면 즉시 실행한다

당신의 전략

신중하게 결정한 후에는 반드시 행동에 옮겨라.
이 세상은 실행이 뒤따르지 않는 생각에는
반응하지 않는다는 걸 명심하라.

어떤 상황에서든 상대방이 당신에게 보이는 반응과 결과물은 결국 당신이 제공하는 자극에 의해 결정된다. 그리고 그 자극은 바로 당신의 행동이다. 행동만이 상대방에게 당신을 알릴 수 있는 방법이다. 그리고 상대방은 그 행동에 따라 당신에게 보상하거나, 처벌한다.

당신이 목적이 없고, 무의미하며, 바람직하지 못한 행동을 하면, 당신은 나쁜 결과를 얻게 된다. 반대로 당신의 목적이 분명하고, 의지가 있으며, 바람직한 행동을 하면, 당신은 좋은 결과를 얻게 된다. 모든 사람은 이런 식으로 삶의 경험을 창출한다.

특정한 행동(실행)을 선택하는 것은 그에 따른 결과를 선택하는 것이다. 당연히 좋은 선택일수록, 더 좋게 행동할수록 결과도 더 좋을 수밖에 없다. 그러나 이보다 더 당연한 사실은 아무것도 하지 않으면, 아무런 결과도 얻지 못한다는 것이다. 한마디로 삶은 행동을 보상한다.

틀에 박힌 행동에서 벗어나기

사람들은 당신의 의도에는 관심이 없다. 오로지 당신의 행동에만 관심이 있다. 국세청은 당신이 세금을 납부할 '의도'가 있었는지 관심이 없다. 당신의 자녀는 당신이 저녁 식사를 준비할 '의도'가 있었는지 무관심하다. 횡단보도를 건너는 보행자들에게는 당신이 원래 정지선에 멈추려는 '의도'가 있었는지는 중요하지 않다. 결국, 당신의 삶을 결정하는데 중요한 것은 당신의 행동이다.

과제 ⑦　틀에 박힌 행동 테스트하기

당신이 이 세상에 어떤 자극을 주고 있는지 파악하라. 당신의 행동은 당신의 삶이 변화하는 것을 가로막고 있는가? 더 나은 결과를 만들 수 있는 행동을 하지 않고 늘 하던 대로 판에 박힌 행동만 반복하지 않는가?

'틀에 박힌 행동' 테스트를 통해 점검해보라. 테스트를 할 때 절대 스스로 속이지 마라. 죄책감만 느낄 것이다. 재차 말하지만, 인정하지 않으면 변화할 수 없다.

아래 질문에 '그렇다/아니다'로 대답하고 '그렇다'라고 답한 항목이 몇 개인지 세어보라.

		그렇다	아니다
1	당신은 여가시간의 상당 부분을 '소파에 누운 채' 황당한 시트콤이나 '선혈이 난무하는' 드라마를 보며 보낸다.		
2	집에서 늘 입는 실내복이나 티셔츠, 펑퍼짐한 반바지, 파자마처럼 가정용 '복장'이 따로 있다.		
3	5분 전에 없던 음식이 갑자기 생겨나기라도 할 것처럼 수시로 냉장고 문을 열고 한참 동안 내용물을 들여다본다.		
4	마치 가장 싼 관람석에 앉은 관중처럼 자기 인생을 수수방관하면서 지켜본다.		
5	텔레비전 속의 인물을 통해 대리만족을 경험하면서 그들이 마치 실재 인물인 것처럼 말한다.		
6	마트에서 소량 계산대 줄에 서기 전에 계속해서 물건을 몇 개나 카트에 담았는지 반복적으로 숫자를 센다.		
7	만날 일 얘기나 아이 얘기만 한다.		
8	간만에 외출하려고 결심했지만 어디로 갈지 말다툼하느라 30분을 허비한다.		
9	외식을 할 때면 종업원이 메뉴판을 가져다주는 레스토랑이 아니라 계산대에서 직접 주문하는 패스트푸드만 선택한다.		
10	미식축구 경기를 시청하려고 경기 휴식시간 광고에 딱 맞춰 4분 이내에 섹스를 끝낸다.		
11	상상만 하고 막상 실행에는 옮기지 않는 꿈이 있다.		
12	정말로 행복해하는 사람을 보면서 진정한 행복은 불가능하다며 의심한 적이 있다.		
13	사람들과 있을 때보다 혼자 있을 때 유달리 자신을 낮춰본다.		
14	인생의 전성기가 이미 지났고, 그런 때가 다시는 오지 않을 것이라고 생각한다.		
15	아침에 일어나면 또 다른 하루가 시작되는 게 지겹다.		
16	사람들과 함께 있을 때도 외롭다.		
17	외모가 갈수록 ㅣ빠지거ㅏ, 자신의 외모에 대한 기대치도 점전 낫아진다.		
18	삶의 목표가 고작 한 주 또는 한 달 더 버티는 것이다.		
19	어떤 질문이든 "싫어"라고 답하는 비율이 월등히 높다.		
20	새로운 사람 만나기를 극도로 꺼린다.		

'그렇다'라고 답한 항목이 8개 이상이라면, 당신은 틀에 박힌 삶을 산다고 볼 수 있다. 12개 이상의 항목에 '그렇다'라고 답했다면, 당신의 삶은 실종된 것과 마찬가지이니 수색대라도 파견해야 한다.

그러나 여기까지 책을 읽었다는 것은 적어도 당신이 틀에 박힌 삶에서 벗어나고 싶다는 의욕을 보여준 것과 같다. 지금 당신은 인생법칙을 받아들여서 더 높은 수준의 삶을 살아가기 위해 스스로를 재창조하고 있다. 당신은 지금껏 살면서 배운 통찰력과 이해, 인식을 이제는 목적이 있고 가치가 있는 건전한 행동으로 변화시키고자 한다. 내 말이 맞는가?

그렇다면 일단 당신 삶의 질을 측정할 때 그 기준을 의도가 아닌 결과물로 삼겠다고 다짐하라. '지옥으로 가는 길도 좋은 의도로 포장되어 있다'라는 격언이 있다. 나는 이 문구를 아무리 의도가 좋아도 실행하지 않으면 몰락할 수밖에 없다는 뜻으로 해석한다.

시간은 가장 무자비한 자원이다

인정하긴 싫겠지만, 사람은 누구나 본능적으로 변명을 하게 마련이다. 당신에게도 원하는 것이 무엇이고, 자신이 하려는 것이 무엇인지 말하고는 막상 실행에 옮기지 않는 인간적 성향이 있을 것이다. 그것이 인간의 본성이다. 당신만 미루는 것이 아니다. 오히려 현대사회에서는 실행을 미루는 것이 너무나 만연해 있다. 현대사회에는 스스로를 '피해자'로 생각하는 사람이 넘쳐난다. 그들은 아무렇지도 않게 이런 말을 한다.

"내 잘못이 아니야. 내 책임도 아니야."

나는 이런 말을 꼭 들려주고 싶다.

"당신 자신은 당신의 책임이다."

나는 당신이 삶의 목적이나 의도를 쭉 나열하는 과정을 도울 생각이 없다. 당신이 실행하지 않아서 멈춰버린 삶에 대한 '흥미로운 분석'을 제공하는 것도 내 관심사가 아니다. 내 관심사는 당신의 삶이 변화하도록 하는 것이다. 그러려면 먼저 당신이 왜 실행에 옮기지 못하는지 원인부터 밝혀야 한다. 그러나 원인을 아는 것은 문제 해결의 절반일 뿐이다. 오히려 나는 당신이 틀에 박힌 행동과 변명에서 벗어나도록 돕고 싶다. 그러려면 당신은 자신의 삶을 결과로 측정하는 습관을 들여야 한다.

❋ 삶을 결과로 측정하라

실패와 성공의 여부를 오직 결과로만 측정한다는 것은 엄격하고 냉정하게 있는 그대로 자신을 평가한다는 것이다. 사실 이런 방식은 당신에게도 더 유리하다. 왜냐하면, 그 방식이야말로 세상이 당신을 측정하는 방식이기 때문이다. 당신은 이 세상의 규칙이나 법칙을 직접 만들 수 없다. 이미 이 세상에는 정해진 규칙과 법칙이 있다. 그뿐만이 아니다. 세상은 당신이 그 규칙과 법칙을 따르도록 강제할 수 있다.

당신의 플레이를 지켜보고 있는 미식축구 슈퍼볼의 득점 기록원이든, 당신의 영업 성과급을 산정하는 직장상사이든, 교차로에서 당신을 노려보고 있는 기동경찰관이든 당신의 의도에 관심을 두는 사람은 없다. 그들이 관심을 두는 것은 오로지 당신의 행동이다. 플라톤은 이런 말을 남겼다.

"어떤 사람과 딱 한 시간만 같이 놀아보면 1년 동안 대화를 나눈 것보다 그에 대해 더 많은 것을 알 수 있다."

이것은 말로만 하는 것은 아무 소용이 없다는 것을 완곡하게 표현한 것이다. 당신이 결과로만 자신의 삶을 평가하기로 했다면, 그것은 남들의 변명도 더는 용납하지 않겠다는 뜻이다. 예를 들어보자. 당신이 가족으로부터 더 나은 대우를 받기로 결심했다면, 당신은 더 나은 대우를 받고 있는지를 가족의 말이 아닌 행동을 보고 판단해야 한다. 당신은 남들이 느끼라는 대로 느끼고, 남들의 의견을 곧이곧대로 받아들이면서 살아선 안 된다. 당신이 말로만 하지 말고 행동으로 옮겨야 하는 것처럼, 그것은 남들도 마찬가지다. 이 책에서 도움을 얻고 싶은가? 그렇다면 우리가 어떤 주제를 논의하든, 어떤 문제를 해결하든 간에, 당신은 자신과 타인을 오직 결과로만 측정하겠다고 다짐해야 한다. 물론 쉽지는 않다. 그러나 이 방법이 맞다. 우리는 우리가 진정 변화했는지를 오직 결과로만 측정할 때 알 수 있다. 물론 애써 진실을 외면할 수도 있다. 그러나 그런다고 해서 세상이 당신 생각대로 바뀌지는 않는다.

✸ 시간의 무자비함을 기억하라

미루는 습관(이것도 의도다)은 모든 인간에게 골칫거리다. 나는 수련의 시절에 퇴역군인 정신병원에서 노인 회진을 맡았었다. 덕분에 이런저런 사정으로 입원하게 된 퇴역군인들에게 수많은 '심리치료'를 수행한 경험이 있다. 내가 굳이 따옴표까지 써가면서 심리치료라는 단어를 강조한 까닭은 이 치료과정 중 대부분은, 솔직히 말하자면, 환자가 선생이었고 내가 학생이었기 때문이다.

　내가 치료했던 노인들은 각기 다른 다양한 삶을 살아왔고, 교육수준이나 지식도 천차만별이었지만, 하나같이 젊은 수련의에게 인생의 중요한 교훈을 가르쳐주었다. 그중 가장 중요한 교훈은 그들 모두가 임종을 앞두고 하고 싶었는데 끝내 하지 못했던 행동을 후회했다는 점이다. 한 노인은 필리핀을 다시 방문해서 죽은 군대 동료의 무덤을 찾지 못한 걸 후회했다. 또 다른 노인은 추리소설을 발표하고 싶었지만 '배짱이 없어서' 원고를 보내지 못한 걸 후회했다. 어떤 노인은 교통사고로 사망한 십대 손녀와 더 많은 시간을 보내지 못한 일을 한스러워했다.

　노인 퇴역군인 환자들은 하나같이 이런 말을 했다.

　"의사 양반, 절대 인생을 낭비하지 말게. 인생이 끝나면, 그걸로 정말 다 끝나는 거야."

　오랜 세월과 연륜에서 나오는 지혜를 지닌 이 노인들은 다들 "살면서 많은 걸 하고 싶었지만 끝내 못 한 것이 많다"고 말했다. 특히 그들은 좋은 기회를 날려버린 이유가 실행에 옮기지 않아서이기도 하지만, 때로는 제때 그 기회를 움켜쥐지 않았기 때문이라고 말했다.

　실제로 살다 보면 기회로 통하는 문이 열리게 마련이다. 그리고 종종 그 문은 정해진 시간 동안만 열려 있다가 이후로는 영원히 닫히게 된다. 당신의 현재 삶을 찬찬히 살펴보면, 특정한 부분이나 분야에서 실행이 필요하다고 느껴질 것이다. 당신에게 그런 기회가 주어진다면, 즉각 그 기회를 움켜쥐어라. 그런 기회가 제 발로 당신을 찾아오지 않는다면, 그때는 직접 기회를 만들어내야 한다.

　한 번이라도 '내 삶에 얼마의 시간이 남아 있을까?'라고 진지하게 고민해본 적이 있는가? 당신이 40세라면, 앞으로 반드시 해야 할 일을 하는 데 40년 정도의 시간이 남았을 것이다. 그러나 아닐 수도 있다. 이번 장을 끝까지 다 읽기 전에 삶을 마감할 수도 있다. 그럼 어찌할 것인가?

2장에서 노련한 대선배가 들려준 조언을 기억하는가?

"인생에는 연습이란 게 없어."

시간은 무자비하다. 시간은 재생이 불가능한 자원이다. 당신이 지금 살고 있는 삶은, 적어도 이 세상에서만큼은, 당신에게 주어진 유일한 시간이다. 그리고 당신이 목적을 달성하기 위해 시간을 쓰지 않는다면, 한 번 허비한 시간은 절대 되돌릴 수 없다.

실행하지 않으면 아무것도 얻지 못한다

오랜 세월을 통해 검증된, 목적 달성을 위한 실행 공식은 아래와 같다.

- 전념   · 실행   · 성취

이 공식을 풀면 이렇다. '전념'을 다해서 '실행'에 옮기면 원하는 것을 '성취'할 수 있다. 그리고 다섯 번째 인생법칙은 이 공식 중에서 '실행' 부분을 설명한다. 당신이 지난주보다 지식이 100배나 더 늘어났다고 하더라도, 당신이 아무런 행동도 하지 않는 한 별로 깨달은 것이 없었던 지난주보다 더 나은 사람이 될 수 없다.

지식, 각성, 통찰, 이해는 행동으로 전환되지 않으면 아무런 가치가

없다. 의사가 당신이 죽어가는 원인을 알아도 아무런 조치를 취하지 않는다면, 당신은 결국 죽게 된다. 당신의 결혼 생활이 실패하고 있다는 사실을 알면서도 아무런 행동을 취하지 않는다면, 결혼 생활은 계속 악화될 것이다. 자신이 일상에서 늘 쉽게 좌절하고 우울해한다는 것을 알면서도 아무런 조치를 취하지 않는다면, 쉽게 좌절하고 우울한 삶은 지속된다. 한마디로 이 세상은 선의와 통찰, 깊은 이해와 지혜를 보상하지 않고, 오로지 실행만을 보상한다.

승자와 패자의 차이는 무엇일까? 승자는 패자가 하기 싫어하는 일을 실행한다는 것이다. 이 문장에서 '실행'이란 단어에 주목하라. 승자는 목적을 달성하는 데 중요한 것을 실행한다. 완벽한 계획이 나올 때까지 궁리만 거듭하지도 않는다. 살다 보면 방아쇠를 당겨야 하는 순간이 온다. 원하는 것을 얻으려면, 그것에 맞게 해야 할 일을 해야 한다.

목적이 분명한 실행이 없다면, 당신은 삶에 대한 통제력을 상실한 채 당신 삶의 선장이 아닌 승객이 되고 만다. 물론 승객 역할로 살아가는 걸 더 좋아하는 사람도 있다. 그런 삶에는 직접 결정하고, 결과에 책임을 져야 하는 압박이 없기 때문이다. 당신도 이런 부류라면, 지금이라도 정신을 차리고 자신의 삶에 책임을 져라. 그러지 않으면 당신은 삶이 잡아끄는 대로 이리저리 움직이는 꼭두각시처럼 살아가야 할 것이다.

내가 이 인생법칙을 다섯 번째에 배치한 까닭은 이제 당신은 자신에 대해 충분히 파악했고 변화할 준비가 되었기 때문이다. 물론 아직 구체적인 인생전략을 설계하지는 않았다. 그러나 지금이 변화하기에 가장 적절할 때일 수 있다.

인생법칙 1번, '인간의 본성을 연구하면 경쟁우위를 갖춘다'는 깨달기 위한 지식을 얻으려고 최선을 다해야 한다고 말한다.

인생법칙 2번, '한 사람에게 일어나는 모든 일은 그 사람이 만든 것이다'는 특정한 행동을 선택하면 그에 따른 결과도 함께 선택하는 것이라고 가르친다. 따라서 올바른 결과를 얻으려면 올바른 행동을 선택해야 하고, 자신이 원하는 것을 얻는 쪽으로 스스로의 행동을 조절할 필요도 있다.

인생법칙 3번, '사람은 보상이 따르는 행동만을 한다'라고 말한다. 당신은 건강한 결과를 얻기 위해 행동을 바꿔야 할 필요가 있는가? 당신이 행동을 바꿈으로써 그 행동에서 얻는 보상을 바꿀 수 있다면, 당신은 옳은 방향으로 나아갈 수 있다.

이전과 다르게 행동하지 않는 한, 당신의 삶은 절대 변화하지 않는다. 따라서 스스로를 이렇게 다그쳐라.

"지금이 아니면 언제 변할 건데?"

당신 삶의 우선순위를 정하고 그에 따라 시간과 에너지를 배분하는 방법에 대해서는 나중에 충분히 논의할 것이다. 일단 지금은 당신이 원하는 것을 얻지 못하는 이유가 실행하지 않기 때문이라는 것만 명심하라. 이것은 의심의 여지가 없다.

다른 인생법칙은 물론이고 이 인생법칙을 깨닫고 활용하는 것은 당신의 몫이다. 그래야만 목적이 분명하고, 가치가 있으며, 건강한 행동을 실천에 옮길 수 있다. 스스로의 행동을 통해 자신의 경험을 창출할 때, 그 선택은 오직 당신만의 선택이 된다.

"임종을 앞두고 '일을 더 열심히 할걸'이라고 후회하는 사람은 없다"라는 오래된 속담에 나는 전적으로 동의한다. 우리는 중요한 것이 무엇인지 잘 안다. 그런데 우리는 그 중요한 것에 집중하고 노력하는가? 아니면 인생이 우리에게 던져주는 상황에 그저 수동적으로 반응하면서 소중한 일은 나중으로 미루고 있는가?

방아쇠를 당겨라. 지금까지 배운 것을 토대로 삶을 이전과는 다르게 살아라. 삶은 방향과 가속도에 의해 움직인다. 당신이 이전과 다르게 행동한다면, 그 행동이 운동이든, 감정 표출이든, 다시 학교에 다니는 것이든, 기도하는 것이든, 또는 새로운 일자리에 지원하는 것이든 간에 가속도가 붙게 된다. 변화하려는 과정에서 당신은 새로운 사람도 만날 것이다. 그러면 새로운 가능성도 열리게 된다. 그리고 얼마 지나지 않아, 당신은 이전의 틀에 박힌 삶에서 벗어났다는 사실을 깨닫게 될 것이다.

'방망이를 휘두르지 않으면 공을 맞힐 수 없다.'

'낚싯줄을 던지지 않고 고기를 잡을 수는 없다.'

이런 격언이 오랜 세월 살아남은 이유는 진실이 담겨 있기 때문이다. 다섯 번째 인생법칙이 의미하는 것은 방망이를 휘두르고, 낚싯줄을 던지라는 것이다. 당신의 삶에 행동을 의미하는 동사動詞를 더하는 것, 실행을 더하는 것이 바로 다섯 번째 인생법칙이다.

바로 지금 당장 실행해야 하는 이유

과제 ⑧　소중한 사람에게 마음속의 말 전하기

많은 사람이 그러듯이, 당신도 사랑하는 사람과 감정적인 '교감을 나누는' 행동을 미루고 있을지 모른다. 그러나 당신이 무기력을 극복하고 마음속에 담아둔 말을 털어놓기 전에 당신, 또는 사랑하는 사람의 시간이 끝난다면 너무 슬프지 않을까?

마음에 있는 감정을 표현하는 것은 아주 중대한 사안이며, 따라서 반드시 실행에 옮겨야 한다. 먼저 당신 삶에서 중요한 사람을 5명에서 10명 정도 꼽아보라. 그런 뒤 가슴에서 우러나오는 말을 모두 솔직하게 적어라.

이 과제를 할 때 절대로 이런 식으로 빠져나가지 마라.

"굳이 말 안 해도 내 마음은 잘 알겠지."

천만에, 당신이 죽거나 상대방이 죽으면 그걸로 끝이다. 두 번의 기회는 없다. 예를 들어보자. 당신의 마음속에 있는 모든 말을 털어놓지 못한 사람 중에 당신의 자녀가 포함되어 있다고 가정하자. 그리고 결코 그런 일이 있어선 안 되겠지만, 당신은 오늘 죽는다. 그러면 아들에게 이런 말을 해주지 못한 것을 후회하게 될 것이다.

"사랑한다. 이 말을 자주 못 했지만 늘 네가 자랑스러웠고, 앞으로도 늘 네가 자랑스러울 거야. 살면서 내가 널 아주 사랑했단 사실을 잊지 말아다오. 널 더 많이 알지 못해서, 너와 더 많은 시간을 보내지 못해서, 네가 나를 알 기회를 더 많이 주지 못해서 미안하구나.

행복하고 건강해라. 네 삶을 사랑하며 살아라. 네가 특별하다는 걸 아는 사람이 있었다는 걸, 너를 믿고 사랑했던 사람이 있었다는 걸 잊지 마라. 내가 오늘 밤에 죽더라도, 이제 네가 내 마음을 알게 됐으니 편히 눈을 감을 수 있구나."

어쩌면 이 고백, 아버지가 갑작스레 돌아가시면서 내게 남긴 이 말이 당신에게도 도움이 되기 바란다. 말로 옮기는 행동이 없는 한, 가슴에 품어둔 감정은 아무 가치가 없다. 반대로 똑같은 감정이라도 진실 어린 목소리로 표출되면, 상대방에겐 평생 보물처럼 남는 것이다.

내 아버지가 저런 말을 내게 군이 해주지 않았다면, 나는 절대 아버지의 속마음을 알지 못했을 것이다. 나는 아버지의 말을 듣고서야 아버지의 진심을 확실히 알았다. 그것은 당신이 사랑하는 사람도 마찬가지다.

내가 아버지와의 마지막 순간에 얻은 소중한 추억이 또 있다. 나도 아버지에게 내 감정을 모두 털어놓았고, 아버지에게 진심을 모두 전했다는 생각은 아버지가 돌아가신 후에도 내게 큰 위안이 되었다. 나는 아버지에게 몸 상태가 어떠시냐고 여쭤본 적이 있다. 그러자 '조 박사님(사람들은 아버지를 이렇게 불렀다)'은 언제나처럼 이렇게 답했다.

"초록색 바나나를 사서 노랗게 숙성될 때까지 이 몸이 견뎌줄지 모르겠구나. 그런 그렇고, 지난주에 장례식에 참석했는데, 목사님 말씀이 죽는다는 것은 '더 나은 삶으로 나아가는' 과정이고, 그러니 모두 '즐거워해야' 한다고 하더구나. 한마디로 헛소리야. 난 말이지, 내 장례식에 참석한 사람들이 모두 펑펑 울었으면 좋겠다. 안 그러면 다시 살아나서 모두 혼을 내주겠어!"

아버지는 이미 죽음을 받아들이고 있었고, 농담을 할 정도로 담담했다. 한마디로 아버지는 현실을 있는 그대로 직시하고 받아들였던 셈이다.

과제 ⑧에서 말한 목록을 작성했는가? 목록을 작성하면서 실행의 필요성을 느꼈길 바란다. 당신의 삶 중 어떤 부분에서 목적이 있고, 의미 있는, 건설적인 실행이 필요할까? 이런 질문은 특히 이 책의 당신의 인생전략을 설계하는 과정에서 매우 유용할 것이다.

아래 표는 당신이 실행 목록을 작성하는 데 도움이 될 것이다.

	개인	관계	직업	가정	정신
1					
2					
3					
4					
5					

과제 ⑨ 가장 중요한 행동 목록 만들기

인생을 범주별로 구분한 각 칸에 당신이 실행해야 한다고 생각하는 가장 중요한 행동 네댓 가지를 적어라. 예를 들어, 자녀와 시간을 더 많이 보내야 한다고 생각하면 '가족' 범주에서 그 내용을 적어라. 매일 아침 잠시 시간을 내서 하루 계획을 세울 필요가 있다면, '개인' 범주에 그 내용을 적어라. 목록을 작성할 때 완벽하게 하려는 생각을 버려라. 지나치게 자세할 필요도 없고, 적어둔 내용을 당장 실행에 옮겨야 한다는 부담을 느낄 필요도 없다. 이 표를 작성하는 핵심적인 이유는 당신 삶의 중요한 부분에서 어떤 행동이 필요한지 파악하고, 나중에 참조할 목록을 만드는 것이다.

이 목록을 작성하다 보면 때로는 비판적인 시각으로 '현재 상태'를 바라보는 것이 의미 있는 변화를 가져오는 비결임을 깨닫게 될 것이다. 당신이 결과로만 당신의 변화를 평가할 거라면, 당신 삶에서 정형화되고 구조화된 모든 것들에 대해 의문을 제기해야 한다. 당신은 어디에서 어떤 식으로 시간을 보내는지, 어떤 말을 하는지, 주변 사람들과 어떻게 교류하는지까지, 당신 삶의 모든 측면에 대해 질문을 던져야 한다. 그런 후 이해되지 않는 짓은 그만하고, 그 모든 것을 바꿀 수 있어야 한다. 그냥 결심만 하지 말고, 실제로 실행해야 한다.

쉽지는 않을 것이다. 그러나 당신의 삶에 대해 질문을 던지고 이전과는 달라지려는 의지를 내는 것은 변화를 일으키기 위해 꼭 필요하다. 다른 사람들이 변화를 받아들이지 않고 변명만 늘어놓으면서 자기 파괴적인 행위를 계속하는 동안, 당신은 삶을 비판적으로 바라보고 진심으로 바뀌려고 노력한다면, 삶은 당신에게 진정한 변화를 가져다줄 것이다.

고통과 위험을 극복하고 안전지대에서 빠져나오기

당신이 지금껏 스스로를 기만해왔다면, 당신은 삶에서 고통을 겪고 있을 것이다. 황당하게 들릴지도 모르지만, 고통은 당신에게 약이 될 수도 있다. 그 고통을 당신이 전적으로 인정하고 받아들인다면 강력한 동기부여가 될 것이다. 지금 당신의 삶에서 느끼는 고통은 변화를 추구하는 동력이 될 수 있다. 당신의 삶이 아주 비참한 지경에 놓여 있다면, 그런데도 당신은 계속 그 상황을 부인하고 무감각해졌다면, 그래서 매일 쳇바퀴 돌 듯 하루하루를 살아간다면, 당신은 변화에 대한 욕구를 느끼지 못할 것이다. 반대로 당신이 삶의 고통으로 인해 정말로 아파한다면, 그 고통을 인정함으로써 당신은 무감각한 일상에서 벗어나게 된다.

그러니 고통을 부인하지 말고, 감추려 들지 마라. 고통스럽지 않은 척도 하지 마라. 애써 고통을 합리화하면서 나는 그런 고통을 당해도 된다며, 별로 대단한 고통이 아니라고 스스로를 기만하지 마라. 오히려 당신의 의식을 고통에 '집중'하라. 그러면 그 고통이 당신을 변화로 나아가게 할 것이다.

텍사스에서 자란 나는 다른 텍사스 아이들처럼 여름이면 맨발로 뛰어다녔다. 누구나 이런 경험이 있을 것이다. 맨발로 아스팔트 도로를 건널 때, 절반쯤 건너다보면 이런 순간이 꼭 온다.

"아 뜨거워! 발이 녹을 것 같아!"

그 순간 당신은 어떤 식으로든 행동할 것이다. 다시 돌아갈 수도 있고, 앞으로 나아갈 수도 있다. 그러나 절대로 그 자리에 가만히 선 채로 발목까지 녹아내리길 기다리지는 않을 것이다. 절대로 아스팔트 도로 한복판 위에 가만히 서 있지는 않을 것이다. 어느 쪽으로든 움직일 것이다.

이처럼 고통은 당신을 움직이게 만든다. 고통을 지금의 상황에서 벗어나 원하는 곳으로 나아가기 위한 동력으로 삼아라. 지금 당신의 어깨를 짓누르는 고통이 당신 삶의 변화를 위한 동기부여가 될 수도 있다.

사람들 중에는 태생적으로 위험을 잘 감수하는 사람이 있다. 이런 사람들은 계속해서 목표를 향해 나아가고 결코 멈추지 않는다. 그 결과 그들은 자신이 원하고 꿈꾸던 것을 손에 넣는다. 그들은 위험을 삶의 일부라고 생각하고, '이미 손에 쥔 것'이라고 할지라도 자신이 원하는 것이 아니면 만족하는 법이 없다.

반면에 안전한 것만 찾으면서 아주 조그만 위기가 닥쳐도, 또는 상황이 약간 힘들어지거나 불확실해지면 당장 도망치는 사람도 있다. 그러면서 그 목표가 애당초 자신이 원하던 것이 아니라는 비생산적인 자기 합리화를 한 후 현실에 안주한다. 그들은 현실과 타협함으로써 스트레스와 압박감에서 벗어나고, 도전에 뒤따르는 실패 가능성을 떨쳐낸다. '안전하게 뒷자리에 앉아서' 실패를 감수하지 않고, 그로 인한 고통도 회피한다.

당신이 지금 있는 것으로도 충분하다고 스스로를 기만하고, 더 많은 것을 원하거나 더 나은 것을 원하지 않는 자신을 합리화한다면, 실패에 따른 위험이나 두려움은 없을 것이다. 그저 당신이 이미 가진 것마저 잃지 않으려고 조심하며 살아갈 것이다. 안전지대에 머문다는 것은 노력하지 않고, 변화하지도 않으며, 미지의 영역으로 들어가는 위험을 감수하지도 않는다는 것이다. 그 결과 당신은 모순에 빠지게 된다. 당신이 계속 도전하면서 새로운 시도를 한다면, 두려움에 시달리다가 끝내 도전을 멈추고 무기력에 빠지게 될 수도 있다. 그러나 반대로 시도조차 하기 전에 포기한다면, 당신은 결국 아무것도 성취하지 못한다.

위험은 당신에게 소중한 무언가가 위협받고 있다는 걸 의미한다. 대부분의 경우에 그 무언가는 적어도 편안한 마음, 생활방식, 대인관계, 또는 재정적 안정과 같은 것들이다. 그리고 당신이 더 많이 원한다는 것을 인정하는 것만으로도 지금껏 당신이 유지해온 삶의 균형은 깨질 위험에 처하게 된다.

당신은 비록 따분하고 지루하더라도 익숙한 현재 상태를 유지하려는 욕구와 진정으로 당신이 원하는 것을 얻고 싶은 설렘 사이에서 갈등한다. 당신의 상황이 어떠하든, 심지어 당신의 삶이 고통스럽더라도, 익숙하고 반복적인 삶의 균형을 깬다는 것은 겁나는 일이다.

친근한 고통은 나쁜 친구와 비슷하다. 다시 말해, 친근한 고통은 좋은 친구는 아니지만, 그래도 꽤 오래 사귀어온 친구다. 따라서 그 고통은 예측이 가능하다. 당신은 그 고통이 얼마나 아플지도, 최고조에 달했을 때 어느 정도 괴로울지도 잘 안다. 그러나 새로운 위험은 그렇지 않다. 사람은 겪어보지 못한 것을 두려워한다. 그리고 새로운 것을 시도할 때, 그 결과를 예측하기 어렵다. 결과가 안 좋으면 어쩌지? 모든 걸 다 잃는 것 아니야? 실패하려나?

사람이 가장 두려워하는 것이 남들에게 거부당하는 것이라고 말한 것을 기억할 것이다. 왜 그럴까? 그 이유는 우리는 세상이 우리를 인정하는지, 아니면 거부하는지로 노력의 결과를 평가하기 때문이다. 적어도 우리 마음속으로는 그렇게 평가한다. 그렇기에 어떠한 실패든 결국에는 세상으로부터 거부당한 것이다. 당신이 조그만 사업을 시작했다가 파산했다고 가정해보자. 당신은 사업 실패를 두고 세상이 이렇게 말하는 것처럼 느낄 것이다.

"넌 사업할 그릇이 못 돼. 돈을 벌 자격도 없고, 사람들의 인정을 받을 자격도 없어. 우린 너를 거부하고, 네 노력과 제안도 모두 거부하겠어."

특히 당신이 누군가에게 우정이나 사랑을 베풀려다가 거부당했다면, 개인적으로 더욱 아픈 상처를 입을 수도 있다. 당신이 상대방으로부터 "난 너를 원치 않아. 넌 나한테 부족해"라는 말을 듣는다면, 절대로 기쁘지 않을 것이다.

학창시절에 짝사랑했던 기억을 떠올려 보라. 당신이 상대에게 만나자고 제안할 것인지, 아니면 상대가 만나자는 제안을 거절할지를 두고 불안해하던 것이 생각나는가? 당신은 퇴짜를 맞는 창피를 무릅쓰는 것도, 계속 기대감에 부풀어 있는 것도 싫었을 수 있다. 사귄다는 것은 감히 상상조차 못 했을 것이다. 그래서 고백조차 하지 않고 부끄러움을 감수하지 않는 것이 당신에겐 더 쉬웠을 수도 있다.

회피심리도 비슷한 방식으로 작용한다. 회피하면 압박감도, 고통도, 두려움도 없다. 실행하지 않으면, 모든 문제는 사라진다. 당신은 짝사랑하던 상대와 데이트를 하지 못했지만, 덕분에 불안감은 사라졌다.

사람은 누구나 회피를 선택할 때가 있다. 회피는 지레 겁먹고 포기하는 것이다. 긴장감에 휩싸여 이러지도 저러지도 못 하는 것 역시 회피다. 꿈을 버리고 현실과 타협하는 것도 회피다. 그러나 어떤 경우든 스스로 포기하면, 이전의 삶이 당신을 '찾아온다.' 삶은 포기에 대해 보상하지 않는다. 오히려 포기하는 것을 보상하는 것은 당신 자신이다. 그리고 당신이 포기함으로써 얻는 보상은 헛된 안도감일 수 있다. 그 안도감은 당신이 꿈과 희망을 포기하고 얻은 보상일 뿐이다.

두려움을 극복하는 인생결정

당신이 왜 주저하는지 잘 살펴보라. 좀처럼 새로운 시도를 하지 않으려는 당신의 성향에는 합당한 이유가 있는가? 아니면 당신은 터무니없는 불분명한 두려움 때문에 실행하지 못하는 것인가?

이렇게 생각해보라. 새로운 것을 시도하고, 더 많은 것을 추구하고, 그 과정에서 좌절하거나 거부당하는 것은 당신이 충분히 감내할 수 있는 것들이다. 반면에 새로운 것에 대한 두려움은 실체가 없다. 정확한 원인도 규정할 수 없기에 오히려 감당하기 어렵다. 한마디로 두려움과 싸운다는 것은 자루에 안개를 담으려는 것과 비슷하다.

당신은 절대 그 두려움을 뜻대로 할 수 없다. 또한, 두려움에 굴복하기보다는 두려워했던 결과가 실제 현실이 되어 고통을 받는 것이 더 낫다. 그러니 스스로 기회를 줘라. 새로운 것을 시도할 때의 불안감과 두려움은 지극히 자연스러운 감정이다. 다만 그렇다고 해서 두려움에 지배되지는 마라.

오늘날 사람들은 지나치게 자주 두려움이란 단어를 입에 올린다. 이제 두려움은 주전 선수가 아닌 후보 선수가 되어 벤치나 달구면서 경기에 뛰지 않는 이들이 늘어놓는 뻔한 핑곗거리가 되어 버렸다.

두려움을 이기고 실행하다 보면, 당신은 자신이 이전에도 두려움에 맞서 이겨낸 적이 있다는 사실을 쉽게 떠올릴 수 있을 것이다. 당신은 바닥을 기어다니다가 처음으로 걸음마를 뗄 때 두려움에 맞섰다. 학교에서 한 학년이 올라갈 때도 두려움을 이겨냈다. 처음 수영을 배웠을 때, 처음으로 집에서 독립했을 때, 직업을 바꾸거나, 다니던 직장을 그만두거나, 새로운 직업을 얻거나, 새로운 곳으로 이사했을 때, 맘에 드는 사람에게 데이트를 신청했을 때에도 마찬가지다.

이 모든 상황에서 당신은 익숙하고 안전한 이전의 삶을 뒤로하고 다른 무언가를 향해 팔을 뻗었다. 그리고 대체로 더 많은 것을 얻기 위해 손을 뻗는 것은 바람직한 행동이다. 왜냐하면, 시각이 넓어지면서 능력도 향상되고, 세상을 더 깊게 깨달을 수 있기 때문이다. 생각해보라. 당신이 기어 다니다가 걸음마를 떼기로 도전하지 않았다면, 지금 당신의 삶은 어떠했을지.

명심하라. 당신의 습관과 생활양식이 어떠하든 간에 반드시 그것을 유지할 필요는 없다. 아무리 터무니없는 목표라고 해도 도전할 가치가 있다는 것을 인정하고, 절대 꿈을 타협하지 않겠다고 결정해야 한다. 스스로 더 나은 것을 원하고, 더 큰 목표를 향해 나아가고, 현재의 삶이 '현실과 타협한' 삶이라는 것을 받아들일 수 있어야 한다. 또한, 스스로 이렇게 말해야 한다.

"당분간은 힘들 거야. 겁도 나겠지만, 난 할 수 있어. 내 목표와 꿈을 이룰 수 있는 기회를 스스로 포기하는 것은 그만두겠어. 그러니 목표를 세우고, 전략을 짜고, 실행할 거야."

내가 말하는 결정은 인생결정Life decision이다. 그리고 지금 당신이 살아가는 삶도 상당 부분 인생결정의 산물이다. 인생결정은 당신이 지닌 삶에 대한 기본적인 원칙이며, 따라서 당신의 정신과 행동을 지배하는 가치관이기도 하다.

예를 들어보자. 당신은 살면서 절대 남의 물건에 손대지 않겠다는 결정을 했을 것이다. 도둑질하는 사람이 되지 않겠다는 결정은 당신이 삶의 원칙으로 삼는 기본적인 가치다. 당신은 이 기본원칙을 매 순간 고민하지도, 옳은지 그른지 따지지도 않는다. 왜냐하면, 그것은 당신이 이미 결정한 원칙이기 때문이다. 당신이 다른 동네에 갔다가 돈이 다 떨어졌다고 해서 이런 고민을 하진 않는다.

'어쩌지? 현금인출기에서 돈을 뽑을까, 아니면 편의점을 털까?'

당신이 특정한 사안에 대해 타협하지 않는 이유는 논쟁의 여지를 두지 않기 때문이다. 당신은 이미 그 사안에 관해 결정했다. 그리고 그 결정은 당신과 떼려야 뗄 수 없는 일부가 된다.

위험을 감수하고 노력하고 포기하지 않기

인생결정이 없다면, 당신은 일상에서 모든 사안에 대해 매번 고민해야 한다. 그 과정에서 때로는 옳은 결정을 내리겠지만, 때로는 잘못된 결정도 내리게 된다. 이처럼 인생결정은 매우 중요하다. 당신의 가치관을 규정하는 인생결정은 신중하고 진지한 고민을 통해서만 내려져야 한다. 인생결정에 대해서는 8장에서 삶을 관리하는 기술에 대해 살펴볼 때 더 자세히 논의하자.

당신은 진실한 인간에 대한 관점, 신에 대한 관념, 가족 내에서 당신의 역할에 대해 이미 인생결정을 내렸을 것이다. 그러나 인생전략을 세우려면 당신의 가치관에 더 많은 인생결정을 포함시켜야 한다.

예를 들어, '삶은 행동을 보상한다'라는 인생법칙을 당신의 가치체계에 포함한다고 가정해보자. 그러려면 당신은 자기보호라는 본능에 맞서서 목표를 이루기 위해 위험을 무릅쓰겠다는 인생결정을 내려야 한다. 그 인생결정은 안전함과 안락함을 원하는 당신의 본능을 거스른다. 그러나 이런 갈등이 생길 때마다 당신은 이 인생결정을 떠올리며 안락함과 익숙함을 뒤로하고 앞으로 나아가야 한다.

그러니 지금 당장 앞으로 나아가고, 위로 올라가겠다고 결정하라. 합리적이고 책임질 수 있는 위험이라면 기꺼이 감수하겠다는 인생결정을 내려라. 스카이다이빙과 같은 위험한 모험을 감행하라는 것이 아니다. 스스로 인생에서 더 많은 것을 원하고, 그것을 얻기 위해 위험을 감수하더라도 실행하라는 말이다.

특히 위험을 감수하려 할 때면 마음속으로 아래와 같은 대화를 나누게 될 것이다.

- '좌절하게 될지도 몰라.'
  알아, 하지만 맞서 이겨내겠어.
- '성공하지 못할 수도 있어.'
  당장은 성공하지 못하더라도 끝까지 할 거야. 시도하다가 실패한다고 해서 내가 못난 사람이 되는 것은 아니야.
- '사람들이 너를 인정하지 않을 거야.'
  첫 시도로 원하는 걸 손에 넣을 수는 없어. 그러나 내가 원하는 것을 얻을 때까지 계속해서 요구하고 노력한다면, 결국엔 사람들도 나를 인정해주겠지.
- '넌 실패자가 될 거야.'

어렵다고 시도조차 안 한다면 그거야말로 실패자인 거야.

- '나한테 그걸 해낼 자격과 능력이 있을까?'

  당연하지. 해보면 알 수 있어!

위험을 감수하고, 노력하고, 포기하지 않고 목표를 추구하겠다고 지금 당장 결정하라. 당신의 삶은 승리와 보상으로 가득해야 한다. 당신이 지고 있다면, 그 말은 상대방은 승리하고 있다는 뜻이다. 따라서 당신은 승리할 수 있다는 사실을 안다. 그리고 그 승리는 당신에게 일어날 수도 있다.

다만 승리는 절대 우연히 일어나지 않는다. 오로지 당신이 노력할 때만 승리는 일어난다. 승리는 당신 자신이 무엇을 원하는지 알고, 그것을 얻기 위해 전략적으로 꾸준히, 목적을 지니고 바람직한 행동을 할 때만 가능하다. 실행하라. 그리고 결과를 얻을 때까지 절대 포기하지 마라. 이것은 대단히 중요한 인생법칙이다.

인생전략의 핵심!

- 아무것도 하지 않는다면, 아무런 결과도 얻지 못한다. 삶은 행동을 보상한다.
- 지금의 상황에서 벗어나 당신이 원하는 곳으로 나아가기 위해 고통을 동력으로 삼아라.
- 삶은 포기에 대해 보상하지 않는다. 오히려 포기에 대해 대가를 치르는 것은 당신 자신이다.

7장

관점이 삶의 방식을
결정한다

선과 악은 없다.
단지 있다고 생각할 뿐이다.

—

윌리엄 셰익스피어

세상을 바라보는 관점은
선택 가능하다

당신의 전략

당신이 어떤 여과장치를 통해 세상을 바라보는지 파악하라.
그러한 자신의 시각에 지배되지 말고 당신이 지나온 과거를 인정하라.

이 인생법칙은 당신의 행복과 만족감, 평정심을 좌우할 만큼 영향력이
크다. 이 법칙을 인정한다는 것은 당신의 삶에 어떤 일이 닥치든 그 해
석이 당신 자신에게 달려 있다는 것을 포용하는 것이다. 특정한 환경이
갖는 의미나 가치는 결국 당신이 그 환경에 부여하는 의미이고 가치다.

여섯 번째 인생법칙이 어떤 식으로 작용하는지 알려면, 일단 감각과
시각의 차이부터 이해해야 한다. 당신의 눈이 빛 파동을 포착하거나, 당
신의 귀가 소리 파동을 받아들이는 것은 감각이다. 한마디로 감각은 감
각기관이 외부자극을 받아들이는 현상을 말한다. 반면에 시각이나 관
점은 이런 감각을 당신이 어떻게 분류하고 해석하는지를 말한다. 한마
디로 시각은 당신이 세상으로부터 받아들인 감각에 의미를 부여하는
과정이다.

시각은 선택하는 것이다

'아름다움은 보는 사람의 시각에 달려 있다'라는 말은 당신의 시각과 내 시각이 크게 다르다는 걸 잘 보여준다. 예를 들어, 우리가 같은 그림을 보더라도, 나는 그 그림이 마음에 들지만, 당신은 그 그림이 싫을 수 있다. 이는 당신 삶의 모든 사건에도 해당된다. 따라서 우리는 당신의 삶에서 벌어지는 사건에 대해 논의할 때, 먼저 그 사건에 대한 당신의 시각부터 고려해야 한다. 당신이 고유한 존재인 것처럼, 당신의 시각도 고유하다. 당신이 남들처럼 평범하다고 해도, 삶에서 벌어지는 사건에 대해 부여하는 의미는 당신만의 고유한 시각이다. 그리고 이 원칙을 인정하지 않으면 온갖 문제가 발생한다.

예를 들어, 사람마다 시각과 해석이 다른 것은 물론이고, 남자와 여자 간의 시각차도 존재한다. 실제로 결혼한 부부는 오랜 세월 동안 시각차로 인해 고통을 받기도 한다.

사실 남편과 아내가 똑같은 상황을 두고 전혀 다른 의미로 해석한다는 것은 모두가 아는 사실이다. 이런 '시각의 부조화'는 혼란과 좌절, 부부 간의 불화를 가져온다. 특히 나는 말 그대로 수천 쌍의 부부를 상대로 이 논리를 시험해보았다. 그 결과 일상적 가사노동에 대한 여자의 시각이 남자와는 아주 다르다는 사실을 깨달았다.

남편과 아내는 쓰레기를 내다 버리는 것처럼 단순한 집안일에 대해서도 큰 시각차를 보인다. 남자는 쓰레기를 버리는 것을 의무로 인식한다. 반면에 여자는 그 행위를 애정의 표현이라고 해석한다. 여자는 자신의 시각에 대해 이렇게 설명한다.

"쓰레기를 내다 버리는 게 귀찮은 일이긴 하죠. 그러나 남편이 날 사랑한다면, 나를 위해서라도 대신 그 일을 해주겠죠. 남편은 그 일을 대신해주면 내 삶의 질이 나아진다는 걸 알아요. 그런데도 안 해준다면, 그것은 내 삶에 무관심하다는 거고, 따라서 나는 남편이 날 사랑하지 않는다고 결론 내릴 수밖에 없죠."

대조적으로 남자는 쓰레기를 내다 버리는 행위가 그저 평상시에 늘 하는 집안일 중 하나라고 인식한다. 이런 시각에서 보면, 남편 입장에서는 그날 '그 일을 해치우지' 않았다면, 내일 해야 할 일에 추가하면 그만이다. 남자는 사랑하는 아내가 쓰레기를 내다 버리는 행위를 애정표현으로 인식한다는 사실을 모르기에, 당연히 그 일을 해주지 않으면 여자가 사랑받지 못한다고 느낀다는 것도 모른다.

이런 상황에서 누가 옳고 누가 그른지를 묻는 것은 아무런 도움이 되지 않는다. 실제로 남편과 아내 모두 옳은 것도 그른 것도 아니다. 왜냐하면, 현실이 아닌 시각만이 존재하기 때문이다. 아내가 남편이 쓰레기를 내다 버리지 않는 것을 두고 자신을 사랑하지 않기 때문이라고 해석한다면, 아내에게 그 해석은 아침에 태양이 떠오르는 것만큼 당연한 사실일 수 있다. 남편이 그 일을 일상적인 집안일 중 하나로 보고 전혀 감정적인 의미를 부여하지 않는다면, 아내의 시각이 그런 것처럼, 남편의 입장에서는 남편의 시각이 현실이다.

이처럼 특정한 사안에 대한 당신의 시각은 그 사안이 당신에게 어떤 의미인지를 결정한다. 가장 중요한 것은 당신이 원한다면 지금 지닌 시각과 전혀 다른 시각을 선택할 수도 있다는 것이다. 다시 말해, 당신이 특정한 사안을 해석할 때, 당신에겐 선택권이 있다.

빅터 프랭클 박사의 교훈

이 인생법칙에 대한 가장 가혹한 검증은 빅터 프랭클 박사에게 벌어진 일이다. 빅터 프랭클 박사는 오스트리아 출신의 정신과 의사로 2차 세계대전 때 나치에게 체포되어 아우슈비츠 유대인 수용소에 수감되었다. 프랭클 박사는 나치 친위대에게 아내와 부모를 살해당한 것도 모자라, 자신마저 나치에게 목숨을 맡긴 채 온갖 수모를 다 견뎌야 했다. 프랭클 박사는 이후 자신의 수용소 생활에 관한 책을 썼다. 그는 책에서 모든 것을 통제하려는 나치 경비병들의 광적인 집착에 대해 묘사했다. 매일 경비병들은 프랭클 박사를 비롯한 포로들이 언제 앉고 일어서야 할지, 언제 일하고 먹어야 할지, 언제 자야 할지를 일일이 지시했고, 심지어 포로들이 언제까지 살지 죽을지도 결정했다.

《죽음의 수용소에서》라는 흥미롭고 감동적인 책에서, 프랭클 박사는 매일 끝없이 계속되는 잔혹 행위를 겪으면서도 그의 존재 중에 나치 친위대가 마음대로 할 수 없는 딱 하나 중요한 측면이 있다는 걸 깨달았다고 적었다. 나치 친위대는 프랭클 박사가 자신에게 주어지는 고통에 대해 어떤 태도를 취할지는 통제할 수 없었다. 프랭클 박사가 그 고통을 어떤 식으로 해석하고 그것에 어떻게 반응할지는 나치 친위대가 통제할 수 없는 부분이었다.

프랭클 박사는 수용소 생활을 하면서 중대한 인생결정을 내리게 된다. 그는 자신의 인생에서 벌어지는 참혹한 일들을 무의미한 고통으로 받아들이면 미쳐버릴지도 모른다고 생각했다. 그래서 대신에 이런 원칙을 품고 살아가기로 결심했다.

'우리는 스스로 부여하는 가치와 중요성에 따라 인생을 알아가고 경험해간다.'

내가 보기에 빅터 프랭클 박사의 경험이 주는 교훈은 두 가지다. 첫 번째 교훈은, 프랭클 박사의 경우처럼, 당신이 어떤 상황에 처하든 그 상황에 어떻게 반응할지는 결국 당신의 선택이다. 당신의 상황이 어떠하든 적어도 그 상황을 보는 시각만큼은 당신이 선택할 수 있다.

두 번째 교훈은 프랭클 박사는 자신에게 그런 선택권이 있다는 사실을 깨달은 후, 수용소라는 극한의 환경 속에서도 자신의 생각이 옳다는 것을 증명하려 했다는 점이다. 프랭클 박사는 자신이 깨달은 것을 남들에게 알리기 전에 죽는다면, 애써 수용소 생활을 버텨온 것이 물거품이 될 거라고 생각했다. 이 덕분에 그는 자신이 처한 환경을 도전으로 해석하기로 선택했다. 극심한 고난 속에서 생존의 강한 의지가 생겨났고, 그 결과 그의 발견은 전 세계에 알려질 수 있었다.

당신이 살면서 프랭클 박사만큼 극심한 도전을 견뎌야 했던 적은 없었을 것이다. 그런데도 프랭클 박사의 메시지는 당신의 삶에도 유효하다. 당신이 일상에서 겪는 사건의 의미는 결국 당신이 부여하는 것이다. 바꿔 말하면, 세상에는 좋은 사건도 나쁜 사건도 없다. 그저 사건만이 있을 뿐이다. 당신에겐 자신의 시각을 선택할 수 있는 힘이 있다. 그리고 당신은 일상에서 겪는 모든 상황에서 그 힘을 발휘할 수 있다.

이 법칙이 당신의 삶, 나아가 모든 이의 삶에 얼마나 잘 적용되는지 생각해보면, 내가 왜 이 인생법칙에 대단히 심오한 진실이 담겨 있다고 말하는지 이해할 것이다. 프랭클 박사의 철학은 유대인 집단수용소라는 참혹한 상황에서뿐만 아니라 오늘날에도 여전히 유효하다. 생각해보라. 신문을 집어 들었는데 1면 헤드라인에 이렇게 적혀 있다.

'민주당 상원 장악.'

이것은 좋은 뉴스인가, 나쁜 뉴스인가? 실제로는 둘 다 아니다. 그저 뉴스일 뿐이다. 그 뉴스는 당신이 의미를 부여하기 전에는 좋은 뉴스도, 나쁜 뉴스도 아니다. 당신이 민주당 지지자라면, 그리고 민주당의 정치 활동이 만족스럽다면, 그것은 좋은 뉴스이다. 당신이 공화당 지지자이고 민주당의 정치가 조금도 마음에 들지 않는다면, 당연히 그것은 나쁜 뉴스다. 중요한 것은 이 헤드라인에 대한 당신의 반응은 실제 그 사건에 의해 결정되기보다는 그 사건에 대해 당신이 선택한 인식에 따라 결정된다는 점이다.

여과장치를 주의하라

당신 삶에서 벌어지는 모든 일을 '좋게' 생각하라는 말이 아니다. 실제로 그것은 모든 상황에서 이성적인 반응이 아니다. 당신의 자녀나 사랑하는 사람이 부상을 당하거나 슬픈 일을 당했는데도 '어떤 면에서는 좋은 일이야'라고 해석하는 것은 적절하지 못하다. 다만 당신은 그 사건으로 인해 한없이 절망하든지, 그 사건을 건설적으로 해결하려고 노력하든지 둘 중 하나를 선택할 수 있다.

예를 들어, 자녀가 다쳤다면, 당신은 교훈을 얻어 앞으로는 자녀를 더 잘 보호할 것이다. 그리고 다친 자녀가 어려움에 맞서 극복하도록 도울 수도 있다. 또한, 자녀에게 건강과 안전의 소중함을 가르칠 수도 있다.

한 걸음 뒤로 물러서서 자녀가 다치게 된 상황을 검토한 후 다른 아이들이 다시 다치지 않도록 그 상황을 바꿀 수도 있다.

우리 주변을 둘러보면, 이처럼 어려움 속에서도 가치를 창출해낸 사례는 무수히 많다. '음주운전을 반대하는 어머니 모임'은 아주 훌륭한 단체이자, 사회의 무책임함 때문에 자녀가 다치거나 목숨을 잃은 부모들이 사회적 활동을 통해 고통스러운 경험으로부터 소중한 가치를 만들어낸 아주 좋은 사례이기도 하다.

절대 오해하지 마라. 내가 보기엔 이 단체에 소속된 어머니 중 누구도 이런 사회적 활동이 자녀의 부상이나 죽음만큼 가치가 있다고 여기지는 않는다. 나는 그저 그런 사고에 대해 어떻게 반응할 것인지는 결국 어머니의 선택이라고 말하는 것일 뿐이다. 그리고 이 단체의 어머니들은 건강한 선택을 했다. 이처럼 세상사를 어떻게 인식할지는 결국 당신의 선택이다.

우리는 각자만의 여과장치를 통해 세상을 바라본다. 이런 여과장치(성격, 태도, 관점, 또는 스타일)는 우리 삶에 벌어지는 사건에 대한 우리의 해석에 큰 영향을 끼친다. 그리고 이런 해석은 결국 우리가 그 사건에 어떻게 반응할지를 결정하고, 그 결과 세상이 우리의 반응에 대해 다시 어떻게 반응할지도 결정짓는다. 건강하고 바람직한 여과장치가 있는 반면, 왜곡되고 파괴적인 여과장치도 있다. 효과적인 삶을 살려면, 당신은 자신의 여과장치를 제대로 파악하고, 그 여과장치가 당신의 시각을 왜곡해서 잘못된 결정을 내리지 않도록 주의해야 한다.

분명한 것은 우리가 세상을 바라보는 여과장치가 상당 부분 우리가 과거에 학습했던 경험에서 나온 산물이라는 점이다. 불행하게도 적대적이고 폭력적인 환경에서 양육된 사람은 이 세상을 위협적으로 인식하는 여과장치를 통해 삶을 경험할 가능성이 크다. 대조적으로 애정이 넘치는 자애로운 환경 속에서 자란 사람은 삶을 아름답게 인식하는 여과장치를 통해 세상을 바라본다.

인생법칙 2번, '한 사람에게 일어나는 모든 일은 그 사람이 만든 것이다'를 기억하라. 모든 것은 당신의 책임이다. 그 말은 당신이 과거의 사건을 핑곗거리로 삼아선 안 된다는 것이다. 물론 우리 자신은 우리가 과거에 학습한 경험의 산물이다. 실제로 아이는 살면서 배운다. 그러나 당신의 과거는 좋았거나 나쁜 것이 아니라 그저 과거에 그랬다는 것일 뿐, 현재에서 그것들은 별로 중요하지 않다. 중요한 것은 당신 스스로 자신의 과거를 아는 것이다. 만에 하나 불행하게도 당신이 다섯 살 때 성적, 신체적 학대를 당했다면, 그 사건 때문에 인간관계에 대한 당신의 시각이 왜곡되었음을 당신이 깨닫길 바라는 것이다.

당신이 어릴 적에 성적, 신체적 학대를 당한 것이 흔히 일어날 수 있는 타당한 사건이라고 말하는 것은 절대 아니다. 그런 사건은 부당하며, 참혹하기까지 하다. 그러나 내가 말하는 과거에 대해 파악하라는 것은 그런 것이 아니다. 과거를 아는 것은 당신의 시각과 정신에 누군가가 여과장치를 설치했고, 그로 인해 당신의 세계관이 영향을 받고 있다는 사실을 스스로 깨닫는 데 그 가치가 있다. 일단 이 사실을 알고 나면, 당신은 자신의 여과장치가 왜 그런 식으로 작동하는지를 이해할 수 있다.

당신이 과거의 사건으로 형성된 여과장치를 통해 세상을 받아들인다는 것은 당신의 과거가 당신의 현재와 미래를 좌지우지하는 것을 허용하는 것과 같다.

다시 한 번, 다섯 살 때 성적, 신체적 학대를 받았던 사람의 사례를 살펴보자. 과거의 참혹한 학대보다 더 나쁜 것은 그 후로 30년, 40년, 심지어 50년이 지나도록 그 경험이 세상을 바라보는 시각을 왜곡하도록 내버려두어 삶 전체를 망가뜨리는 것이다. 이 경우, 과거의 사건은 절대 종결되지 않고 계속 현재진행형이다. 앞에서 배운 것처럼, 당신은 인정하지 않으면 변화할 수 없다. 특정한 사건으로 인한 고통이 세상과 사람을 바라보는 당신의 시각을 바꿔놓았다는 걸 인정해야만, 당신은 그 왜곡된 시각으로부터 벗어날 수 있다.

따라서 당신은 무엇이든 간에 '그것'을 인정해야만 한다. 그것이 당신의 시각과 관점, 경험을 왜곡하고 있다는 사실을 깨달아야 한다. 물론 그렇다고 해서 당신이 책임을 모면할 수 있는 것은 아니다. 어린 시절 성적, 신체적 학대를 받은 것은 절대로 당신의 잘못이 아니다. 그러나 그 사건에 대해 지금 당신이 어떻게 반응할지는 전적으로 당신의 책임이다. 따라서 당신은 자신의 시각과 여과장치를 지속해서 검증해야 하고, 적극적으로 파악해야 한다. 그러지 않으면, 당신 스스로 자신을 잘못된 곳으로 이끌게 된다.

당신이 만든 가정은 반드시 검증하라

당신은 스스로 이런 질문을 던지는가?

'내가 세상을 바라보는 여과장치는 무엇인가?'

여과장치를 파악해야만 결함을 보충할 수 있다. 당신은 늘 시비조인가? 모든 사람을 적으로 인식하는가? 이성을 혐오하는가? 너무 순진해서 아무것이나 쉽게 믿는가? 당신의 여과장치가 어떠하든, 그것을 파악하라.

스트레스와 압박에 직면하면 쉽게 당황하고, 호흡곤란을 겪거나 '무너져버리는' 사람을 본 적이 있을 것이다. 반면에 위기상황에서 더 잘하거나, 긴장감 속에서 더 뛰어난 능력을 발휘하는 사람도 본 적이 있을 것이다. 이처럼 동일한 자극에도 전혀 다른 두 가지 반응 방식이 나올 수 있다.

왜 그럴까? 그 이유는 한쪽은 위기상황을 너무나 압도적으로 받아들여 대처하기 불가능한 것으로 인식하는 여과장치를 지닌 반면, 다른 한쪽은 "이 위기는 내 능력을 보여줄 수 있는 기회야"라고 말하는 여과장치를 지니고 있기 때문이다.

종종 우리는 타인의 여과장치를 포착하는 경우가 있다. 그 여과장치로 인한 타인의 행위가 우리 눈에 괴상하거나 황당하기 때문이다. 이처럼 '이상한 여과장치'를 지닌 사람을 두고 우리는 종종 미쳤다고 말한다. 그중 상당수는 이미 정신병원에 입원해 있지만, 또 다른 상당수는 일상에서 자주 만나는 이들로, 삶을 흥미롭게 만든다.

일반적으로 우리 사회는 이런 사람들이 비이성적이라고 생각한다. 그러나 실제로는 정반대. 이런 사람들은 일반인들과 다른 시각을 지니긴 했지만, 그들의 이성적 사고 과정은 실제로 일반인들과 유사하다. 그들의 사고는 단지 일반인들과 다른 출발 선상에서 출발했을 뿐, 그들의 여과장치가 우리와 다르기 때문이다.

1장에서 우리는 현대사회에 만연한 '전염병 같은 행동' 중 하나가 잘못된 가정을 하는 것임을 살펴보았다. 그리고 당신도 다른 사람들처럼 종종 누군가나 어떤 사물에 대해 처음에는 잘못된 가정을 했을 것이다. 그리고 처음 가정을 잘못해서 이후로 계속 잘못된 길로 간 경험도 있을 것이다. 정신병원에 수용된 환자 중 상당수가 이런 상황이다. 단지 차이가 있다면, 정신병자들의 초기 가정이 당신보다 좀 더 과격하고 특이했을 뿐이다. 그리고 당신도 정신병자처럼 중대한 실수를 저지른다. 바로 자신의 가정을 무조건적으로 아무런 검증 없이 진실로 받아들인다는 것이다.

나는 텍사스 주 웨이코에 있는 퇴역군인 병원에서 수련의로 근무하게 된 첫 주에 정신이 안드로메다로 가버린 것 같은 환자를 만났다. 퇴역군인 병원을 찾는 환자들은 대체로 가난한 이들이었다. 수염도 잘 깎지 않았고, 단정하지 못했으며, 옷차림도 볼품없었다. 그런데 내가 만난 이 환자는 영화배우 캐리 그랜트처럼 단정하고 품위 있는 신사였다. 그는 아래위로 말끔한 양복 차림에 조끼까지 차려입은 채로 나와 병원 복도에서 조용히 대화를 나누곤 했다. 그럴 때면 마치 대기업 이사회 모임을 기다리는 임원처럼 보일 정도였다. 게다가 그는 내가 만난 사람 중에서도 유달리 언변이 좋았다. 실제로 나는 처음에 그를 병원 직원으로 착각했었다. 그러나 내가 아는 병원 직원들과 달리 그의 옷차림은 지나치게 세련되어 보였다. 얼마 후 나는 선배 의사에게 그에 관해 물었다. 선배 의사는 씩 웃더니 이렇게 말했다.

"겉모습만으로 리처드 씨를 판단하지 않는 게 좋아. 그냥 인내심을 가지고 지켜보라고."

당시 나는 전혀 임상 경험이 없었지만, 그래도 스스로 꽤 유능한 정신과 의사라고 여겼다. 나는 내가 정신과에 대한 거의 모든 지식을 빠짐없이 지니고 있다고 믿었다. 그래서 나는 선배 의사가 리처드 씨를 오진했다는 생각에 다시 그와 대화를 이어갔다. 그는 자신이 퇴역군인이며, 종종 기력이 소진되면 기운을 회복하려고 병원을 찾는다고 말했다. 나는 그 말에 약간 짜증이 났다. 퇴역군인 병원은 기운을 회복하기 위한 휴양지 호텔이나 리조트가 아니지 않은가. 나는 리처드가 집으로 돌아가야 한다고 생각했다.

일주일 후, 11월의 화창한 늦가을에 나는 병원 앞 정원을 거닐며 햇살을 즐기고 있었다. 나는 벤치 쪽으로 다가가다가 벤치 밑에 몸을 숨기고 있는 사람을 보았다. 그는 온몸을 떨고 있었다. 다름 아닌 리처드 씨였다. 나는 재빨리 다가가 몸을 숙이고 물었다.

"리처드 씨, 왜 그러세요?"

"엎드려!" 그가 소리쳤다. "적의 사격이다. 엎드려!"

그 순간 나는 정말로 누군가가 무작위로 사람들에게 총을 난사한다고 믿었다. 200개 침상이 있는 정신병원이라면 그런 테러가 충분히 일어날 수 있다고 생각했다. 나는 즉각 바닥에 엎드렸다. 리처드 씨와 함께 벤치 밑에 숨어서 사방을 살피고는 무슨 일이냐고 물었다. 그러자 리처드 씨는 기다렸다는 듯 설명했다.

"적들이 열선 빔으로 우리를 쏘고 있어."

나는 순간 수치심을 느꼈고, 벤치 밑에서 나와 몸에 묻은 흙을 털어낸 후 벤치 위에 앉아서 방금 어떤 상황이 벌어진 건지 생각했다.

당시 리처드 씨는 검은색 나일론 셔츠를 입고 있었다. 조금 전까지 그는 벤치에 앉아 있었고, 그러자 햇살이 그의 등을 따갑게 비추었다. 그날은 구름이 해를 가리면 쌀쌀하게 느껴지지만, 햇살이 정면에서 비추면 순식간에 더워지는 날씨였다. 리처드는 등에 열기가 느껴지자 '적들'이 열선 빔으로 자신을 공격하고 있다고 가정했던 것이다.

물론 이 초기 가정은 잘못된 것이며, 터무니없다. 그러나 그의 가정이 현실과 부합했다면, 이후 리처드 씨의 행동은 지극히 당연한 것이다. 누군가가 총을 쏜다면 즉각 몸을 숨기고, 다른 사람들에게 경고하고, 불안감에 몸을 떠는 것은 정상적인 행동이다. 리처드 씨는 비이성적인 것이 아니라 그저 초기 가정이 잘못되었을 뿐이며, 그 가정이 옳은지를 검증하지 못했을 뿐이다.

당신도 살면서 이런 식으로 행동하지 않는가? 가정을 세운 후 검증하지 않고, 그 가정을 신의 말씀처럼 진실로 떠받들고 살지 않는가? 이런 행동 때문에 사실이 아닌 검증되지 않은 시각을 토대로 현실을 구성하는 실수를 저지르고 있지는 않은가? 당신이 세우고 검증하지 못한 가정은 리처드 씨의 가정만큼 황당하지 않을지는 몰라도, 마찬가지로 틀렸을 수 있다.

당신이 이런 초기 가정을 세웠다고 생각해보라.

'아무도 날 좋아하지 않아.'

이 가정을 사실로 받아들인 후 검증하지 않는다면, 당신은 이에 상반되는 정보나 신호를 절대 포착하지 못한다. 모든 사회적 관계에서 당신이 세운 가정은 무엇을 할지, 하지 말아야 할지에 대해 잘못된 판단을 하게 한다.

자, 이번에는 당신보다 좀 더 특이한 사람이 있다고 가정해보자. 그는 세상이 음모를 꾸며 자신을 망치려 한다고 믿는다(이것은 단지 '아무도 날 좋아하지 않아'가 더 극단적으로 발전한 형태다). 그도 당신처럼 이 초기 가정을 검증하지 못했다. 결국, 당신과 그는 둘 다 잘못된 가정을 세웠고, 그 가정이 진실인지 믿을 만한 것인지를 검증하지 않았다. 장담컨대, 이 두 가지 잘못된 가정을 제외하고, 당신과 당신보다 별난 그 사람 모두 나머지 부분에서는 대단히 이성적으로 행동해왔을 것이다. 비이성적이라고 해서 늘 중대한 실수를 저지르는 것은 아니다. 초기 가정이 잘못되었다면 이후 올바른 생각을 하더라도, 실수를 할 수 있다.

고정관념과 제약성 관념

안타깝게도 우리의 여과장치 중 가장 왜곡된 것은 바로 우리 자신에 대한 시각이다. 습관적으로 사람들은 자신을 있는 그대로 객관적으로 보지 못한다. 우리는 우리가 세상을 경험하는 방식에 우리 자신이 어떤 영향을 끼치고 있는지 전혀 알지 못한다.

우리는 자신에게 벌어진 사건을 설명하면서 막상 자신의 책임을 인식하지 못하는 사람을 자주 본다. 그들은 남 탓을 하면서 아주 상세하게 사건을 묘사한다. 그러나 막상 그 사건이 자신의 행동 때문임을 모른다. 남들은 다 아는 사실을 본인만 알아채지 못한다.

여과장치의 가장 큰 단점은, 그것이 고정관념에 의해 생성되었다는 것이다. 고정관념은 잘못된 인생결정이라고 보면 된다. 고정관념은 당신의 사고방식에 아주 깊게 자리한 부정적 생각으로, 당신의 지각체계에서 절대 바뀌지 않는 부분이다. 바뀌지 않는다는 속성은 매우 위험하다. 고정관념이 있으면, 새로운 정보를 받아들이고 처리하는 것을 무의식적으로 거부하게 된다. 또한, 고정관념을 사실이라고 확신하면 더는 진위를 따지거나 수정하려 들지 않는다. 이런 상황에서는 새로운 정보를 놓치게 될 뿐만 아니라, 고정관념을 부정하는 당신이나 타인의 변화도 간과하게 된다.

특히 가장 위험한 고정관념 중 하나는 이른바 '제약성 관념'이다. 제약성 관념은, 실제이든 창조해낸 것이든, 자신의 단점이나 한계에 대한 고정관념을 말한다.

어떤 것이든 인정하지 않으면 바꿀 수 없다. 제약성 관념이 있다는 것을 스스로 인정하지 않고, 자신이 지닌 제약성 관념이 무엇인지조차 알지 못하면, 제약성 관념은 계속 활동하면서 당신이 세울 인생계획을 위협하고 방해할 것이다. 종종 제약성 관념은 당신이 도전에 직면하고 있을 때 활동을 시작해서 스스로 의심하게 만든다. 제약성 관념을 방치하는 것은 삶을 바꾸려는 당신의 노력을 심각하게 망쳐놓을 수 있다. 따라서 당장 없애버리는 것이 좋다. 그러려면 당신이 지닌 제약성 관념이 무엇인지 파악하고 인정해야 한다.

먼저 관념이 정확히 무엇인시부터 규정하자. 관념은 당신이 옳다고 확신하는 것을 말한다. 당신은 관념을 사실이라고 믿기 때문에 더는 옳은지 그른지를 따지지도, 검증하지도 않는다. 일단 진실이라고 믿으면 그걸로 끝이다. 제약성 관념은 당신 스스로 사실이며 옳다고 믿는 자신에 대한 부정적 시각으로 볼 수 있다. 당신은 제약성 관념이 사실이라고 '확신'하기에 그것을 그냥 인정하고 살아간다.

시각과 관점을 새롭게 유지하라

우리 목표는 당신이 지닌 모든 제약성 관념에 대해 낱낱이 파헤치는 것이다. 당신은 제약성 관념을 신이 내린 계명처럼 무조건 수용하며 살아가기보다는 정면으로 맞서 싸워야 한다. 왜냐하면, 제약성 관념은 불변하는 절대 진리가 아니기 때문이다. 오히려 오래전 과거의 사건에 의해 만들어진 왜곡된 여과장치의 산물인 경우가 더 많다.

과제 ⑩　제약성 관념 찾기

당신의 생각과 마음을 샅샅이 훑어서 당신이 일상적으로 겪는 제약성 관념을 찾아내라. 사람은 누구나 제약성 관념을 지니고 있다. 문제는 너무나 오래 지녀왔기에 자신에게 그런 관념이 있다는 사실조차 인식하지 못할 수도 있다. 그러나 삶에 대한 부정적인 영향력보다 더 위험한 것은 당신도 모르는 사이에 그것이 서서히 당신의 노력을 방해하고 망쳐놓는 것이다. 이것이 바로 제약성 관념의 본질이다.

일부 제약성 관념은 유년기로 돌아가야 할 만큼 오래된 것일 수도 있다(정신과 의사가 책을 쓰면서 당신의 어린 시절을 언급하지 않는다는 것은 불가능하다!). 반대로 일부 제약성 관념은 최근에 생긴 것일 수도 있다. 모든 제약성 관념은 자신과 세계를 인식하는 당신의 여과장치에 영향을 끼친다. 따라서 당신은 제약성 관념이 어떤 식으로 당신에게 영향을 주는지 이해해야 한다. 취업이나 결혼, 타인의 인정을 두고 경쟁하는 상황에서 당신이 목표에 도달할 수 없을 거라는 제약성 관념을 지니고 있다면, 그것은 경쟁이 시작되기도 전에 이미 패배한 것과 다름없다. 당신도 이런 오래된 격언을 들어봤을 것이다.

'당신이 할 수 있다고 믿든 할 수 없다고 믿든, 대체로 당신의 생각은 옳다.'

제약성 관념을 반드시 파악해야 하는 까닭은 그래야만 그중 하나라도 추악한 고개를 내밀 때 알아채고 대응할 수 있기 때문이다. 그러니 자신의 제약성 관념을 속속들이 파악해서 그중 하나라도 작동하려 들면 즉각 경고신호가 발동되어 대응할 수 있어야 한다.

제약성 관념의 예를 들면 다음과 같다.

- 가난하니까 변변치 못한 거야. 그러니 현실을 인정하자.
- 난 똑똑하지 않아.
- 난 경쟁자에 비해 실력이 부족해.
- 난 지금껏 한 번도 일등을 한 적이 없어.
- 시작이 아무리 좋아도 결국 무언가 꼬이면서 일을 망치게 되지.
- 난 질내로 바뀌지 않아. 나는 늘 이럴 거야.
- 내가 바라는 사람이 되기에는 집안 배경이 좋지 못해.
- 전에도 해내지 못했는데, 기대하지 말자.
- 너무 행복해하거나 마음을 놓으면, 꼭 나쁜 일이 생기더라고.

- 내가 늘 괜찮은 척한다는 걸 사람들이 절대 알아선 안 돼.
- 내가 변하려고 해봤자 다른 사람들의 화만 돋울 뿐이야.
- 나한테 그 정도로 시간과 열정을 쏟는 것은 너무 이기적이야.
- 나는 재기할 기회를 얻을 자격조차 없어.

어쩌면 위 목록에는 당신이 지닌 제약성 관념이 포함되어 있을 수 있다. 지금 당장 책상 앞에 앉아 노트를 꺼내 당신의 제약성 관념을 쭉 적어라. 특히 인생법칙 2번을 검토할 때 작성했던 메모지를 참조하면 좋을 것이다.

메모지를 사용해서 당신이 일상에서 스스로에게 반복적으로 들려주는 '테이프'가 무엇인지 목록으로 나열하라. 당신의 발전을 가로막는 자신에 대한 부정적 관념을 남김없이 찾아내서 기록하라. 나중에 이 목록에 더 많은 내용이 추가될 수 있다. 살면서 더 많은 도전에 직면하면 그때 당신에게 또 다른 제약성 관념이 있음을 깨닫게 되기 때문이다. 면밀히 살펴서 부정적인 고정관념의 실체를 남김없이 밝혀내라. 제약성 관념을 없애는 것은 좋은 인생전략을 세우기 위한 중요한 절차다.

어쩌면 당신은 힘든 삶을 살아야 할 팔자라는 고정관념에 발목을 잡힌 걸 수도 있고, 인생의 어려움에 맞설 능력이 없다는 제약성 관념을 지니고 있을 수도 있다. 어떤 형태이든 간에, 제약성 관념은 경직된 사고와 행동으로 이어진다. 그 결과 당신 뜻대로 미래를 만들어갈 수 있는 능력이 약화되면서, 당신의 미래 전체를 망칠 수 있다.

따라서 지금이라도 당장 난관과 변화에 저항하는 당신의 제약성 관념을 검토해야 한다. 당신이 제약성 관념을 해결하지 않고, 계속해서 제약성 관념에 의해 잘못된 삶을 살아간다면, 당신이 이 책에서 배운 인생을 바꿀 원칙을 적용하는 데 실패할 것이다.

시간을 충분히 할애해서 당신의 신념체계를 면밀히 검토하라. 당신은 제약성 관념 이외에도 아래 사안에 대한 고정관념을 지니고 있을 수 있다.

- 배우자
- 사랑하는 이들과의 관계
- 직업
- 미래

- 친구
- 신
- 세상
- 사람

일단 당신이 특정한 고정관념에 사로잡혀 경직된 사고와 행동을 한다는 사실을 인정하고 나면, 당신은 그것들을 겉으로 드러내서 더 적극적으로 검토할 수 있다. 어떤 경우든 당신의 시각은 결국 당신에 의해 결정된다. 따라서 인생에 대한 태도와 해석도 당신의 결정이다. 그것이 바로 당신에게 주어진 힘이다.

그러니 당신의 시각이 명확한 진실에 근거할 수 있도록 최선을 다하라. 당신의 시각은 당신의 세계관에서 비롯되는 것이 아니라 그 세계관의 검증과 확인에서 비롯되어야 한다. 자신의 신념체계를 뒤흔들어 놓고, 특히 자신에 대한 시각을 무턱대고 받아들이지 않고 철저히 검증하게 되면, 깜짝 놀랄 만큼 신선한 시각을 얻게 될 것이다. 이전에 늘 보던 오래된 세상조차 갑자기 새롭게 보일 것이다. 또한, 신선한 시각을 지니게 되면, 익숙한 자신도 새롭게 볼 수 있다.

인간은 늘 변화하는 생명체다. 모든 경험 속에서 변화한다. 그 경험을 적절히 활용한다면, 삶은 개선된다. 제대로 활용하기만 한다면, 이 책을 읽는 과정에서 당신도 지속해서 변화하고 나아질 것이다. 우리는 현실이 아니라 시각에 지배된다. 그러니 시각을 신선하고 새롭게 유지하라. 과거에 얽매이지 말고, 늘 사실에 근거한 시각을 유지하라.

인생전략의 핵심!

- 원한다면 지금 지닌 시각과 전혀 다른 시각을 선택할 수도 있다.
- 당신의 시각은 당신의 세계관에서 비롯되는 것이 아니라 그 세계관의 검증과 확인에서 비롯되어야 한다.
- 시각을 신선하고 새롭게 유지하라. 과거에 얽매이지 말고, 늘 사실에 근거한 시각을 유지하라.

8장

삶을 수리하고
업그레이드하는 기술

넘어지는 게 중요한 게 아니라
다시 일어나는 게 중요하다.

—

빈스 롬바르디

인생은 단번에 해결하는 것이 아니라
꾸준히 관리하는 것이다

당신의 전략

자신의 삶을 책임지는 법을 배우고 유지하라. 인생은 긴 여정이며,
매일 그 여정을 이끌어가는 것은 당신 자신이다.

단순하게 말하면, 우리는 살면서 문제나 어려움을 겪지 않는 날이 없다.
가정이 평안하면 직장에서 문제를 겪거나, 직장 일이 잘 풀리면 집안에
문제가 생기곤 한다. 우리는 이런 역설적 상황에서 애써 좋은 말로 꾸며
그 상황을 태연하게 넘기려 한다. 실제로 삶의 문제를 좋은 것으로 치장
하는 진부한 표현은 꽤 많다.

- 문제와 맞서면서 인격이 형성된다.
- 종종 고통을 겪지 않으면 행복을 인식하지도 고맙게 여기지도 못
  한다.
- 난관은 능력을 발휘할 절호의 기회다.

이런 진부한 표현이 반드시 틀린 것은 아니다. 그러나 여전히 인생

은 꾸준히 관리해야 하는 대상이다. 지금까지 그래왔고, 지금도 그러하며, 앞으로도 그럴 것이기 때문이다. 당신이 이 인생법칙을 인정하고 수용한다면, 당신은 삶의 모든 문제를 거대한 위기로 확대 해석하거나, 성공적인 삶을 살 수 없다고 섣불리 단정하지도 않을 것이다. 따라서 지금 이 인생법칙을 이해하는 것은 아주 중요하다. 그래야만 이런 잘못된 판단을 내리지 않기 때문이다.

내 삶의 인생 관리자가 된다는 것

오래전에 증명된 심리학적 기능에 의하면, 사람이 화를 내는 까닭은 특정한 상황이 벌어져서가 아니라, 자신이 기대했던 것과 다른 상황이 벌어졌기 때문이다. 예를 들어, 두 눈에 희망이 가득한 젊은 부부는 만사가 '달콤하고 즐거울' 것이라는 기대감에 결혼 생활을 시작한다. 그러나 두 개의 다른 삶이 하나로 합쳐지는 과정에서 당연히 동반되는 상호 적응의 문제에 더 큰 어려움을 겪는다. 이와는 반대로 젊은 부부라도 이전에 겪은 여러 인생 경험을 통해 결혼에도 상호적응의 시간이 필요하고 결혼 생활을 하다보면 당연히 문제가 생길 것이라고 예상했다면, 실제로 결혼 생활에서 어려움이 발생한다 해도 이미 예상했던 상황이기에 훨씬 더 이성적으로 적절히 대응할 수 있다.

당신이 인생 관리자로서 할 수 있는 일은 삶에 대해 막연하고 순진하기보다는 현실적인 '기대치'를 품는 것이다. 성공은 계속 움직이는 목표임을 기억하라. 그리고 이렇게 지속적으로 변화하는 세상에서는 당신의 삶도 적극적으로 관리되어야 한다. 당신이 이 책을 읽고 배운 모든 교훈과 원칙 그리고 삶의 진리를 적용한다면, 당신의 삶은 훨씬 나아질 것이고 나로서도 아주 보람을 느낄 것이다. 다만 지금부터 5년 후에 당신의 삶이 얼마나 잘 작동할지는 결국 지금부터 그때까지 당신이 얼마나 적극적으로 자신의 삶을 관리할지에 달려 있다.

방금 내가 '인생 관리자'라고 했는데, 그것은 마치 두 명의 당신이 있어 한 명은 관리를 받는 고객이고, 다른 한 명을 관리를 해주는 직원인 것과 같다. 지금부터 당신을 당신 삶의 관리자로 생각하라. 다시 말해, 가게 지배인이나 직장 내 경영자처럼 생각하면 된다. 자신을 인생의 관리자라는 별개의 인격체로 생각한다는 것은 한 걸음 뒤로 물러서서 당신의 삶을 평가하는 데 필요한 객관성을 제공한다. 당신의 현재 삶의 상태를 인생 관리자가 얼마나 일을 잘하고 있는지 평가하는 기준으로 삼는다면, 스스로의 효율성에 대한 객관적인 기준을 마련할 수 있다.

예를 들어보자. 당신은 오늘 인생 관리자로서 업무실적을 평가받을 차례다. 그렇다면 업무실적을 어떻게 평가할 것인가? 인생 관리자가 당신 자신이란 사실을 잠시 잊고, 아래 항목을 토대로 실질적인 성과로만 업무실적을 평가해보라.

1 당신의 인생 관리자는 당신이 어리석은 짓을 하지 않도록 잘 막아주는가?

2 당신의 기술과 능력을 최대한 발휘할 수 있는 상황을 조성해주는가?

3 당신이 진정으로 원하는 것을 얻기 위한 기회를 마련해주는가?

4 당신의 육체적, 감정적, 정신적 건강과 안위를 잘 지켜주는가?

5 당신이 건강하게 성장할 수 있는 인간관계를 선별해서 추진할 수 있게 도와주는가?

6 당신의 삶을 늘 젊고 활기차고 새롭게 유지할 수 있도록 도전하고 노력하게 만들어주는가?

7 당신이 평온함과 차분함을 느낄 수 있도록 일상이 물 흐르듯 유연하게 돌아가게 하는가?

8 당신의 삶에 재미와 휴식을 제공하는가?

9 당신이 중시하는 우선순위 간의 균형이 잘 유지되도록 당신의 삶을 체계적으로 유지하는가?

당신은 인생 관리자로서 몇 점인가? 평가자로서 당신이 직면한 가장 큰 문제는, 사업이나 종업원을 제대로 관리하지 못하면 그 책임을 물어 해고할 수 있는 것과는 달리, 당신의 인생 관리자는 해고할 도리가 없다는 것이다. 다시 말해, 이 인생 관리자는 당신이 인내심을 지니고 함께 일하며 끊임없이 동기를 부여하고 가르쳐야 할 존재다.

그러니 착각하지 마라. 당신은 자신의 인생 관리자이며, 당신의 목표는 삶에서 좋은 결과물을 만들어낼 수 있도록 당신의 인생을 관리하는 것이다. 당신이 그 역할을 제대로 해내지 못하고 있다면, 당장에라도 정신을 차리고 소매를 걷어붙이고 그 일에 매달려라. 당신이 관리해야 할 고객은 당신뿐만이 아닐 수도 있다. 특히 당신의 가정에 어린아이가 있거나, 어린아이처럼 행동하는 사람이 있다면 더욱 그렇다. 그러나 어떤 경우에도 가장 중요한 고객은 당신 자신이다. 당신은 당신의 고객인 자신을 살뜰히 돌보아야 한다. 스스로가 중요한 사람임을 깨닫고 관리해야 한다.

인생 관리자의 임무

인생 관리자로서 당신의 임무는 매우 중대하기에 지금부터는 인생 관리자의 역할을 자세하게 소개하고자 한다.

첫째, 지금까지 논의했고, 앞으로 논의할 인생법칙을 인정하고 수용하고 적용하라.

둘째, 개인적 문제를 참기보다는 해결하겠다고 결심하라.

이런 경우에 아주 잘 들어맞는 속담이 있다.

'구두 수선공이 막상 맞는 구두가 없다.'

당신이 남들의 문제와 요구를 해결해주느라 정신없이 바쁘지만, 막상 자신의 문제는 해결하지 못하고 있다면, 그것은 감정적 파산으로 치닫는 것과 같다. 당신이 문제를 참고 견디다 보면 어느 순간부터는 그 문제에 거의 무감각해진다. 따라서 남들의 문제에만 신경 쓰지 말고, 자신의 문제에 대해서도 당신의 문제 해결 에너지를 충분히 쓰겠다고 결심하라. 그리고 명심하라. 당신은 스스로 가지고 있지 않은 것을 남에게 줄 수 없다. 따라서 오래도록 외면해온 문제 때문에 당신의 영혼이 황폐해졌다면, 당신은 절대로 사랑하는 이들에게 강하고 건강하고 평화로운 당신 자신을 베풀어주지 못한다.

셋째, 답하지 않은 질문을 특히 조심하라.

당신도 사람들이 삶에서 겪는 문제에 대해 '만약에?'라는 질문을 계속해대는 걸 들어본 적이 있을 것이다.

"만약에 남편이 떠나면 어쩌지?"

"만약에 폐에 반점이 생겼으면 어쩌지?"

"만약에 해고를 당하면 어쩌지?"

내 경험상 사람들이 이런 질문을 던지며 스스로를 괴롭히는 까닭은 그 질문에 대해 어떤 식으로든 답변하려 애쓴 적이 없기 때문이다. 이런 질문들이 계속해서 머릿속을 맴돌지만, 그들은 끝내 답하지 못한다.

불확실한 미래에 대한 근거 없는 두려움은 마음을 불안하게 하고 생각을 마비시킨다. 그런 면에서 자신에게 질문을 던지는 것은 좋은 일이다. 다만 '왜?', '무엇을?', '어떻게?', '만약에?'라는 질문을 던질 거라면, 충분히 고민한 후 답을 주는 것이 중요하다. 그리고 대부분의 '만약에?'라는 질문에 대한 현실적인 답변은 당신이 상상해낸 모호한 결과물에 비하면 훨씬 덜 당황스럽고 덜 암울하게 마련이다.

어쩌면 당신은 이런 생각을 할 수도 있다.

'암 진단을 받으면 어쩌지?'

이 질문에 대해 충분히 고민한 후 현실적인 답변을 하려면, 일부 암 질환의 경우 치유율은 80퍼센트이고, 나머지 다른 암 질환의 치유율은 100퍼센트라는 점을 고려해야 한다. 또한, 현실적인 답변이라면 암 질환을 치료하기 위한 연구가 급속도로 진행 중이며, 몇 년 전과는 달리 지금은 암 진단을 받았다고 해서 세상이 끝나는 것은 아니라는 점도 고려해야 할 것이다. 이런 질문에 대한 답변은 더 포괄적이고 현실적일수록 더 감당하기 쉽다. 반대로 이런 질문에 대한 지속적인 '묵묵부답'은 당신의 몸과 마음을 해칠 정도로 두렵고 무섭다. 당신은 이런 질문을 던질 권리가 있지만, 그런 질문에 대해 반드시 답변할 의무도 있다.

인생 관리자로서 당신의 네 번째 책임은 끝없는 감정적 갈등 속에서 살아가길 거부하는 것이다.

당신도 자신이나 타인이 사소한 일이나 사건에 과도하게 반응하는 것을 여러 번 목격했을 것이다. 이런 과도한 반응은 실제로는 '쌓이고 쌓인 감정의 폭발'이라고 보아야 한다. 배우자가 치약 뚜껑을 열어두었다는 것 때문에 당신이 폭발한다면, 그것은 그 하나의 사건에 대해 반응하는 것이 아니다. 오히려 이전부터 여러 상황 속에서 차곡차곡 쌓인 감정이 그 사건을 기폭제로 삼아 폭발하는 것이다. 사실 바쁘게 돌아가고 급변하는 세상에서 살다 보면 감정적 상처와 불만이 쌓이기 쉽다. 그러나 이런 해소되지 않는 감정은 당신의 정신을 지배해서 당신을 망칠 수 있다.

따라서 효과적인 인생 관리자가 되려면, 당신은 자신이 언제 상처를 받고, 언제 화를 내고, 언제 좌절하고, 언제 혼란스러워하는지를 알아야 한다. 그리고 잠시 하던 일을 중단하고, 그런 감정을 직면해야 한다. 그런 감정을 품게 한 상대방과 해결을 하든지, 아니면 적어도 스스로와 해결을 해야 한다. 다시 말해, 감정적 고통이나 문제가 당신의 삶을 망치고 있다면, 어떻게든 그 상황을 끝맺음해야 한다.

끝맺음을 한다는 것은 더는 그 문제나 고통을 떠안고 가지 않는다는 것이다. 또한, 문제를 해결한 후 마침표를 찍고 덮는 것이다. 어떤 어려움이 있어도 당신은 반드시 끝맺음해야 한다. 끝맺음하려면 자신, 또는 누군가를 직면해야 할 수도 있다. 누군가를 용서하거나, 누군가에게 사과해야 할 수도 있다. 그러나 어떤 식으로든 끝맺음하고 더는 그 일로 연연하지 마라. 해묵은 감정의 짐을 쌓고 또 쌓는 짓을 그만두고, 끝맺음하라.

마지막으로 당신 자신과 한 약속이든, 다른 사람과 한 약속이든, 약속했으면 지켜라.

한두 번 약속을 어기기 시작하면 이내 그런 상황이 반복되고, 나중에는 약속을 어기는 것이 별것 아닌 것처럼 느껴진다. 그러나 그것은 착각이다. 당신이 지키지 않은 약속은 당신이 걸어가는 인생이란 여정에서 당신의 앞뒤를 가로막는 거대한 바위와 같다. 누군가가 당신과 약속을 한 후 어겼을 때 당신이 어떤 기분이었는지 떠올려보라. 또는 더 많이 놀아주겠다고 약속하거나, 특별한 행사에 꼭 참석하겠다고 한 후 당신이 그 약속을 어겼을 때 자녀가 어떤 마음이었는지 상냥하게 물어보라. 용기를 내 지난주에 사랑하는 사람들과의 약속 중에서 어떤 약속을 어겼는지 생각해보라. 약속하고 지키지 않는다는 것은 상대방을 아프게 하는 행위다. 물론 당신은 고의가 아니었을 수 있다. 그런데도 약속을 어긴다는 것은 상대방이란 존재가 당신에게 중요하지 않다고 말하는 것과 다름없다. 왜냐하면, 약속을 어기는 것은 상대를 거부하는 것과 같기 때문이다.

약속을 자주 어겨서 신뢰를 잃는 행위가 당신의 삶에 얼마나 큰 걸림돌이 될 수 있는지를 알고 나면 꽤 놀랄 것이다. 특히 약속을 자주 어기는 행위는 가족 관계에서 커다란 난관으로 작용할 수 있다. 당신이 배우자와 자녀에게 준 상처는 부메랑이 되어 당신에게 되돌아오기 때문이다. 나는 부모는 가장 불행한 자녀만큼만 행복하다는 말을 자주 한다. 자녀와 깨져버린 약속은, 그 자녀가 네 살이든 마흔네 살이든, 자녀에게 상처를 줘서 멀어지게 한다. 그리고 그 상황은 그대로 당신에게 영향을 끼친다.

인생 프로젝트에 착수하라

당신에게 세상에서 가장 중요한 자원은 당신 자신이다. 그러니 제대로 관리하고, 또 관리하라. 당신이 인생 관리자로서 더 잘하고 싶다면, 정말로 진지하게 그 임무를 수행하라. 당신이 그 역할에 자신이 아닌 다른 누군가를 고용했을 때의 기대치만큼 열심히 일하라. 당신이 인생 관리자에게 높은 보수를 지급한다면, 당신은 당연히 그 사람이 그 업무를 완벽하게 해내길 기대할 것이다. 그러니 지금부터 당신도 그런 분명한 목적을 지니고 자신의 삶을 관리하라. 분명한 계획과 열정으로 삶을 관리하면 당신의 일상이 달라 보이고, 다르게 느껴지며, 실제로 달라진다. 에너지가 넘치는, 중요한 삶을 살고 있다고 느끼게 된다. 그 이유는 당신 스스로 당신의 삶을 그렇게 대우하기 때문이다.

여기 화창한 햇살을 받으며 공원을 한가롭게 산책하는 사람이 있다. 그는 급히 가야 할 곳도 없고, 특별히 해야 할 일도 없다. 그래서 바지 주머니에 손을 꽂은 채 이리저리 어슬렁어슬렁 걷는다. 그러다가 종종 멈

쥐 서고는 경치를 둘러보거나, 오던 길로 되돌아가거나, 허공을 응시한다. 그의 목적이 햇살과 풍경을 즐기는 것이라면, 이런 태도는 전혀 문제 될 것이 없다. 그리고 때로 우리는 살면서 이런 여유로운 순간이 필요하다. 그러나 이런 태도는 거대한 변화와 도전을 앞두고 있는 인생 관리자로서는 절대 취해선 안 된다.

대조적으로 여기 또 다른 사람이 있다. 그는 목적이 분명하다. 중요한 회의에 참석해야 해서 서두르는 것처럼 보인다. 그는 시간을 단축하기 위해 지름길로 공원을 가로질러 간다. 그의 걸음걸이는 목적과 방향이 분명하다. 심지어 아주 긴급한 것처럼 보이기도 한다. 그래서인지 발걸음이 빠르고 경쾌하다. 그는 가야 할 곳이 있고, 정해진 시간 내에 그곳에 도착해야 한다. 따라서 그는 목적지에 도달할 때까지 한눈을 팔지 않는다. 이 두 명 중에서 누가 목적을 지니고 걸어가고 있는지는 한눈에 알 수 있을 것이다.

이제 곧 당신은 자신에게 꼭 들어맞는 맞춤형 인생전략을 세우게 될 것이다. 그러면 더는 공원을 어슬렁거리는 것처럼 삶을 살지 않고, 설계도에 따라 삶을 관리하며 살아갈 수 있다. 그러려면 가능한 모든 열정과 목적성, 성실함을 끌어내야 한다. 당신의 임무는 지금까지 가던 속도와 방향을 모두 버리고, 대신에 당신이 원하는 속도와 방향으로 대체하는 것이다. 이 임무에 임하면서 '정신을 단단히 차리지' 않는다면, 당신은 절대 원하는 것을 얻을 수 없다. 삶을 변화하려면, 이전과는 달라야 한다.

인생을 관리한다는 의미는 더는 인생을 수동적으로 살지 않고, 인생이란 '프로젝트에 착수'한다는 것이다.

프로젝트에 착수한다는 것은 당신이 지금 맡은 일에 특별한 중요성과 긴급성을 부여해서 우선순위를 높이는 것을 말한다.

예를 들어보자. 당신은 집에 새로 페인트칠을 하려고 한다. 당신이 그저 "시간이 날 때 페인트칠이나 새로 하면 괜찮겠군"이라고 마음먹었다면, 과연 빠른 시일 내에 효율적으로 페인트칠을 마칠 수 있을까? 반대로 당신이 토요일 아침 7시에 깨어나서 이렇게 선언한다고 가정해보자.

"프로젝트 착수! 지금부터 페인트칠을 시작해서 일요일 자정 전에 끝내겠어."

그러면 일의 진전속도는 깜짝 놀랄 만큼 차이가 날 것이다.

이처럼 그저 삶을 살아가는 것과 진심을 다해 삶을 설계하며 사는 것의 차이는 엄청나다. 인생이란 프로젝트에 착수한다는 것은 당신도 다른 성공한 이들처럼 삶을 누릴 자격이 있고, 그러기 위해 노력할 가치가 있다고 확신하는 것이다. 명심하라. 당신과 '운 좋은 이들' 간의 중대한 차이는 단순하다. 그 사람들도 자신들의 삶을 살아왔고, 당신도 당신의 삶을 살아왔다. 그저 당신은 너무 빨리 너무 쉽게 세상과 타협했을 뿐이다.

당신이 삶을 개선하든 말든 시간은 흘러간다. 그러니 내일까지 기다렸다가, 또는 오늘 밤까지 기다렸다가 프로젝트에 착수하지 마라. 지금 당장 인생이란 프로젝트에 착수하라. 그럼 당신은 원하는 쪽으로 삶을 바꿀 수 있다.

물론 손을 뻗는다고 해서 세상이 쉽게 굴복하고 당신이 원하는 것을 순순히 내주지는 않을 것이다. 오히려 인생은, 당신이 용납하는 한, 당신을 잔인하게 대할 것이다. 당신도 직접 인생의 잔인함을 목격했거나, 경험한 적이 있을 것이다. 인생은 적극적으로 관리하지 않으면 중요한 것이 결핍되면서 고통스러워진다. 잔인한 인생은 당신이 소중히 아끼는 것을 앗아가기도 한다. 당신이 사랑하는 사람을 빼앗아갈 수도 있다. 관리되지 않는 인생은 더욱 교묘하게 당신을 괴롭히기도 한다. 상실감을 던져주기도 하지만, 당신이 원하고 꿈꾸는 것을 이루지 못하게 방해하기도 한다.

당신에게 인생계획이 없다면, 당신은 인생계획이 있는 이들이 밟고 올라가는 디딤돌에 불과하다. 생각만 해도 끔찍하다. 이런 세상에 살고 있다는 것이 불편한가. 그러나 이것이 현실이다. 관리되지 않거나, 적절히 관리하지 않은 인생에는 세상의 잔인하고 거친 대접이 따라온다. 반대로 명확한 인생계획이 있고, 프로젝트에 착수하는 것처럼 그 계획을 실행할 용기와 열정, 에너지가 있다면 당신은 크게 성공할 수 있다. 삶이 던지는 그 어떤 거친 풍랑도 극복할 수 있다.

삶은 사악하지 않다. 삶은 그저 삶일 뿐이다. 삶은 두려워할 대상이 아닌 관리해야 할 대상이다. 생각해보라. 당신이 이 순간을 전환점으로 삼아 방향을 튼다면, 당신은 더 나은 삶을 살기 위해 당연히 누려야 하고, 당연히 필요로 하는 세상의 관심과 집중을 받게 될 것이다. 지금이 당신의 기회라면 어쩔 것인가? 지금이 당신 차례라면?

당신이 인생 관리에 집중하다 보면 앞에서 살펴본 인생법칙들이 더 중요한 의미로 다가올 것이다. 그리고 당신이 앞서 살펴본 인생법칙을 이해한다는 것은 지속적으로 변화하는 당신의 삶을 관리할 수단이 더 많아진다는 의미이기도 하다.

예를 들어, 지금까지 이 책에서 내준 과제를 성실히 해왔다면, 당신은 삶의 변화를 위한 일부 필수적인 수단을 확보한 셈이다. 당신은 의식적으로 선택한 행동 중 어떤 행동이 당신 삶에서 중요한 결과를 가져오는지 안다. 당신은 자신의 행동과 그에 따른 보상, 범주를 살펴본 후 더 나은 결과물을 얻기 위해 그런 행동을 최소화하거나 제거하는 데 집중하고 있을지도 모른다.

또 다른 희소식은 인생이 늘 새롭게 시작해야 하는 것은 아니라는 것이다. 물론 인생은 단번에 해결하는 것이 아닌 꾸준히 관리하는 것이다. 그렇다고 해서 인생이 날마다 아무것도 없는 상태에서 모든 것을 새로 시작해야 하는 것은 아니다. 미혼이든 기혼이든, 가족과 살든 친구와 살든, 당신의 삶은 이미 특정한 체계가 있다. 어떤 상황이든 당신은 익숙한 체계에서 살아간다.

당신의 인생결정은 무엇인가

당신은 살면서 이런 특정한 체계에 걸맞은 인생결정을 내리고 수용했을 것이다. 이에 대해선 인생법칙 5번에서 이미 논의했다. 인생결정은 당신의 심리와 행동의 근간이자, 당신의 영혼에 새겨진 기본 가치관이라고 말한 것이 기억나는가.

대체로 당신은 의식적으로 인생결정에 대해 심사숙고하지 않는다. 그런데도, 인생결정은 늘 당신 삶에 영향을 끼친다. 예를 들어, 당신은 자녀나 사랑하는 이들에게 신체적, 언어적 폭력을 가하지 않기로 결심하지 않았는가? (아니라면, 지금 당장 결심하라!) 당신은 또한 자녀들이 자기 자신과 타인을 존중하도록 양육하겠다는 인생결정을 내렸을 것이다. 이런 인생결정은 당신의 인생 관리 전략을 수립하기 위한 근간이 된다. 인생결정은 오로지 당신만을 고려하고, 당신의 인생에만 충실하기 때문이다. 실제로 당신은 이미 잘 관리된 삶을 살아갈 준비가 돼 있다. 그저 인생 관리라는 프로젝트에 착수하겠다는 강한 의지만이 필요할 뿐이다.

과제 ⑪ 인생결정 목록 적기

머릿속에 떠오르는 인생결정 항목을 적어라. 지극히 당연한 것이라고 해도 빠짐없이 적어라. 인생결정에 대해 제대로 고민해본 적 없다고 생각할 수도 있다. 그러나 당신이 절대 살인을 하지 않고 비폭력적인 사람이 된 이유는 이런 인생결정 때문이다.

힌트를 주기 위해, 여기 당신이 이미 내렸을 법한, 또는 내리고픈 인생결정의 사례를 들어보겠다.

- 나는 정직하게 살겠다. 거짓말도 하지 않고 도둑질도 하지 않을 것이다.
- 아이들 앞에서 싸우지 않겠다.
- 아이들이 어른들 문제로 고통받지 않게 하겠다.
- 어떤 경우에도 폭력을 쓰지 않겠다.
- 남을 잘 대하기 위해 먼저 나를 잘 대할 것이다.

명심하라. 우리가 말하는 인생결정은 한순간의 욕망이나 가벼운 열정과는 다르다. 인생결정은 가슴에서 만들어지며, 생각을 초월한다. 인생결정은 특정한 시기가 아닌 삶의 모든 순간에서 당신이 원칙으로 삼는 신념이다.

당신의 인생결정을 나열하라. 일단 쭉 나열하고 나면, 그중 상당수의 중대한 인생 사안에 대해 당신이 이미 결정을 내렸다는 사실이 꽤 만족스러울 것이다. 또한, 동시에 일부 중대한 사안에 대해서는 여전히 공백이 있고, 따라서 당장에라도 중대한 인생결정을 내려야 한다는 사실도 깨닫게 될 것이다. 어디에 공백이 있는가? 무엇이 문제인가?

인생 관리의 핵심요소는 바로 인생 관리에 대한 당신의 기준치다. 당신도 인생이 성공만을 좇는 여정이 아니라는 사실에 동의할 것이다. 내가 만난 사람 중 인생에서 중대한 잘못이나 문제, 난관을 겪지 않은 사람은 단 한 명도 없었다. 그런 것들은 인생에서 너무나 당연한 일이다. 중요한 것은 이런 문제들을 어떻게 관리할 것이며, 얼마나 많은 노력을 투입할 것인가다. 당신이 인생 관리에 대한 기준치를 너무 낮거나 너무 높게 설정했다면, 스스로 어려움을 가중하는 셈이다.

당신이 스스로 낮은 기준치를 요구하면, 당연히 당신의 인생은 관리가 잘되지 못할 것이다. 반대로 당신이 완벽주의자라서 지나치게 높은 기준치를 설정했다면, 헛된 망상 속에서 살아가는 것과 마찬가지다. 따라서 우선 현실적인 기대치를 설정하고, 인내하면서 차근차근 기대치를 높여가는 것이 중요하다.

자신에 대한 기준치를 정하는 것이 중요한 인생결정인 데에는 명확한 이유가 있다. 내 인생을 손님이 아닌 주인으로 살아가겠다고, 삶의 모든 면에서 최고를 추구하겠다고 결심하는 것은 인생의 획기적인 전환점이 된다. 그러나 안타깝게도 지금껏 당신은 스스로와 이런 진솔한 대화를 나눠보겠다고 생각해본 적이 없을지도 모른다. 그러나 소극적으로 대충 만족하며 살기보다는 적극적으로 특정한 기준치를 요구하겠다는 인생결정을 내리기에 지금이 최적기일 수 있다.

일단 이런 기준치를 정해두면, 매일 기준치를 새로 정해야 할 필요가 없어진다. 그런 이유에서라도 삶의 기준치에 관한 결정은 아주 중요하다. 자신과의 대화가 가장 신중하고 사려 깊어야 하는 까닭도 이 때문이다. 자신이 정한 기준치에 대해 생각하다보면, 그동안 당신이 쉽고 안전하게만 살아왔음을 깨닫게 될 수도 있다. 그것은 당신이 부담스러운 업적이나 성취를 달성하기 위한 도전을 회피해왔다는 뜻이다. 그저 현실에 안주하며 틀에 박힌 삶을 살게 된 것은 당신 스스로 낮은 기준치를 설정하고 만족했기 때문이다. 한마디로 위험부담을 기피하는 삶을 살아왔던 셈이다.

다르게 행동하면 다른 삶을 살게 된다

이런 삶은 편하긴 하지만 고여서 썩어가는 물과 같다. 쉬운 삶에 안주했다간 오히려 삶을 위기에 빠트릴 수 있다. 이 삶을 바꿀 유일한 사람은 당신이다. 또한, 당신의 삶에서 가장 중요한 사람도 바로 당신이다. 변화하고 싶다면, 행동에 옮겨야 할 사람도 당신이다. 삶이 이전과 다른 방향으로 흘러간다면, 그것은 당신이 생각이나 감정, 행동을 바꾸었기 때문이다. 이 단순한 진실을 기억하라.

- 하던 대로만 하면, 앞으로도 똑같은 삶이 계속된다.
- 다르게 행동하면 다른 삶을 살게 된다.

당신이 솔직하다면, '인생의 게으름뱅이'였음을 인정할 것이다. 당신은 지금껏 게으름을 피우면서 자신의 인생목표와 목표달성 계획을 진지하게 고민해본 적이 없거나, 그러고픈 마음은 있었지만 너무나 나태해서 나중으로 미루었을 것이다.

효과적인 인생 관리는 스스로를 더 '몰아붙이는' 것이다. 당신은 모든 행동에서 자신에 대한 기대치를 더 높여야 한다. 심지어 아주 단순한 행동에서도 마찬가지다. 예를 들어, 단정한 외모나 자기절제, 감정관리, 대인관계, 업무성과, 두려움 극복을 비롯한 모든 측면에서 스스로의 기준치를 높여라. 오늘부터 당장 아침에 눈을 뜨면 이런 질문을 던져라. '내 인생을 개선하기 위해 오늘 무엇을 할까?' 이 질문을 던지고, 답변하고, 실행에 옮겨라. 하루도 거르지 마라.

주변 사람들이 당신의 행동이 달라졌다는 사실을 눈치 채지 못한다면, 그것은 당신이 진정한 변화에 미치지 못했기 때문이다. 일단 당신은 삶의 방향부터 전환해야 한다. 그러려면 일단 일상에서부터 성과를 높이는 쪽으로 바꿔야 한다. 명심하라. 성과는 전염성이 있다. 당신이 특정한 부분에서 성과가 높아진다면, 다른 부분에서도 변화가 일어날 것이다.

툭하면 화를 내고, 말다툼을 벌이고, 고함을 치며 다투길 계속한다면,

스스로에 대한 기준치를 높여라. 그리고 다음번에 다시 비슷한 갈등이 생기려 하면, 아예 자리를 피하거나, 또는 차분하게 대응하겠다고 결심하라. 이전처럼 똑같은 파도에 똑같은 방식으로 휩쓸리지 말고, 대신 당신만의 새로운 파도를 만들어라.

수없이 많은 예를 들 수 있지만, 굳이 그러지 않아도 당신이 언제 바람직하지 못한 행동을 하는지는 스스로 잘 알 것이다. 인생목표를 추구하고 문제를 해결하는 과정에서 자신에게 더 높은 기대치를 요구하겠다고 의식적으로 결심하라. 그러면 당신의 인생전략을 위한 토대가 마련된 셈이다.

인생법칙 7번의 핵심은 당신의 삶을 잘 꾸려가기 위한 가장 중대한 자원이 바로 당신 자신이란 것이다. 조금 이상하게 들릴지도 모르지만, 나는 당신의 삶에서 가장 중요한 사람이 당신 자신이 되어야 한다고 확신한다. 이런 말을 하면 사람들은 내가 지나치게 이기적이고 반사회적인 행동을 장려한다고 놀란 반응을 보이는데, 절대 그렇지 않다.

나는 내 아내의 유일한 남편이자, 내 자녀들의 유일한 아빠다. 내가 자신을 살뜰히 보살핀다면, 이 두 가지 중요한 역할을 제대로 수행하는 데에도 도움이 된다. 그러나 반대로 내가 늘 자신을 희생하기만 하고 돌보지 않는다면, 막상 아내와 자녀가 나를 필요로 할 때 육체적으로, 정신적으로 함께해줄 수 없을지도 모른다. 따라서 나 자신을 보살피려는 마음은 사랑하는 이들을 위한 마음에서 비롯된다. 이런 신념은 내가 일상에서 자신을 보살피는 데 도움이 된다.

원래 인생이란 완벽하지 않기에, 여태껏 당신이 내린 결정과 앞으로 내릴 결정이 모두 옳을 수는 없다. 그러니 처음부터 옳은 결정을 내릴 수도 있지만, 때로는 나쁜 결정을 내린 후에 그 결정을 옳게 만들어야 할 때도 있다. 그것을 당신의 인생 관리 철학으로 삼아라. 나쁜 결정은 당신의 성숙함과 결의를 시험한다. 나쁜 결정을 내리면, 당신은 이렇게 말한다. "그 결정이 옳았다는 걸 보여주겠어." 그 말은 잘못된 것을 해결하고, 해결책을 찾아낸 후 끝까지 최선을 다하겠다는 뜻이다. 내가 말하는 성숙함이 이런 것이다. 살면서, 특히 어려웠을 때는, 첫 시도가 실패하면 너무 쉽게 포기한다. 그러나 결혼이나 자녀계획처럼 쉽게 물릴 수 없는 결정도 있다. 따라서 잘못된 결정을 내렸어도 그 결정을 옳게 만들기 위해 결연히 노력하겠다고 결심하라.

모든 결정에는 그에 따른 결과가 뒤따라온다는 사실 또한 잊어서는 안 된다. 좋지 못한 인생전략은 일상에서의 실망으로 이어질 수 있다. 이런 상황이 계속되면 결국에는 단 한 번의 힘겨운 사건으로 인해 사기가 완전히 꺾일 수도 있다. 결국, 행동이 아닌 당신의 결정에 따라 결과물이 달라진다. 당신이 해결하려는 사안이 사소한 것이라면, 잘못된 인생전략으로 인한 피해도 미미할 것이다. 반대로 중대한 사안이라면, 피해 또한 막중할 것이다. 모든 결정에는 중대하고, 때론 즉각적인 결과가 따라오게 마련이다.

분명한 목적을 지니고 인생을 관리하라

당신에게 중대한 사안은 삶의 질, 희망과 꿈, 목표다. 만약 당신이 무능한 전략가라면, 당신 말고는 아무도 당신의 고객인 당신 자신을 곤경에서 꺼내줄 수 없다. 당신이 해결하려는 문제는 인생 전체다. 당신은 지금 중대한 도전에 직면했다. 그렇지 않다면야 굳이 이 책을 읽고 있지는 않을 것이다. 그렇다면 나는 이런 질문을 던지고 싶다. 당신은 단순한 생존을 넘어서, 인생의 성공에 필요한 인생의 기술을 갖추고 있는가? 그렇지 못하다면, 당신은 인생을 망치는 고요한 전염병의 또 다른 희생자가 될 것이다. 당신이 관리하는 감정적 인생, 사회적 인생, 정신적 인생, 육체적 인생 모두 당신 것이다. 그러니 분명한 목적을 지니고 인생을 관리하라. 필요한 지식을 갖추고 인생을 관리하라. 당신의 감정 상태는 당신의 결정에 달렸다. 그러니 충분한 지식을 토대로, 목적이 분명한 결정을 하라. 그러면 원하는 것을 얻을 수 있다.

인생법칙 4번의 교훈을 기억하라. 인정하지 않으면 변화할 수 없다. 당신은 먼저 삶에서 직면한 중대한 도전이 무엇인지부터 파악해야 한다. 충분한 시간을 들여서 당신이 삶에서 집중적으로 관리해야 할 것이 무엇인지를 파악하라. 특히 12장에서 당신만의 상세한 인생전략을 수립할 때, 당신 삶의 중대 사안을 아는 것은 매우 중요하다.

인생전략의 핵심!

- 성공은 계속 움직이는 목표임을 기억하라. 그리고 이렇게 지속적으로 변화하는 세상에서는 당신의 삶도 적극적으로 관리되어야 한다.
- 그저 삶을 살아가는 것과 진심을 다해 삶을 설계하며 살아가는 것과의 차이는 엄청나다.
- 당신의 삶이 이전과는 다른 방향으로 흘러간다면, 그것은 당신이 생각이나 감정, 행동을 바꾸었기 때문이다.

9장

망가진 인간관계를
가장 간단히 고치는 법

당신의 허락 없이
아무도 당신이 열등감을 느끼게 할 수는 없다.

엘리너 루즈벨트

내 행동이 나에 대한
타인의 반응을 결정한다

당신의 전략

사람들이 당신을 대하는 방식에 대해 불평만 하지 말고 직접 나서라.
기존의 인간관계를 새롭게 정의하는 방법을 배워서
원하는 것을 얻어라.

~~~~~~

지금까지 배운 인생법칙은 당신이 살면서 왜 그런 결과물을 얻게 되었
는지를 중점적으로 다루었다. 이번 인생법칙도 예외는 아니다. 여덟 번
째 인생법칙은 인간관계를 정의하는 법과 그로 인한 결과에 대한 것이
다. 당신은 삶에서 결과물을 만들어낼 뿐만 아니라, 당신 자신이 삶의
결과물이며, 따라서 당신이 상호작용하는 이들의 행동을 결정하는 것
도 당신임을 이 인생법칙은 설명한다.

사람들은 결과를 통해 배운다. 따라서 당신이 그들의 행동을 보상하
거나 보상하지 않거나, 인정하거나 인정하지 않거나, 또는 입증하거나
입증하지 않는 데 따라 그들의 행동과 선택에도 영향을 준다. 타인이 똑
같은 행동을 반복할지 말지는 당신의 해석이나 반응에 의해 결정된다.
한마디로 당신은 인간관계에서 적극적인 역할을 수행한다.

인간관계는 상호작용이다

왜 사람들이 당신을 그런 식으로 대하는지 궁금한가? 인생법칙 3번 '사람은 보상이 따르는 행동만을 한다'를 살펴보라. 사람들이 그런 식으로 행동하는 이유는 어떤 행동에 보상이 따르고, 어떤 행동에 보상이 없는지를 당신이 똑똑히 가르쳐주었기 때문이다. 그들은 원하는 보상을 얻게 되면 이후로도 그 행동을 지속한다. 반대로 원하던 결과를 얻지 못하면, 그 행동을 그만두고 다르게 행동한다.

명심해야 할 것은, 당신과 관계를 맺는 사람들에게 영향을 주는 것은 의도가 아닌 결과라는 점이다.

당신은 불평을 늘어놓거나, 울부짖거나, 또는 자꾸 그러면 부정적인 결과를 가져올 거라고 위협할 수도 있다. 그러나 당신이 상대방이 원하는 방향으로 계속 반응함으로써 상대방의 행동에 보상을 제공한다면, 상대는 이렇게 결론을 내릴 것이다.

"오호, 이 방법이 먹히는군. 이제 어떻게 해야 원하는 걸 얻는지 알겠어."

관계는 상호 간의 작용으로 결정된다. 따라서 관계의 주체는 관계를 정의하는 데 중대한 기여를 한다. 애당초 관계란 양자 간에 주고받는 협상이다. 당신과 상대방은 관계의 조건, 규칙, 지침 등을 함께 결정한다. 따라서 관계의 조건이 마음에 들지 않는다고 해서, 상대방 탓을 해선 안 된다. 당신도 그 관계에 대해 상대방만큼이나 책임이 있기 때문이다.

● 관계가 정의되는 방식

관계가 정의되는 방식은 다음과 같다. A가 B와 특정한 방식으로 상호작용을 시작함으로써 향후 관계에 대한 대략적인 관계의 정의를 제시한다. B는 A의 행동에 대해 특정한 방식으로 반응함으로써 A가 제시한 정의를 수용하거나 거부한다. 거부할 경우, B는 관계에서 완전히 물러나거나, 또는 관계의 정의를 일부 수정한다. B의 반응으로 인해 관계의 정의가 달라진 경우, A는 B가 새롭게 제시한 관계의 정의를 수용하거나 거부한 후 다시 B에게 반응한다. 이런 상황은 관계가 완전히 형성되고 양측 모두 그 관계를 인정할 때까지 반복된다. 이런 식으로 당신도 당신이 맺은 모든 관계에서 조건과 규칙을 정하는 데 적극적인 역할을 해왔다.

● 27년 만에 회복된 관계

언젠가 나는 결혼한 지 27년이 넘은 중년 부부를 상담한 적이 있다. 남편 존은 전기설비업자였고, 아내 케이는 경력이 오래된 병원 접수담당자였다. 이 부부는 네 명의 자녀를 키웠는데, 자녀들은 이미 장성해서 분가한 후였다. 둘은 서로 많이 사랑하지만, 의사소통에 문제가 있어서 나를 찾았다고 솔직히 털어놓았다.

부부는 연휴가 지난 바로 다음 날 내 사무실로 왔고, 최근에 아주 심하게 다퉜다고 말했다. 케이는 화가 끝까지 차올라 입조차 열지 않았다. 그래서 존이 나서서 싸움을 하게 된 경위를 설명했다.

존은 매년 대가족이 모일 때 사용할 칠면조를 요리하기 위해 추수감사절 전날이면 밤을 새워서 요리하는 습관이 있었다. 이번 추수감사절에는 총 26명의 가족이 모여서 만찬을 할 예정이었다. 존은 원래 술을 자주 마시지 않지만, 추수감사절에 한해서 늘 지키는 의식 같은 것이 있다고 했다.

"매년 추수감사절을 앞둔 수요일이면 잭 대니얼스 한 병을 사서 아내와 다른 가족들이 올 때까지 기다렸다가 요리를 시작합니다. 나는 요리를 공들여 천천히 하는 편이에요. 그리고 대체로 자정쯤 칠면조를 오븐에 넣고는 위스키 병을 따죠. 그렇게 밤샘 의식을 시작하는 거죠. 그리고 대충 잭 대니얼스를 1리터 정도 비울 때쯤이면 칠면조도 알맞게 익게 되죠."

이전에는 케이도 남편의 이런 의식을 별로 개의치 않았다. 그러나 불행히도 올해에는 존이 위스키를 마시는 것에만 신경을 쓰다가 그만 오븐 켜는 것을 깜빡했다. 존이 문제를 발견했을 때, 벌써 시간은 아침 여섯 시를 가리켰고, 13킬로그램에 달하는 칠면조는 냉장고 온도만큼이나 차갑게 식어 있었다. 존은 한 가지 기발한 아이디어를 떠올렸다. 다만 그 아이디어가 이성적이라기보다는 잭 대니얼스의 영향을 받은, 황당한 아이디어라는 것이 문제였다.

존은 칠면조를 조각조각 잘라서 기름에 튀기기로 했다. 케이가 부엌에 들어섰을 때, 온 사방이 기름으로 도배되어 있었다. 튀겨진 칠면조는 여러 개의 팬과 냄비에 담겨져 있었고, 존은 눈썹 밑까지 밀가루 범벅이었다. 당연히 케이는 화가 났다.

이 갈등으로 존과 케이의 관계는 크게 악화되었다. 열흘 동안 둘은 서로 말도 하지 않았다. 둘은 부부관계가 위기로 치달은 이유가 상대방에게 있다며 서로를 비난했다. 존의 입장에서 결혼 생활이 원만하지 않은 이유는 케이가 속마음을 털어놓지 않기 때문이었다. 반대로 케이는 결혼 생활의 문제가 존이 늘 '자기 하고 싶은 말만 하고' 상대방 말은 듣지 않기 때문이었다.

다른 대다수 부부와 마찬가지로, 존과 케이는 도움을 받기 위해 나를 찾았다기보다는 둘 중 누가 잘했고 잘못했는지를 가려줄 심판이 필요해서 나를 찾은 것 같았다. 당연하지만 나는 심판 역할을 해줄 수가 없었다. 왜냐하면, 존과 케이 둘 중 누가 잘했고 누가 잘못한 것은 아니었기 때문이다.

둘의 부부관계는 상호 정의한 것이었다. 존은 케이에게 별다른 의사소통 없이 자신을 대해도 좋다고 가르쳤다. 왜냐하면, 오랜 세월 동안 케이의 그런 행동을 용납했기 때문이다. 케이의 경우에는 존에게 존이 부부관계를 주도하면서 혼자만 떠들어도 좋다고 가르쳤다. 왜냐하면, 27년 동안 그런 행동을 용인했기 때문이다. 둘은 상대방의 잘못된 행동을 허용했고, 그 결과 상대방에게 그런 행동이 괜찮다고 가르친 셈이었다.

그나마 그동안 완충지대로 작용하던 자녀들이 다 출가하고 둘만 남게 되자, 부부 간의 문제는 다시 수면 위로 떠올랐다. 그리고 마침내 부부가 대재앙의 발단이라고 여기는 추수감사절 사건이 터지자, 상호 정의한 관계의 근간 자체에 균열이 생기기 시작했다.

존과 케이는 그동안 서로한테 바람직하지 않은 방식으로 자신을 대하도록 가르쳐왔다는 사실을 인식해야 했다. 서로에 대해 좋지 못한 행동을 멈추고 나서야 비로소 부부는 더 나은 의사소통 방식을 개발할 수 있었고, 더 깊은 친밀감과 신뢰를 형성할 수 있었다(다만 이후로 존은 더 이상 혼자서 칠면조를 요리하지 못했다).

존과 케이가 함께 한 세월에서 볼 수 있는 것처럼, 거의 30년에 가까운 기간 동안 지속되어 온 정형화된 관계도 새롭게 정의될 수 있다.

인간관계의 단순한 작동 원리

당신이 상대방에게 당신을 어떻게 대해야 할지를 가르쳐준 적이 있다면, 이후에도 재차 상대방에게 당신을 어떻게 대해야 할지를 가르쳐줄 수 있다. 관계는 서로 결과물을 주거니 받거니 하는 상황에서 성공적으로 협상되는 것이다. 당신은 이런 협상과 관계 형성의 과정을 늘 수행해왔다. 그동안은 그 사실을 몰랐을지 몰라도, 이제는 안다. 명심하라. 관계 형성이란 중대한 협상을 수행하면서 그 사실을 인지하지 못하는 것은 매우 위험하다.

희소식은 당신의 인간관계는 결국 당신 몫이기에 언제든 인간관계를 '새롭게 협상하겠다고' 선언할 선택권도 당신에게 있다는 것이다. 존과 케이는 거의 30년이 지난 후에 이런 선언을 했다. 이처럼 관계의 길고 짧음을 떠나서, 관계의 현재 상태를 결정하는 것은 결국 당신의 책임이다. 당신과 관계를 맺은 상대방이 누구든, 관계의 규칙을 가르치고 관계의 경계선이 어디인지를 가르치는 것은 결국 당신이다. 상대방은 당신이 어떤 반응을 보이는지를 배웠고, 그 지식을 자신의 행동에 반영했을 뿐이다.

당신이 이런 지속적인 상호작용 과정에서 당신의 역할을 인정한다면, 인생법칙 2번에 따라 책임을 지는 삶을 살 수 있다. 당신이 자신의 경험은 자신이 만든다는 사실을 인정한다면, 그것은 당신이 상대방의 특정한 행동을 용납함으로써 그 행동에 따라오는 결과도 함께 용납하기로 선택했다는 것을 의미한다.

상대가 당신과 함께, 또는 당신에게 특정한 방식으로 행동하는 것을 인정하는 것은 당신과 상대방이 그런 식으로 관계를 맺기로 동의했기 때문이다. 그렇다면 당신은 상대에게 허용되는 행동과 허용되지 않는 행동이 무엇인지 새로 가르쳐주어야 한다.

관계의 법칙은 늘 동일하다. 당신은 상대방의 파괴적인 행동을 보상함으로써 가르친다. 또는 그런 행동을 소극적으로 용인함으로 상대가 그 행동을 반복해도 좋다고 가르치기도 한다.

이 인생법칙을 깨닫게 되면, 당신이 관계에서 어떤 역할을 하는지 분석하게 될 것이다. 상대방의 행동이 이로운지 아닌지를 결정하는 당사자가 당신이란 것은 지금이라도 당장 그 관계를 바꿀 수 있다는 말이기도 하다. 물론 쉽지는 않을 것이다. 그러나 어려움을 감수하면서까지 관계를 새롭게 정의할 가치가 있는지 결정하는 것도 당신 몫이다.

이미 눈치 챘을 것이다. 그렇다. 나는 지금 당신을 조종하려 하고 있다. 이미 나는 관계는 그 관계에 참여하는 주체에 의해 정의된다고 말했다. 나는 당신이 이 사실을 전적으로 받아들였으면 한다. 물론 나는 당신이 맺은 모든 관계에서 당신이 최소한의 대우에 대한 기준을 새롭게 정의하는 과정을 도와주고 싶다. 이를 통해 당신과 상대방 모두가 신체적, 정신적, 감정적 측면에서 서로를 존중하길 바란다.

관계에 대한 최소한의 기준이 통하려면, 일단 자신의 반응부터 조절해야 한다. 인정하지 않으면 바꿀 수 없기에, 일단 당신이 지금까지 상대에게 당신을 대하는 방식을 어떻게 가르쳐줬는지 살펴보아야 한다. 그래야만 어떤 것부터 바꿔야 할지 알 수 있다.

봐주고 용납하는 것의 문제

근본적인 문제는 당신이 상대방의 바람직하지 못한 행동에 보상을 제공하는지 여부다. 관계에 보상이 있어서는 안 된다는 말을 하는 것이 아니다. 오히려 상대가 당신을 존중하며 대한다면, 그런 바람직한 행동에는 보상을 해야 한다. 반대로 상대가 당신을 배려하지 않고 함부로 대한다면, 그런데도 당신이 그런 행동을 보상하고 있다면, 지금이라도 당장 보상을 멈춰야 한다. 사람들이 당신을 자기 마음대로 조종하려 들고, 그런 행동이 통한다면, 다시 말해 그들의 목적이 달성된다면 그것은 당신이 그런 용납할 수 없는 행동을 보상하고 있기 때문이다. 이럴 경우 당신의 과제는 상대방의 나쁜 행동에 대해 당신이 제공하는 보상이 무엇인지를 파악하는 것이다.

그 보상이 무엇인지 파악하기란 어렵지 않다. 예를 들어보자. 상대는 당신이 자신의 말을 따라주지 않으면 입을 삐쭉 내민다. 그러면 당신은 결국 상대에게 양보하게 된다. 자, 입을 삐쭉대면 보상이 따라온다. 이제 상대는 어떻게 해야 자신의 뜻을 관철시킬 수 있는지를 안다.

한편, 보상이 불분명하거나 미묘한 경우도 있다. 때로 우리는 자신을 기만하면서 상대방에게 당연한 것을 요구하지 않는다. 예를 들어, 상대방의 태만과 낮은 성과를 용인하면, 이 경우 상대가 얻는 보상은 일을 설렁설렁해도 괜찮다는 생각이다. 나아가 당신은 상대방의 부적절한 성과를 대신 메꿔주고, 합리적인 수준을 넘어서서 정신적, 감정적, 금전적 부담을 대신 짊어지기까지 한다. 그렇다면 이 경우에 노력의 과실을 가로채 가는 것이 상대방의 보상이 된다. 이보다 더 미묘한 상황은 상대방이 혹시라도 기분이 상할까봐 배려한답시고 자신의 성과를 일부러 낮추는 것이다. 이 때 상대방이 얻는 보상은 잘못된 안도감과 동질감이다. 때로는 관계에서 마치 자녀를 보호하려는 부모처럼 행동하는 사람도 있다. 이 경우 상대가 얻는 보상은 굳이 성인답게 행동하지 않아도 된다는 것이다. 심지어 상대방에게 돈과 집을 제공하면서까지 자식처럼 부양하는 경우도 있다. 이럴 경우 상대방이 얻는 보상은 무임승차다.

혹시 상대가 친하게 대할수록 부담스러워하는 성격이라서 당신도 상대방을 편하게 해준다는 생각에 일부러 거리를 유지하는가? 그러나 그로 인해 그 관계가 별로 만족스럽지 못하다면, 상대가 얻는 보상은 관계에 당연한 감정적 투자를 하지 않는 편안함, 한마디로 지극히 이기적인 관계다. 분명한 것은 당신이 상대방을 '봐주고 용납하는' 행위 그 자체가 상대방에겐 미묘하지만 중대한 보상이 된다는 점이다.

당신이 관계에 대한 재협상을 하고 싶다면, 먼저 두려움과 불안함이 아닌 힘과 능력의 차원에서 재협상에 임하겠다고 스스로 다짐부터 해야 한다. 그리고 힘과 능력의 차원에서 재협상에 임하려면, 지금까지 우리가 살펴본 지식과 결의가 필요하다. 당신이 이 책을 펼친 순간부터 배워온 지식이 필요하고, 동시에 상대방의 존중을 받는 관계를 유지하겠다는 확고한 결의가 필요하다.

당신은 누군가와 함께하면서 힘들어하기보다 차라리 혼자여도 잘 살겠다는 인생결정을 내려야 한다. 그 말은 굳이 밀고 당기기를 하지 않고, 허세를 부려서 상대방을 억누르지도, 반대로 상대방에게 압도되지도 않겠다는 것이다. 오히려 신뢰할 수 없는 사람과 함께 할 바에야 차라리 혼자일지라도 자신을 존중하고 배려하며 건강하고 행복한 삶을 살아가겠다는 의미이기도 하다. 당신은 누군가에게 매우 의존적일 수도 있다. 그 사람 곁에 머무는 것이 습관이 되었을 수도 있다. 그러나 그 사람이 당신을 합리적으로 적절하게 대우하지 않는다면, 이렇게 말해야 한다.

"그런 행동을 바꾸지 않으면 더는 당신을 만나지 않을 겁니다."

인간관계를 검토할 때 자신을 속이고픈 유혹을 주의하라. 상대가 부적절하게 대우하는 것이 일부나마 당신의 책임이라고 인정하기란 쉽지 않다. 그리고 앞에서 살펴본 것처럼, 피해자인 척하면서 상대방을 비난하는 것이 훨씬 쉽고 편하다. 그러나 그러한 인간관계가 성립한 데에는 자신에게 책임이 있음을 깨달아야 한다. 사람들이 당신을 대하는 방식에 대한 책임을 스스로 인정하지 않는다면, 당신에게 진심으로 변화하려는 의지가 있다고 볼 수 없을 것이다.

당신이 저지를 수 있는 가장 큰 실수는 말로는 관계에 변화를 줄 거라고 떠들면서, 실제로는 과거의 친숙하고 파괴적인 관계로 되돌아가는 것이다. 변화를 말하면서 행동에 옮기지 않는 것은 상대에게 당신의 말을 가볍게 여기라고 가르치는 것과 다름없다. 따라서 변화에 대한 당신의 의지는 우리가 앞서 얘기한 인생결정의 수준 정도는 되어야 한다.

인간관계의 기준과 관련해서, 변화를 가져오는 것이 어렵더라도 절대 타협하지 않겠다고 스스로 약속하라. 인간관계에서 타협은 가장 소중한 자원을 팔아넘기는 것과 마찬가지다. 그 자원은 바로 당신 자신이다.

인간관계 진단하기

인생전략을 구성하는 다른 모든 요소와 마찬가지로, 관계의 변화도 바람직한 방향으로 목적을 가지고 건강하게 진행되어야 한다. 그러려면 먼저 당신의 인간관계에 대한 현재 상태부터 진단해야 한다. 그래야만 어떤 변화가 필요한지를 알 수 있다. 자신과 솔직하게 대화하면서 변화해야 할 관계가 무엇인지를 파악하라.

과제 ⑫ 관계진단 문항 체크하기

지금까지 우리는 상대가 당신을 어떻게 대할지를 다른 사람들에게 가르치는 방법, 그리고 그 방법을 당신 삶의 모든 관계에 어떻게 적용할지에 대해 논의했다. 이것을 적용하기에 가장 좋은 사례는 당신의 배우자나 연인과의 관계다. 아래 문항은 그 관계의 현재 상태를 진단하고 왜 그런 상태에 처해 있는지를 알아내는 데 도움이 될 것이다.

관계 진단 문항

		그렇다	아니다
1	정직하게 생각했을 때, 당신은 주기만 하고 배우자(또는 애인)는 받기만 하는가?		

2	둘의 관계는 두 성인 간의 관계라기보다 부모/자식 간의 관계에 더 가까운가?		
3	당신과 배우자는 갈수록 싸우는 빈도가 잦아지거나, 싸우는 강도가 격렬해지는가?		
4	당신은 자주 배우자에게 사과하는가?		
5	때론 혼자 떨어져서 따로 시간을 보내고 싶은 기분이 드는가?		
6	지난 1년 동안의 관계를 돌아볼 때, 유달리 당신만 많이 양보했거나 변화했다고 느껴지는가?		
7	자신과 타인에게 배우자를 대신해서 사과하는 경우가 많은가?		
8	감정적 요구가 충족되지 않는다고 느끼는가?		
9	8번 문항에 '그렇다'라고 답했다면, 그로 인해 인생에서 많은 부분을 놓치며 산다고 느끼는가?		
10	관계에서 육체적 만족을 느끼지 못하는가?		
11	배우자가 당신보다 자신의 직업, 자녀, 또는 다른 우선순위를 더 중시하는 것처럼 느끼는가?		
12	배우자에게 아주 중요한 비밀을 숨기고 있는가?		
13	배우자가 당신을 이용하고 있다고 느끼는가?		
14	지금의 관계에서 느끼는 삶보다 더 나은 삶이 있다고 생각하는가?		
15	당신의 관계가 점점 당신 부모님의 관계를 닮아가고 있는가?		
16	관계에서 오직 나만 진정한 친밀감을 느끼고, 배우자는 그렇지 않은 것처럼 느껴지는가?		
17	당신만 관계를 유지하기 위해 애쓰고 있다고 느끼는가?		
18	관계에서 죄책감이 중요한 역할을 하고 있는가?		
19	진정성은 없고 남에게 보여주기 위한 관계가 지속되고 있는가?		
20	배우자가 아닌 룸메이트와 사는 것 같은가?		
21	관계를 끝내는 생각을 하면 즐거운가?		
22	배우자와 다투지 않고 화목하게 살려면 당신의 본모습을 일부러 감춰야 하는가?		
23	당신과 배우자 모두 관계를 개선하려는 노력을 포기했는가?		
24	당신이 오늘도 그 관계를 유지하는 까닭이 진정 원해서라기보다 어제도 유지했기 때문인가?		

'그렇다'라고 답한 문항에 형광펜으로 표시하라. '그렇다'라고 답한 문항이 많을수록 당신의 관계에 문제가 많을 확률이 높다. '그렇다'라고 답한 문항은 배우자와 관계를 개선하기 위해 나누는 대화의 소재로 활용될 수도 있을 것이다.

인간관계를 회복하는 원칙들

자신과 상대방에게 더 큰 책임을 요구한다는 것은 '현 상태를 바꾸려고' 노력한다는 것이다. 당신이 변화하려는 시도를 상대방이 좋아할 거라고 절대 착각하지 마라. 오히려 상대방은 현 상태를 바꾸려는 당신의 시도에 거세게 저항할 것이다. 왜냐하면, 지금껏 그런 식으로 행동해도 좋다고 가르친 것은 당신이기 때문이다.

또한, 당신은 상대방의 행동에 보상을 했고, 그 결과 상대방도 당신과 마찬가지로 현 상태에 익숙해졌다. 예를 들어, 포커 게임에서 판돈을 올릴 때도 사전에 경고가 필요한 것처럼, 당신도 상대방의 행동에 대해 지금까지와 다르게 반응하려면 그 전에 먼저 통보부터 해야 한다. 지금껏 그에게 초록불이면 가고 빨간불이면 멈추라고 해놓고 갑자기 그 규칙을 바꿀 거라면, 당연히 상대에게도 그 변화를 알려야 하는 것이 도리다.

상대는 당신이 변화를 시도하면 분명히 저항할 것이다. 특히 변화를 많이 요구할수록 저항이 더 거셀 거라고 말한 까닭은, 당신이 그 저항의 강도를 과소평가하지 않길 바라기 때문이다. 상대의 저항은 "이제 나한테 관심이 없구나"라는 소심한 비난부터 거센 감정적 강요까지 다양하다. 그리고 감정적 강요는 당신의 입장을 버리지 않으면 떠나겠다는 위협의 형태를 띠거나, 심지어 스스로 목숨을 끊겠다는 극단적인 협박일 수도 있다.

✹ 상대의 반응을 잘 살펴라

당신은 이런 말을 듣게 될 것이다.

- 나한테 어떻게 이럴 수가 있어!
- 언제부터 날 그렇게 미워했던 거야?
- 난 그저 널 행복하게 해주려고 늘 주기만 했는데.
- 당신은 어떻게 해야 내가 상처를 받는지 알잖아. 그리고 지금 당신은 나한테 상처를 주고 있어.
- 당신 나 말고 다른 사람 생겼지?
- 네 친구들이 네게 이상한 생각을 심어준 건데 그걸 모르겠어?
- 넌 뭐가 그렇게 잘났는데?
- 넌 말할 자격이 없어. 작년에 네가 한 짓 기억 안 나?
- 네가 가버리면 차라리 난 죽어버리겠어.

이런 말에 대해 좀 더 자세히 살펴보자. 일단 이런 말은 상대방을 자기 마음대로 조종하려는 지극히 이기적인 말이다.

"나한테 어떻게 이럴 수가 있어!"라는 말은 자신이 피해자임을 강조한다. 이런 말을 하는 것은 당신이 하지도 않은 말을 두고 자신이 상처를 입었으니 죄책감을 느껴야 한다며 수세로 몰아넣기 위함이다. 위에 예시로 든 말에는 당신이 자신한테 상처를 주고 있다는 뉘앙스가 내포되어 있다. 또는 당신이 아닌 다른 사람, 당신의 친구나 지인이 상처를 주고 있다는 의미도 있다. 그리고 아주 공격적이기도 하다.

● 죄책감을 조심하라

어쩌면 당신의 배우자는 이런 대화를 나눈 후에도 아무 일 없었다는 듯 '평상시처럼' 일상을 살아갈지도 모른다. 또는 잠시나마 당신에게 '달콤하고 자상한' 말을 퍼부을 수도 있다. 심지어 당신의 친구와 가족에게 연락해서 그들을 자신의 편으로 끌어들여 당신이 당장 이 '미친 짓'을 그만두도록 설득하게 할 수도 있다. 어떤 경우든, 관계에서 이런 말을 비롯한 모든 공격이 겨냥하는 대상은 당신의 죄책감이다.

관계에서 죄책감은 강력하고 파괴적인 공격수단이다. 따라서 당신은 죄책감에 의해 조종되는 상황을 피해야 한다. 죄책감은 당신을 마비시켜서 무기력하게 만든다. 죄책감에 시달리는 한 한 발자국도 나아갈 수 없다. 죄책감에 대한 건강한 대안은 문제가 있는 행동을 인정하는 것이다. 왜 그런 행동을 하는지 파악한 후 고치려는 계획을 세우는 것이다.

● 변화의 결심을 굽히지 마라

변화하기로 마음먹었다면 끝까지 포기하지 마라. 절대로 그 결심을 굽히지 마라. 상대방이 당신을 떠나겠다고, 또는 죽어버리겠다고 협박을 한다면, 당신은 그것이 그저 협박임을 꿰뚫어보아야 한다. 자해하겠다는 위협이 진심이라면, 애당초 당신과 상대의 관계는 지금보다 훨씬 불안정했을 것이다. 다만 어떤 경우든 상대방이 정말로 자해를 가할 수도 있다는 판단이 들면, 경찰에 신고해서 전문가의 도움을 받으라. 그러나 절대 상대의 협박에 굴복하지 마라. 지금 물러서는 것은 오히려 그에게 당신이 충분히 '조종될' 수 있다고 가르치는 것과 마찬가지다.

✹ 당신이 먼저 솔직해져라

마지막으로, 더욱 공정한 관점에서 덧붙이자면, 인생법칙 8번은 타인의 관점에서 당신의 행동을 고려할 때 완벽해질 수 있다. 사람들이 못마땅해 하면서도 눈 감고 넘어가주는 당신의 행동은 무엇인가? 혹시 상대방이 당신에게 자신을 존중하지 않고 함부로 대해도 좋다고 알게 모르게 가르친 적은 없는가? 당신은 타인과의 관계에서 애써 노력하지 않고 대충대충 해도 된다고 배운 것은 아닌가?

상호성의 원칙을 기억하라. 당신은 주는 대로 받는다. 그러니 당신이 하기 싫은 것을 상대에게 요구하지 마라. 관계에서 당신이 어떤 식으로 행동하는지 진지하게 살펴보라. 당신은 바람직하지 못한 행동을 하면서 어떤 보상을 얻는가? 기꺼이 그 보상이 무엇인지 파악하고 포기할 각오가 되어 있는가?

자신의 행동에 솔직해지면, 당신에 대한 사람들의 신뢰는 커질 것이고, 그로부터 변화하기 좋은 환경이 조성될 것이다. 그러니 먼저 자신의 허물부터 들춰낼 각오가 없다면 절대로 상대방의 허물을 들추지 마라.

인생전략의 핵심!

- 당신은 당신의 인간관계를 정의하는 데 적극적인 역할을 수행한다.
- 상대의 특정한 행동을 용납하면 그 행동에 따라오는 결과도 함께 용납하는 것이다.
- 상대에게 허용되는 행동과 허용되지 않는 행동을 가르치는 것은 결국 당신이다.
- 인간관계에서 당신이 하기 싫은 것을 상대방에게 요구하지 마라.

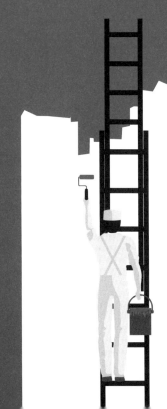

10장

꼬인 마음을 푸는
마법 같은 힘

화로 시작된 것은
부끄러움으로 끝나게 마련이다.

—

벤저민 프랭클린

인생법칙
09

상대방을 용서하면 내가 회복한다

당신의 전략

분노와 적개심이 당신을 망치는 걸 조심하라.
당신에게 상처를 입힌 사람들에게서 당신의 힘을 되찾아 와라.

인간이 지닌 모든 감정 중에서 증오와 분노, 적개심은 가장 강력하면서
도 자신에게 가장 해로운 감정이다. 이런 감정은 당신이 생각하기에 당
신에게 상처를 주는 사람들, 또는 당신이 사랑하는 사람들에 의해 생겨
난다.

당신은 그런 감정을 품게 할 만큼 깊은 상처를 준 사람이라면 미워하
거나 분개해도 당연하다고 생각한다. 그들이 당연히 그런 증오를 받아야
마땅하며, 그 증오로 인해 고통받아야 한다고 믿는다. 당신의 증오에 마
치 신기한 힘이 있어서 상대방에게 저주가 될 것처럼 행동할 수도 있다.

그러나 이런 식으로 증오를 느끼고 간직하는 것은 어마어마하게 큰
비용을 치르는 것이다. 왜냐하면, 이런 분노의 감정은 당신의 모습을 바
꾸기 때문이다. 실제로 이런 감정은 당신의 마음과 생각을 바꾼다.

마음속 부정적 에너지를 어떻게 없앨 것인가

건조한 숲을 불사르는 화재처럼, 이런 강렬한 감정은 다른 모든 감정을 사그라뜨릴 정도로 강력하게 당신의 마음속을 휩쓸고 지나간다. 그 결과 당신은 외적으로는 잔혹한 공격성을 표출하고, 내적으로는 깊은 좌절감에 빠지게 된다.

이런 감정에 휩싸여 있는 사람을 만났다고 가정해보라. 마침 그 사람은 마음속에서 끓어오르는 감정을 밖으로 표출하고 있다. 그리고 당신은 그 감정이 증오와 분노의 감정임을 대번에 알 수 있다. 이처럼 분노와 증오, 적개심은 그 감정을 간직한 사람의 영혼과 마음을 잠식한다.

결코 은유적으로 표현하는 것이 아니라 사실을 말하는 것이다. 앞서 나는 모든 생각과 감정에는 그에 상응하는 심리적 반응이 있다고 말했다. 예를 들어, 레몬 한 조각을 깨무는 것을 생각만 해도 몸은 반응한다. 그런데 이런 반응이 가장 분명히 드러날 때가 바로 강력한 부정적 감정을 느낄 때다. 증오와 분노, 적개심을 품으면 신체의 화학물질 균형이 크게 깨진다. 당신의 '투쟁-도피' 반응은 주 7일 24시간 내내 활발하게 깨어서 작동한다. 뒤집어 말하면, 증오와 분노, 적개심은 평안과 행복, 휴식과는 절대 공존할 수 없다.

당신이 이런 추악한 감정을 지속해서 품고 있다면, 당신의 신체도 지속해서 이른바 정체 이형의 상태일 가능성이 크다. 정체 이형은 심리적 불균형 상태를 일컫는다. 쉽게 설명해, 신체의 자연스러운 화학물질 중 특정한 물질은 과하게 넘치고, 특정한 물질은 모자란 상태가 정체 이형이다. 이런 강력한 각성 상태에 있는 사람은 종종 수면장애, 악몽, 집중력 저하, 피로를 경험한다. 긴장성 두통이나 편두통, 궤양이나 허리 통증, 심지어 심장마비도 자주 겪는다. 사람은 행복과 슬픔을 동시에 느끼도록 설계되지 않았다. 평정심과 불안감을 동시에 느끼기란 불가능하다. 따라서 이런 강력한 부정적 감정이 긍정적인 감정을 몰아내게 되면, 당연히 당신의 신체는 나쁜 상태에 빠질 수밖에 없다.

지금까지 이런 부정적 감정이 신체에 어떤 영향을 끼치는지 살펴봤다. 당신은 이런 감정이 감정적 감옥을 만든다는 사실을 깨달아야 한다. 증오와 분노, 적개심을 품는 순간, 당신은 사방에 벽을 쌓게 된다. 당신이 고통스럽고 복잡한 감정의 굴레에 빠지게 되면, 부정적인 에너지가 당신의 모든 일상을 지배하게 된다.

이런 감정은 당신을 가둘 뿐만 아니라, 다른 것에까지 영향을 미치는 유출 효과를 가져오는데 다시 말해, 증오의 감정은 당신이 그런 감정을 느낄 정도로 상처를 받게 된 관계에만 머물지 않는다.

앞에서도 말했듯이, 모든 인간관계에는 당신의 생각과 감정, 신념이 반영된다. 그런데 당신의 감정을 마치 스위치처럼 마음대로 켰다 끌 수 있다는 생각은 순진한 착각이다. 당신도 감정이 마음대로 통제되지 않는다는 것은 이미 경험을 통해 잘 알 것이다. 특히 적개심과 분노는 너무나 강력해서, 일단 그런 감정이 마음에 들어오게 되면, 당신의 모든 관계에 그 감정이 드러난다.

부정적 심성은 당신을 완전히 다른 사람으로 바꿔놓는다. 과거의 당신은 사라지고, 증오와 적개심으로 가득한 당신이 등장한다. 분노와 적개심이 강력한 이유는 사람을 바꿔놓을 수 있기 때문이다. 그런 감정은 당신의 행동을 바꾸고, 타인에 대한 당신의 태도도 감염시킨다.

부정적 감정은 인생에 스며든다

방금 한 말에 대해 좀 더 들여다보자. 부정적 감정으로 인해 당신이 달라지면, 당신을 사랑하는 사람들조차 당신을 이해하지 못하게 된다. 그들이 보는 것은 이전의 당신과는 다른, 적대적인 당신의 모습이다. 끓어오르는 분노와 좌절감은 당신의 시각을 완전히 왜곡한다. 그 결과 당신이 세상과 관계하고, 세상을 받아들이고, 세상을 여과하는 방식도 왜곡된다.

이런 부정적 감정을 가면 뒤에 숨길 수 있다고 착각하지 마라. 왜냐하면, 당신이 보이는 반응, 당신이 세상에 보여주는 가면도 적개심과 분노, 좌절감의 모습이기 때문이다. 그런 상황에서는 당신에 대한 타인의 반응도 정해져 있을 수밖에 없다.

앞에서 나는 당신이 삶의 모든 관계에 이바지하거나, 또는 모든 관계를 망쳐놓거나 둘 중 하나라고 말했다. 당신의 다른 인간관계에까지 증오와 분노, 적개심을 끌어들인다면, 그것은 관계를 망치고 오염시키는 것이다. 분명한 것은 그 과정에서 당신의 감정과 관계 모두 서서히 망가진다는 점이다. 따라서 당신이 해야 할 일은 그 속박을 끊어내고, 그런 부정적 감정을 다른 관계에까지 끌어들이지 않는 것이다. 당신의 배우자나 자녀, 사랑하는 이들, 그리고 당신 자신을 위해서라도 속박에서 벗어나라. 마음속에서 증오라는 독을 깨끗이 씻어내라. 분노해도 마땅한 상황일지라도 꼭 분노해야 하는 것은 아님을 깨달아라.

당신이 느끼는 분노가 '마땅하고 옳을지라도' 한 가지 더 고려할 것이 있다. 당신은 가지지 않은 것을 베풀 수 없다. 이 문장을 글자 그대로 해석해보라. 당신이 아무리 베풀고 싶어도, 당신에게 100만 달러가 없는 한 누군가에게 그 돈을 줄 수 없다. 마찬가지로, 당신에게 순수하고 자비로운 마음이 없다면, 순수하고 자비로운 사랑을 베풀 수 없다. 그것은 당신에게 없는 것을 주려는 것과 마찬가지이기 때문이다.

당신 마음속의 사랑이 오염되었다면, 당신의 마음속에 증오와 분노, 적개심이란 암 덩어리가 자라고 있다면, 당신이 줄 수 있는 것도 그것뿐이다. 당신의 마음이 증오와 분노, 적개심 때문에 차갑고 딱딱하게 굳었다면, 당신의 모든 감정도 그로부터 나오게 된다. 당신의 자녀에게 주는 사랑도, 당신의 배우자나 부모, 형제자매, 동시대 인간들에게 베푸는 당신의 사랑도 그 마음에서 나온다. 이처럼 증오와 분노, 적개심은 당신을 바꿔놓는다. 심지어 당신이 사랑하는 이들에게 주고 싶고 베풀고 싶은 것마저도 바꿔놓는다.

여기서 우리가 말하는 감정은 특정한 순간에 누군가와의 해묵은 감정으로 인해 드러난 상처다. 그리고 그 누군가는 이 모든 부정적 감정의 대상이기도 하다. 분노의 감정을 짊어지고 살아가는 사람은 하나같이 그 이유가 누군가의 행동 때문에 감정이 상했는데 풀지 못했기 때문이라고 말한다. 다시 말해, 자신에게 상처를 준 사람이 미안해하지 않기 때문에, 심지어 그런 잘못을 저질렀다는 사실조차 모르기 때문에 분노의 감정에 매달린다고 말한다. 사람들은 내게 자신이 증오하는 이들에 관해 설명할 때면 이렇게 말하곤 한다.

"용서할 수가 없어요. 그 사람이 미안해하지도 않는 걸 보면, 굳이 용서할 이유도 없고요. 내가 용서해주길 바라는 것 같지도 않아요."

그러나 그것이 기준이라면, 이 세상에는 용서받을 자격이 없는 사람이 무수히 많을 것이다. 세상에는 평생 남에게 피해만 주는 사람도 있다. 그러면서 자신의 행동이 잘못되었다는 걸 전혀 알지 못한다. 또한, 세상에는 타인에게 상처를 주고, 심지어 타인의 삶을 망쳐놓고선 조금도 개의치 않는 사람도 있다.

인생법칙 2번, '한 사람에게 일어나는 모든 일은 그 사람이 만든 것이다'는 당신이 특정한 행동을 선택하면 그에 따른 결과도 함께 선택한다는 현실을 잘 보여준다. 당신은 이 진실을 당신이 품고 있는 분노와 적개심에도 적용해야 한다. 그런 감정을 선택한 것은 자신이며, 그로 인한 결과를 선택한 것도 자신임을 깨달아야 한다. 나아가 생각 또한 행동이기에 생각도 행동처럼 다뤄야 한다는 것을 인식해야 한다.

인생법칙 2번과 더불어 인생법칙 6번도 함께 고려하라. 당신은 스스로 창조한 시각을 통해 이 세상을 인식하고 경험한다. 당신의 시각은 이 세상에 대한 당신의 해석으로 구성된다. 인생법칙 2번과 6번은 강력한 상호작용을 하면서 당신이 느끼는 감정적 삶의 질을 결정한다.

오직 당신만이 당신의 감정을 선택한다. 물론 당신이 반응하는 사건이나 행동을 제공한 것은 타인이라 하더라도, 결국 그 사건이나 행동에 대해 어떤 감정을 느낄지는 당신의 선택이다. 당신이 증오심을 품기로 선택한다면, 그 순간부터 당신은 이 세상을 어두운 여과장치를 통해 바라보기로 선택하는 것이다.

이해하기가 쉽지는 않겠지만, 결론적으로 당신에게 잘못한 사람이나 당신이 사랑하는 사람을 용서하는 것은 상대방을 위한 것이 아닌 바로 당신 자신을 위한 것이다. 가장 중요한 것은 자신에게 진심으로 이렇게 말하는 것이다.

"넌 나를 속박할 수 없어. 내 일부가 되어서 내 생각과 감정과 행동에 영향을 끼칠 수 없어. 나는 증오와 분노, 적개심 때문에 너한테 속박되지 않겠어. 두려움 때문에 너한테 묶이지 않겠어. 나는 네가 나를 어두운 세계로 끌고 들어가게 내버려두지 않아. 널 용서한다는 것은 내가 아닌 나를 놓아주는 거야. 너야말로 매일 너 자신을 견디면서 살아가야 할 테지. 네 마음속의 어두움과 함께 살아가야 하는 것도 너야. 그러나 나는 그런 삶을 살지 않겠어."

내가 목격한 여러 사람 중에서 가장 비극적인 인생은 증오와 분노, 적개심에 사로잡혀 있지만, 막상 고통과 적의를 걷어내면 그 안에는 자상하고 사랑이 넘치는 사람인 경우였다.

데이비드 켈리는 어떻게 자유를 얻었는가

데이비드 켈리가 그런 사람이었다. 그는 아주 엄격하고 냉혹한 아버지를 둔 장남이었다. 데이비드는 계속해서 아버지의 마음에 들려고 노력했지만, 무엇을 해도 늘 아버지의 성에 차지 않았다. 데이비드는 아버지가 운영하는 농장에서 오랜 기간 아주 열심히 일했다. 그러나 데이비드가 맡은 일을 제아무리 효율적으로 처리해도, 심지어 종종 남의 일까지 떠맡아서 처리해도, 결코 아버지의 마음에 들지 못했다.

아버지는 데이비드에게 단 한 번도 칭찬하거나, 착한 아들이라고 말해주지 않았다. 사랑한다는 말을 한 적도 없었다. 데이비드를 때리거나 밀거나 확 잡아당기는 경우는 있어도, 자상한 손길을 건넨 적은 없었다. 그리고 아버지는 어떤 경우에도 데이비드가 우는 것을 용납하지 않았다. 데이비드가 아주 어린 아이였을 때부터 그랬다. 아버지는 훌쩍거리는 것조차 못하게 했다.

데이비드는 일곱 살 때 커다란 트랙터의 배기장치에 무심코 몸을 기댔다가 오른팔과 어깨 뒤쪽에 심한 화상을 입었다. 병원에 입원해서 피부 이식을 받아야 할 만큼 심한 부상이었다. 그런데도 아버지는 고통에 힘들어하는 데이비드에게 울지 말라고 명령했다. 아버지는 갓난애나 '계집애'처럼 우는 것은 부끄러운 짓이라며 데이비드를 몰아붙였다. 데이비드는 끝내 고통을 참지 못해서 바닥에 무릎을 꿇고는 흐느꼈다. 그러자 아버지는 데이비드를 거세게 잡아서 일으키고 밧줄로 매질을 했다.

데이비드는 자라면서 욕구를 억제하고, 강해지는 법을 배웠다. 그의 인생목표는 자신이 강하고 거친 사내임을 아버지에게 입증하는 것이었다.

데이비드가 결혼한 지 얼마 지나지 않은 무렵, 어느 가을 오후에 아버지는 트랙터를 이용해서 땅을 갈고 있었다. 그러다가 트랙터가 갑자기 제멋대로 멈추자 아버지는 운전을 멈추고 트랙터를 살폈다. 그런데 그때 트랙터가 다시 움직이더니 아버지를 덮쳤고 결국, 아버지는 밭에서 홀로 피를 흘리다가 사망했다.

데이비드는 분노했다. 아버지의 급사로 인해 끝내 자신을 증명할 기회마저 사라졌다는 생각에 좌절했다. 데이비드는 증오와 분노, 혼란에 사로잡혔다.

내가 데이비드를 만난 것은 그의 아내의 요청 때문이었다. 아내 말로 데이비드는 아버지가 그랬던 것처럼 자기 자식도 똑같이 대했다. 아들이 우는 것도 용납하지 않았고, 애처럼 구는 것도 허락하지 않았다.

나는 데이비드를 설득해서 속마음을 털어놓게 했다. 한참을 설득한 후에야 그는 자신의 가치를 입증하고 인정받을 기회를 박탈해버린 아버지에 대한 분노를 털어놓았다. 데이비드는 이를 갈 만큼 커다란 분노와 좌절을 느끼며 눈물을 흘렸다. 그 개자식이 자신을 남자로 인정하지도 않고, 사랑한다고 말하지도 않은 채 죽어버렸다고 말했다. 데이비드는 아버지가 자신을 대했던 태도에 분노했고, 복수할 기회를 빼앗아간 것을 두고 죽는 날까지 아버지를 증오할 거라고 털어놓았다. 한마디로 데이비드는 고통에 사로잡혀 자신을 망치고 있었다.

그는 속박에서 벗어나야 했다. 아버지를 용서하지 않는다면, 그리고 자신의 감정을 어떤 식으로든 정리하지 않는다면, 그는 남은 평생 그 대가를 치를 수밖에 없었다. 그뿐만이 아니라, 그로 인해 어린 아들과 사랑스러운 아내마저도 희생해야 했다.

예상했겠지만, 나는 이번 장에서 당신이 읽은 모든 내용을 데이비드에게도 똑같이 말해주었다. 일단 데이비드는 자신의 감정부터 정리해야 했다. 그는 헤어날 수 없는 수렁에 빠진 것처럼 느꼈다. 왜냐하면, 아버지가 죽으면서 아버지와 화해할 기회가 아예 사라졌기 때문이었다. 아버지로 인한 증오와 적개심은 그의 현재 삶을 지배했다. 데이비드는 그 사실을 깨달았고, 큰 충격을 받았다. 증오와 적개심 때문에 자기통제 능력을 잃어버렸다는 사실에 무척이나 힘들어했다. 아버지가 무덤에서도 여전히 자신을 조종하고 있다는 생각을 하면 소름이 끼쳤다. 데이비드는 자기통제 능력을 되찾고 싶었다. 자신을 위해서라도, 가족을 위해서라도 그러고 싶었다.

데이비드가 극적인 계기를 맞이하게 된 건, 용서는 상대방의 협조가 필요하지 않다는 사실을 깨닫고 나서였다. 심지어 상대방은 용서한다는 사실을 몰라도 된다. 상대가 미안하다고 할 필요도 없고, 자신의 잘못을 인정할 필요도 없다. 왜냐하면, 용서는 상대를 위한 것이 아닌 자신을 위한 것이기 때문이다.

데이비드는 자기관리를 하려면 타인에게 원하는 것을 자신에게 먼저 베풀어야 한다는 사실을 깨달았다. 이 또한 데이비드가 변화하는 데 도움이 되었다. 데이비드의 아버지는 사랑한다는 말을 해주지 않았다. 데이비드가 좋은 사람이고, 따라서 마땅히 좋은 인생을 누려도 된다는 말도 해주지 않았다. 이미 죽었기에 그런 말을 해줄 기회마저 사라졌다. 데이비드가 아무리 오래 기다려도, 입을 삐쭉 내밀고 분노하며 제아무리 오랜 기간을 버틸지라도 헛수고였다.

나는 데이비드에게 아버지에게서 받고 싶었던 것을 스스로 자신에게 주어야 한다고 설득했다. 데이비드는 거울에 비친 자기 모습을 보며 아버지에게 듣고 싶었던 말을 들려주었다.

"넌 좋은 사람이야. 늘 착하게 살아왔지. 그러니 건강하고 균형 잡힌 감정을 느끼고 그런 삶을 살아야 마땅해. 그리고 당연히 그런 삶을 누리게 될 거야. 아버지가 네 훌륭한 면을 인정하지 않았다고 해서, 그런 면모가 없어지는 것은 아냐. 그가 너의 훌륭한 면을 보지 못한 까닭은 네 결점 때문이 아니라 그 자신의 좁은 시각 때문이야."

데이비드는 거울에 비친 자신에게 아버지로부터 듣고 싶었던 얘기를 직접 들려주었다. 그러자 아버지를 용서할 수 있는 힘과 용기가 생겨났다. 진정한 남자라면 아버지가 심어준 생각에서 벗어나야 한다는 것을 알았다. 지금껏 너무나 고통스럽게 살아왔는데 아버지도 똑같이 고통을 느끼며 살아왔을지도 모른다는 생각도 들었다. 데이비드는 자신과 아들과 아내를 위해 아버지를 용서했다. 더는 아버지처럼 살기 싫었다. 아버지와의 관계에서 비롯된 고통과 상처에서 벗어나고 싶었다. 그래서 아버지를 용서했다.

데이비드는 듣고 싶던 이야기를 직접 들려주고, 아버지를 용서함으로써 이 세상을 살아가는 방식을 스스로 선택할 수 있었다. 그는 더 이상 아버지의 기억에 속박되지 않기로 결심했다. 마지막 상담시간에 내 눈을 바라보며 그가 말했다.

"이렇게 살 수는 없어요. 이제 멈춰야 해요. 지금 당장 그만둬야 해요. 그러지 않으면 내 아들도 나랑 똑같은 희생을 치러야 할 테니까요."

데이비드는 깊이 깨달았고, 내 조언을 행동에 옮겼다. 그는 속박에서 벗어났고, 오직 용서를 통해서만 가능한 자유를 얻었다.

용서는 당신 자신을 위한 것이다

과제 ⑬ 싫은 사람들 나열하기

당신을 증오와 분노, 적개심의 속박에 사로잡히게 한 사람들을 노트에 쭉 적어라. 자신과 주변의 사랑하는 이들을 위해서라도 이런 참혹한 감정에서 비롯되는 속박과 고통에서 벗어나라.

이런 식으로 용서의 의미를 다른 각도로 바라보면, 당신도 타인에 의한 고통에서 벗어날 수 있다. 반대로 증오와 분노, 적개심에서 벗어나지 못한다면, 당신은 깨어나 있는 시간 내내 이런 감정에 사로잡혀 삶을 살아가게 된다. 이런 감정은 당신을 냉소적으로 만든다. 당신 자신을 의심하게 만든다. 당신 주변에 벽을 세우고, 오히려 당신을 사랑하는 사람들이 대가를 치르게 한다. 당신이 상처를 준 상대방 때문에 이런 속박에 빠져버리는 것을 방치한다면, 결국 상대가 이기는 셈이다. 다시 한 번 더 말한다. 상대방 때문에 당신이 증오하고, 분노하고, 적개심을 품는다면, 그것은 상대방이 이기는 것이다.

유일한 탈출구는 용서뿐이라는 내 말을 믿어라. 당신이 상처를 입게 된 부정적인 인간관계의 수렁에서 빠져나오는 유일한 방법은 도덕적으로 더 나은 사람이 되어 당신을 아프게 한 상대방을 용서하는 것이다. 그들이 당신에게 한 모든 짓은 이미 자신에게도 한 짓이다. 그들의 옳고 그름을 굳이 당신이 판정하지 말고, 신에게 맡겨라.

마지막으로 한마디만 덧붙이면, 누군가에게 상처를 입는 것보다 더 나쁜 것은 가해자가 사라진 후에도 여전히 그 상처를 간직하는 것이다. 생각해보라. 상처를 입힌 사람이 사라져버려서 더는 따지지도, 논쟁하지도 못하는 경우가 얼마나 많은가. 데이비드처럼, 상대방은 오래전에 죽은 아버지일 수도 있다. 멀리 이사해서 다시는 못 만나게 된 친구일 수도 있다. 그런데도 남은 인생 동안 여전히 증오와 분노, 적개심을 가슴 속에 품고 살아갈 것인가?

용서를 미루지 마라. 당신에겐 그들을 용서할 힘이 있다. 그리고 그 용서는 그들이 아닌 자신을 위한 선물이다. 당신은 어떤 식으로든 고통과 상처에서 벗어날 자격이 있다. 다만 명심하라. 당신의 경험은 당신이 만드는 것이다. 그러니 당신이 원하는 경험을 만들고, 당신이 원하지 않는 경험은 제거하겠다고 굳게 결심하라. 당신의 용서로 오히려 상대방이 득을 보더라도 개의치 마라. 용서를 통해 구원할 대상은 당신 자신이며, 감정적 감옥에서 풀려나는 것 또한 당신 자신이다.

용서의 힘은 증오와 분노, 적개심에서 스스로를 해방하는 힘이다. 그 힘을 움켜쥐고 고통에서 벗어나라. 당신은 그럴 자격이 있다. 그리고 당신이 사랑하는 모든 이들도 그럴 자격이 있다.

인생전략의 핵심!

- 당신 마음속의 사랑이 오염되었다면, 마음속에 증오와 분노, 적개심밖에 없다면, 당신이 줄 수 있는 것도 그것뿐이다.
- 용서를 하는 데는 상대방의 협조가 필요하지 않다. 용서는 상대를 위해 하는 것이 아니라 자신을 위해 하는 것이기 때문이다.
- 당신이 상처를 입게 된 부정적인 인간관계의 수렁에서 빠져나오는 유일한 방법은 도덕적으로 더 나은 사람이 되어 당신을 아프게 한 상대방을 용서하는 것이다.

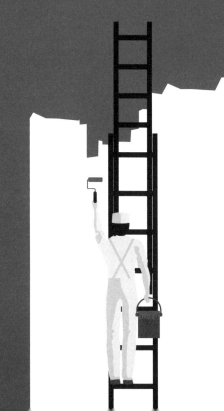

11장

어떻게
원하는 것을 얻는가

나는 늘 대단한 사람이 되고 싶었는데,
그러려면 좀 더 구체적이었어야 했다.

릴리 톰린, 제인 와그너

구체적으로 원해야만 얻을 수 있다

당신의 전략

당신이 원하는 것이 무엇인지
분명하게 정한 뒤 때를 기다려라.

상식적으로 생각하면, 당신이 삶에서 원하는 것을 얻는 가장 손쉬운 방법은 '주문을 하는 것'이다. 다시 말해, 자리에서 일어나 당신이 원하는 것을 명확하게 말하는 것이다. 이것은 부인할 수 없는 진실이다. 내 생각에 요술 램프에서 정말로 지니가 나와 '소원을 말해봐'라고 한다면 대다수 사람은 말을 더듬고 어떤 소원을 빌어야 할지 몰라 우물쭈물할 것이다.

당신이 원하는 것이 무엇인지 정확하게 알지 못하는 것은 좋지 않다. 이 인생법칙은 아주 기본적인 내용을 담고 있다. 원하는 것이 무엇인지 구체석으로 말하지 못한다면, 당신은 결코 그것을 차지하기 위해 적극적으로 나설 수 없다. 따라서 이번 장의 목표는 당신이 원하는 것에 집중해야 하는 까닭을 분명히 이해하는 것이다. 그런 뒤 원하는 것을 표현하고 이름을 붙여서 분명히 인지한 후 획득하는 것이다.

그 목표를 언제 어떻게 왜 원하는가

원하는 것을 구체적으로 말하고 차지하는 능력은 당신의 삶에서 그 어느 때보다 더 중요할 수 있다. 그 능력이 지금까지 별로 중요하지 않았던 이유는 당신이 원하는 것이 무엇인지 알았더라도 그것을 차지할 확률이 낮았기 때문이다. 그러나 이제는 상황이 달라졌다. 그래도 여전히 진정으로 원하는 것이 무엇인지 구체적으로 알고 표현하기 어려운가? 세상에는 그런 사람들이 한둘이 아니다.

대부분의 사람은 자신이 원하는 것을 구체적으로 설명하지 못한다. 자신이 무엇을 원하는지 전혀 알지 못하기 때문이다. 일상에서 단순한 결정을 앞두고 우물쭈물했던 때를 떠올려보라. 때로는 어떤 영화를 볼지, 어떤 요리를 주문할지, 어떤 옷을 입을지조차 결정하지 못한다. 그런 면에서 보면, 삶의 목표를 정하지 못하는 것이 아주 특이한 것은 아니다.

그러나 결정하지 못하면 행동하지 못한다. 행동하지 못하면 당신이 원하는 결과를 얻을 수 없다. 이런 상태로 살아가는 것은 유도장치가 없는 미사일과 같아서, 결코 원하는 목적지에 다다를 수 없다.

아마 당신은 무엇을 원하지 않는지는 쉽게 말할 수 있을 것이다. 특히 오랫동안 마음에 들지 않는 환경에서 살아왔다면, 원하지 않는 것이 무엇인지 너무나 잘 알고 분명하게 인식할 것이다. 반대로 자신이 원하는 것을 누려본 경험이 없는 상황에서는 진정으로 자신이 원하는 것이 무엇인지 설명하기란 매우 어렵다.

원하는 것을 정확하게 알지 못하는 것이 심각한 문제인 까닭은 다양하다. 일단 당신이 살아가는 이 세상은 당신이 요구하는 것만 얻을 수 있는 곳이다. 이것은 당신의 중대한 인생목표는 물론이고, 일상에서의 소소한 욕구도 마찬가지다. 예를 들어, 당신이 중고차를 7,000달러에 팔겠다는 조그만 광고를 신문에 실었다고 가정해보자. 과연 누군가 그 광고를 보고 당신에게 이렇게 말할 확률이 얼마나 될까?

"우와! 차가 정말 좋은데요. 너무 가격을 낮게 부르는 것 아닌가요? 이렇게 하죠. 제가 9,000달러를 지불하겠습니다."

터무니없이 들리는가? 그 이유는 실제로 이런 상황이 터무니없기 때문이다. 마찬가지로 당신의 인생목표에서도 당신은 딱 요구한 만큼만 얻을 수 있다. 원하는 것을 파악한 후 그것을 얻기 위한 계획을 세우고 열심히 노력할 때에만 당신은 원하는 것에 그나마 최대한 근접할 수 있다. 반대로 당신이 진정으로 원하는 것이 무엇인지 알지 못한다면, 당연히 그것을 요구할 수 없다. 원하는 것을 주는 사람이 당신 자신이든 타인이든 상관없이, 당신은 원하는 것을 정확히 말할 수 있어야 한다. 내가 이 세상을 주관하는 조물주라고 해도, 당신이 명확하게 말하기 전까지는 원하는 것을 주지 못할 것이다.

아파서 우는 갓난아이를 안아본 적이 있다면, 그때 느꼈던 아주 무기력한 감정을 이해할 것이다. 당신은 갓난아이를 돕고 싶다. 아이가 원하고 필요한 것을 주고 싶다. 그러나 갓난아이는 그것이 무엇인지 말해줄 수 없다. 차이라면 이 세상은 당신의 엄마가 아니라는 것이다. 그렇기에 갓난아이를 위하는 엄마처럼 당신이 원하는 것을 어떻게든 알아내려고 정성을 쏟지 않는다. 삶의 목표를 정확하게 말하지 못하면, 당신도 갓난아이처럼 온몸을 비틀고 떼를 쓰면서 인생을 살아가게 된다.

인생에서 성공을 맛본 적이 없어서 실망했다면, 이런 생각을 해보라.

성공은 바로 당신 코앞에 있을지도 모른다. 다만 당신이 그 사실을 모르는 까닭은 당신이 어떤 성공을 원하는지 정확하게 말하지 못하기 때문이다.

한 가지 더 고려해야 할 냉정한 진실이 또 있다. 원하는 것을 명확하게 말하는 것이 그것을 차지하기 위한 기본조건이라면, 당연히 당신은 원하는 것을 결정할 때 지극히 신중할 필요가 있다. 원하는 것이 무엇인지 모르는 것보다 더 나쁜 것은, 원하는 것을 잘못 알거나 착각하는 것이다. 나는 직업(개인의 삶에서도 마찬가지다)에서 자신이 원한다고 확신하는 목표를 향해 오랜 세월 동안 매진하는 사람을 무수히 만나봤다. 그들은 오랫동안 열심히 일했고, 목표를 위해 희생해왔다. 그러나 그들이 막상 목표를 달성한 후 실망하는 모습을 보면 정말로 안타깝기 그지없다. 그들은 결코 무기력하지 않았다. 오히려 열심히 나아갔다. 다만 그 방향이 틀렸을 뿐이다. 그들은 잘못된 방향으로 부지런히 나아갔고, 그 결과 원점에서 너무 멀어졌다.

어린 시절 이런 경고를 들은 적이 있다.

"소원을 빌 때는 신중해야 해. 왜냐면 정말로 그 소원이 이뤄질 수 있거든."

말하는 대로 이뤄진다면 목표를 말할 때 대단히 신중해야 한다. 특히 위에서 내가 언급한 사람들과 똑같은 곤경에 처하지 않으려면, 더더욱 주의해야 한다. 그들은 자신이 실제로는 원하지 않던 목표를 열심히 추구했다는 사실에 좌절했다. 그뿐만 아니라, 오히려 자신이 진정으로 원했던 목표는 아주 쉽게 손에 넣을 수 있는 것이었음을 깨달았다. 그러나 그들은 잘못된 목표를 추구하는 과정에서 진정으로 자신이 원하던 것을 놓쳐버렸다. 진정으로 원했던 목표는 그들이 헛된 열정을 품고 추구했던 목표보다 훨씬 더 이루기 쉬운 목표였을지 모른다. 그리고 이런 결과가 나온 것은 이 인생법칙을 무시한 데 따른 인생의 역설일 수 있다. 또한, 당신은 그런 잘못된 상황이 결국에는 자신이 자초한 것임을 인정해야 한다. 따라서 이 인생법칙은 지극히 당연한 내용이지만, 절대로 그 중요성을 간과해선 안 된다.

당신은 목표의 시간적 요소도 고려해야 한다. 당신이 원하는 것을 얻을 수 있는 기회는 시간제한이 있다. 예를 들어보자. 당신은 자녀와 소중하면서 밀접한 관계를 유지하길 진심으로 원한다. 자녀에 대해 더 많이 알고, 자녀가 성숙한 인간으로 성장하도록 더 많은 영향을 줄 기회를 원한다. 그러나 당신은 그럴 기회의 창이 닫힌 지 오래 지난 후에 이 목표를 정했다. 그 세월 동안 누군가가 당신의 역할을 대신했을 수도 있고, 또는 이미 자녀가 다 성장해서 갑자기 부모 노릇을 하려는 당신에게 관심이 없거나, 아예 받아들이지 않을 수도 있다. 그렇다면 당신은 그 기회를 날려버렸다는 사실에 무척 상심할 것이다. 따라서 목표에 대해 고민하고 계획할 때 반드시 긴급성이란 시간적 요소를 함께 고려해야 한다. 물론 그렇다고 해서 마음이 급한 나머지 당황하여 이도 저도 못해서는 안 된다. 시간에 쫓겨 잘못된 목표를 정하고 추구하는 경솔함을 범해서도 안 된다. 다만 당신은 목표를 정하고 구체화하는 데 있어서 그 목표가 얼마나 긴급한지를 명확하게 설정해야 한다.

당신은 목표에 집중하되 다른 한편으론 유연해야 한다. 내 가장 큰 걱정 중 하나는 내가 정한 중요한 목표로부터 이탈하고 있다는 조기 경고신호를 놓치는 것이다. 그래서 나는 이런 조기 경고신호를 놓치지 않으려고 늘 주의한다. 그냥 별생각 없이 하루하루 살다가 나중에 크게 뒤통수를 맞을까봐 두렵기 때문이다. 나는 인생은 깨닫고 살아가거나 모르고 살아가거나 둘 중 하나라고 생각한다. 그리고 가급적이면 깨닫고 살아서 뒤통수를 세게 맞는 일이 없었으면 한다. 당신도 자신이 원하는 것을 명확히 말하고 얻는 과정에서 이런 점을 반드시 고려해야 한다.

그리고 어떤 목표를 세우든 반드시 구체적이어야 한다. 원하는 것을 상세하게 알 때만, 당신은 그 목표를 향해 나아가고 있는 것을 알고, 느끼고, 감지할 수 있다. 마찬가지로 그럴 때만 당신이 목표에서 이탈할 경우에도 그 사실을 감지할 수 있다. 목표에 대해 잘 알면, 어떤 행동과 선택이 그 목표에 도움이 되는지, 방해가 되는지 알 수 있다. 목표에 대해 잘 알아야만 목표에 근접했을 때 그 사실을 감지하고 기다렸다는 듯 기회를 포착할 수 있다. 다만 그러려면 기회가 다가왔을 때 그것이 기회임을 알 수 있어야 한다. 구체적으로 자신이 원하는 것을 알아야 한다는 말은 바꿔 말하면 여러 다양한 표현과 시각으로 당신의 목표를 구체적으로 서술할 수 있어야 한다는 말이다. 성공하고 싶은가? 그렇다면 아래 질문에 구체적으로 답할 수 있어야 한다.

당신에게 성공이란 무엇인가? 바꿔 말해, 당신이 통과해야 할 결승선은 어디인가? "그래, 바로 이거야!"라고 말하려면 당신은 삶에서 구체적으로 어떤 결과물을 만들어내야 하는가?

- 당신이 원하는 것은 무엇인가?
- 그것을 얻는다면 어떤 모습일까?
- 그것을 얻는다면 어떤 느낌일까?
- 그것을 얻는다면 당신은 어떻게 행동할까?
- 그것을 얻으려면 누구와 함께 일해야 하는가?
- 그것을 얻으려면 어디에서 일해야 하는가?
- 그것을 얻은 후의 삶은 지금과 비교해서 어떻게 달라질까?

그것을 얻기 위해 당신의 삶에서 극복하거나 바꿔야 할 것은 무엇인가? 다시 말해, 지금 당신이 하는 행동, 또는 해야 하지만 하지 않고 있는 행동이 그것을 얻기 위한 노력을 방해하고 있지는 않은가?

위 질문에 아주 약간만 구체적으로 답할 수 있다면, 당신은 준비가 덜 되었다. 실제로 사람들이 자신의 목표를 설명할 때 저지르는 가장 흔한 실수 중 하나는 지극히 일반적이고 추상적인 표현을 사용하는 것이다. 예를 들어, 당신도 누군가 이런 말을 하는 걸 자주 들어봤을 것이다.

"내가 원하는 삶은 행복해지는 거야."

아주 상식적인 답변처럼 들리지만, 인생목표의 관점에서 보면 실패하기 딱 좋은 목표다. 내 강아지 바클리도 행복해지고 싶어한다. 그렇다고 당신과 내 강아지가 똑같은 것을 원하는 것은 아닐 것이다. 나는 당신과 바클리의 행복에 대한 정의가 아주 다르다는 데 내 모든 것을 걸 수 있다. 따라서 당신이 누군가 배를 긁어주고 거실 탁자 밑에서 잠을 자는 걸 허락하는 것만으로 행복하지 못할 거라면, 고유한 인간으로서 당신이 원하는 것이 정확히 무엇인지 더욱 구체적일 필요가 있다.

목표에 집중하고, 목표에 열정을 느끼고, 목표에 따라 정의된 삶을 떠올려보라. 그런 뒤 자신이 무엇을 원하는지, 자신의 삶에 무엇이 결여되어 있는지를 모르는 이의 삶과 당신이 방금 떠올린 삶을 비교해보라. 당신이 진정으로 원하는 것이 무엇인지를 구체적으로 말한다는 것은 항구에서 비추는 불빛을 향해 배를 모는 것처럼 인생을 올바른 방향으로 이끈다. 이제 당신에게는 정확하고 구체적인 목적지가 생겼다.

인생에서 가장 큰 후회를 잘 보여주는 오래된 속담이 있다.

'인생에는 원하지 않는 것만 늘 차고 넘친다.'

이 속담에 담긴 교훈은 명백하다. 단 것이 당길 때는 짭짤한 포테이토칩을 아무리 많이 먹어도 성이 차지 않게 마련이다. 그것은 마치 자물쇠에 맞지 않는 수십 개의 열쇠로 수십 번 문을 열려고 시도해보는 것과 같다. 오로지 맞는 열쇠만이 자물쇠를 열 수 있다. 그리고 당신이 원하는 것을 정확히 알 때, 그것이 어떤 모습이고, 어떤 느낌이며, 어떤 경험을 가져다줄지 알 때만 당신도 자물쇠에 맞는 열쇠를 가진 셈이다.

원하는 것을 얻는 구체적인 방법

아래 제안할 내용은 당신이 원하는 것을 정확하고 구체적으로 정의하는 데 도움이 될 것이다.

첫째, 대담하되 현실적이 돼라.

당신이 삶에서 특별한 것, 특별한 감정이나 경험을 원한다는 사실을 인정하라. 이미 말한 것처럼, 당신은 요구하는 것만 얻을 수 있다. 그러니 지나치게 낮은 목표를 추구하지 마라. 그랬다간 원하지 않는 목표에 평생을 쏟을 수도 있다. 한편으로는 현실적이 돼라. 현재 모습과 현재 위치를 찬찬히 살펴보라. 당신이 미국프로농구 NBA 리그에서 뛰고 싶은데, 이미 45세이고 수직점프 수치가 고작 5센티미터에 불과하다면, 다른 목표를 추구하는 것이 훨씬 나을 것이다.

둘째, 절대로 수단과 결과를 혼동하지 마라.

사람들은 중요한 단계를 이행하지 않고 오직 최종목표에만 집중하면서 그 목표가 이뤄졌을 때 어떤 기분일지만 상상한다. 예를 들어, 당신이 원하는 것을 이렇게 말했다고 하자.

"나는 멋진 자동차를 몰고 다니며, 월급을 많이 주는 직장에서 일하길 원해."

그 말을 들은 나는 멋진 자동차와 월급을 많이 주는 직장은 목표라기보다 목표로 가는 수단이라고 지적할 것이다. 그러면 당신은 좀 더 깊게 고민한 후, 이렇게 자문해야 한다.

'나는 왜 멋진 자동차와 월급을 많이 주는 직장을 원하는 걸까?'

아마 그 두 가지를 가졌을 때 느낄 감정 때문에 그것들을 원할 것이다. 이 사례에서 멋진 자동차와 좋은 직장은 안정적인 삶을 의미한다. 그리고 당신은 이런 삶에 대해 감정적으로 강하게 반응한다. 그렇다면 당신의 진정한 목표는 멋진 자동차와 월급을 많이 주는 직장이 아닌 그런 것을 가졌을 때 느끼는 특별한 감정이다. 자동차는 시간이 지나면 노후되어 여기저기 고장이 나고, 녹이 슬게 마련이다. 월급을 많이 주는 일자리도 감원이나 해고를 당할 수 있다. 그럼에도 당신이 진정으로 원하는 것이 자동차라고 믿는다면, 폐차장에 가서 5년 전이나 10년 전이라면 너무나 갖고 싶어했을 차종이 지금은 어떤 모습인지 보라. 그런 후 멋진 자동차가 당신의 진정한 목표인지 재고하라.

수단과 결과를 구별하는 것은 아주 중요하다. 당신이 특정한 물건이나 경험을 원하는 이유가 진정으로 그것을 원해서가 아닌 그것과 연관된 감정 때문임을 깨닫는다면, 그 순간 당신의 목표는 물건이나 경험이 아닌 그것과 연관된 감정으로 옮겨가게 된다.

바꿔 말하자면, 진정으로 원하는 것이 자부심과 안정된 삶이라면, 그것을 얻기 위해 멋진 자동차와 좋은 직장이란 두 가지 수단에만 집착하는 것은 옳지 못하다. 동일한 감정을 느끼기 위한 수단에는 이 두 가지를 포함해 총 10가지가 있을 수도 있다. 그리고 그 수단이 10가지나 된다면, 오직 두 가지 수단에만 매달릴 때보다 원하는 것을 얻을 확률도 훨씬 높아진다.

멋진 차와 좋은 직장을 원하는 이유를 고민하는 과정에서 실제로는 그 두 가지가 당신의 목표를 달성하는 데 도움이 되지 않는다고 결론 내릴 수도 있다. 그러면 헛된 목표를 추구하느라 귀중한 시간과 에너지를 허비하지 않을 수 있다.

린다와 나눈 대화

나는 오랜 세월 동안 수많은 대중을 상대로 삶의 기술과 인생전략에 관한 세미나를 진행해왔다. 그 덕에 사람들이 자신이 진정으로 원하는 것이 무엇인지를 두고 혼란스러워하는 모습을 눈앞에서 직접 목격할 수 있었다.

나는 목표를 구체적으로 정의하는 과정이 성공적인 인생전략에 가장 중대한 영향을 끼치는 요소라고 믿는다. 그래서 참석자들이 진정으로 자신이 원하는 것을 구체화하는 일련의 과정을 세미나에 반드시 포함시키곤 한다. 아래는 그 과정을 수행하면서 한 참석자와 나눴던 대화 내용이다.

세미나 참석자 린다 윌리엄스는 로스앤젤레스에서 온 44세의 기혼 여성이었다. 린다는 세미나에 등록한 이유가 결혼 생활과 가정생활, 개인 생활 모두 서서히 망가지는 것 같아서라고 말했다. 그녀는 로스앤젤레스 시내에 살았는데 범죄와 폭력이 거주지까지 퍼질까봐 두려웠다. 게다가 세 아들도 점차 방황하기 시작했다. 린다는 남편과 여전히 한집에 살긴 했지만, 실제로는 지난 수년 동안 '감정적 이혼' 상태에 놓여 있다고 말했다. 린다와의 대화를 옮기면 아래와 같다.

나   린다, 원하는 게 뭔지 말해보세요. 머릿속으로 원하는 것 말고 진정 마음속에서 원하는 걸 말해봐요. 옳은지 그른지 따지지 말고, 떠오르는 대로 말하세요.

린다   로스앤젤레스를 떠나고 싶어요. 아주 나쁜 일이 생기기 전에 이 무시무시한 곳을 벗어나고 싶어요. 나는 이곳이 너무 두려워요. 더는 이곳에 살기 싫어요.

나   그렇군요. 그렇다면 당신은 무얼 해야 하죠?

린다 모르겠어요. 이사하는 건 어려워요. 남편 로저와 나는 둘 다 일을 하는데도 먹고사는 게 늘 빠듯하죠. 그래서 이사는 현재로서는 불가능해요. 이곳을 벗어날 수도 없고, 어찌할 도리가 없어요. 그러니 이런 얘기조차 헛수고예요. 내 말은…… 이런 이야기는 하고 싶지 않아요. 어차피 불가능한 걸요. 그냥 시간 낭비예요.

나 그렇다면 당신이 원하는 것을 얻는다면 어떤 기분일까요? 현재 거주하는 곳에서 느끼는 두려움과 위협에서 벗어난다면 어떤 기분이 들 것 같나요?

린다 어머나, 그야 너무 안전하고 행복하겠죠. 희망도 다시 품을 수 있고요. 나와 아들들을 위한 희망 말이에요. 예전에는 꽤 긍정적이었어요. 애들이 잘 자라서 다들 앞가림을 잘할 거라고 생각했죠. 그런데 지금은 애들이 과연 잘 자라기나 할까 싶어요. 요즘에는 깊게 숨을 들이마시는 것조차 힘들어요. 툭하면 호흡이 가빠지곤 하거든요.

나는 린다가 자신이 진정으로 원하는 것을 찾는 첫걸음이 이 마지막 대답에 담겨 있다고 믿는다. 처음 그녀가 로스앤젤레스를 떠나고 싶다는 말을 했을 때, 나는 그녀가 그저 현재 느끼는 고통과 두려움에서 벗어나고 싶어 과장해서 내뱉은 말이라고 해석했다. 한편으론 호흡이 가빠진다는 말에 린다가 내적으로 극심한 갈등을 겪고 있다고 생각했다. 그래서 나는 그녀가 느끼는 진정한 감정을 파악하기 위해서 그녀의 말에 좀 더 귀를 기울여야 했다. 그리고 린다가 "안전하고 행복한 기분이

들고, 희망도 다시 품을 수 있다"라고 말했을 때, 나는 그녀가 처음으로 자신의 진정한 속마음을 털어놓았다는 걸 알았다.

나   그러니까 당신이 정말로 원하는 것은 안전하고 행복하다고 느끼는 것, 그리고 당신의 미래와 남편, 세 아들을 위해 다시 희망을 찾는 건가요?

린다   (울기 시작하면서) 네, 그래요. 두려움에 떠는 것도 이젠 너무 지쳐요. 늘 수렁에 빠진 것 같은 느낌도 너무 지겹고요. 어찌해야 할지, 어디서부터 시작할지 모르겠어요. 나는 가족한테 실망만 주는 것 같아요. 가족에게 더 나은 삶을 제공하지 못하는 게 너무 부끄러워요.

나   그렇다면 당신이 무얼 해야 할까요? 가족에게 더 좋은 삶을 제공하려면, 그런 삶을 제공하지 못하는 부끄러운 엄마가 되지 않으려면 당신은 무얼 해야 할까요?

린다   모르겠어요. 그냥 모르겠어요.

나   아뇨, 안다고 칩시다. 뭘 해야 할까요?

린다   일단 아이들과 다시 친해져야 할 것 같아요. 아이들도 나랑 같은 걸 원하는지 확인해야겠죠. 로저와의 관계도 다시 회복해야 하고요. 지금은 사이가 너무 멀어졌거든요. 서로 말도 안 하고, 생각도 모르고, 서로 아끼지도 않죠. 혼자인 게 너무 힘들어요. 로저와 어떻게든 다시 회복해야죠.

린다는 여전히 남편을 사랑하는 것이 분명했다. 그리고 둘의 관계에서 먼저 뒷걸음친 것은 두려움과 좌절에 휩싸인 린다였을 것이다.

나 아이들과 다시 소통하게 되면 어떤 기분일까요? 그리고 남편과도 다시 관계가 회복되면 어떨 것 같아요?

린다 더는 부끄러운 마음은 없을 것 같아요. 나쁜 엄마, 나쁜 아내란 마음도 들지 않을 테고, 가족을 화목하게 만들지도 못하고 자녀들을 잘 이끌지 못한다는 미안함도 없겠죠. 남편이 나를 가까이 하지 않게 만들었다는 수치심도 없을 테고요. 나는 남편한테 너무 잘해주고 싶어요. 좋은 사람인데 너무 지치고 외로워 보이거든요. 그런데도 나는 남편한테 전혀 도움이 못 되고 있어요.

나 특정한 감정을 느끼지 않게 될 거라는 말이나, 수치심을 느끼지 않아도 된다는 말은 하지 마세요. 반대로 가정생활과 결혼 생활 모두 제자리를 찾는다면 어떤 기분이 들지를 말해봐요.

린다 여성으로서 다시 자부심을 느끼지 않을까요. 이전보다 더 나은 사람이 된 것 같은 느낌이 들겠죠. 예전에는 제가 꽤 강인했거든요. 제 엄마가 그러셨던 것처럼 저도 가정을 따사롭고 끈끈하게 이끌었죠.

나 그러니까 당신이 진정으로 원하는 것은 다시 자부심을 느끼는 거군요. 여자로서, 엄마로서, 아내로서 역할을 더 충실히 하면서 인간으로서도 완전해지길 바라는군요.

린다 네, 맞아요. 그게 제가 원하는 거예요. 예전에는 그런 감정을 느꼈어요. 다시 그런 감정을 느끼게 되면, 우리 가족은 다른 난관들도 잘 극복할 수 있을 거예요. 가족이 하나가 되면 로스앤젤레스도 극복할 수 있죠. 그러나 나 혼자서는 불가능해요. 지금은 나를 잃어버렸으니까요. 선생님 말씀이 맞아요. 다시 자부심을 느끼고, 다시 완전해지고 싶어요. 그게 제가 원하는 거예요. 나는 좋은 엄마예요. 아이들을 위해선 목숨도 바칠 수 있어요. 남편을 위해서도 뭐든 할 수 있어요.

나   그렇다면 당신이 원하는 예전 모습으로 가정을 되돌리려면 뭘 해야 할까요?

린다   집에 돌아가면 남편 손을 잡고 이렇게 말할래요. "우리 더 이상 이렇게 살지 말아요." 더 늦기 전에 방향을 바꿔야겠죠. 아이들도 따로 불러서 그 예쁜 얼굴을 어루만지면서 이렇게 말할 거예요. "다 너희를 위한 거니까 이 엄마를 좀 도와주렴." 매일 밤 고통에 떨며 울기만 하지 않고 뭔가를 해야겠어요. 지금 당장 실천에 옮길 거예요.

나   지금 말한 대로 한다면 어떤 기분이 들까요?

린다   자부심을 느낄 거고, 다시 완전해지는 느낌이 들겠죠. 왜냐하면, 그게 제가 할 일이니까요. 신께서 이 가정에 저를 보낸 이유도 그 때문인데, 단지 그동안은 역할에 소홀했어요. 맞아요. 그게 제가 원하는 거예요. 제가 바라는 게 그거예요. 로스앤젤레스를 떠나는 게 아니라, 내가 원했던 나를 찾고 내 가정을 찾는 거였어요. 지금부터라도 다시 돌려놔야죠.

물론 린다는 앞으로 해야 할 일도, 계획할 것도 많았다. 그러나 보다시피 그녀는 자신이 인생에서 진정으로 원하는 것이 무엇인지 깨닫고 다시 그것에 집중하게 되었다.

나는 린다가 가슴속에서 우러나오는 진실을 얘기하고 있음을 알았다. 이제 그녀는 미래 계획을 세울 수도 있고, 앞으로 할 모든 선택을 자신의 인생목표에 따라 검토할 수 있게 되었다. 나는 그녀가 더는 인생의 궤도에서 벗어나지 않을 것을 알았다. 목표에서 이탈하거나, 목표를 포기하지도 않을 것도 알았다. 왜냐하면, 이제 린다는 자신이 무엇을 원하는지 명확히 알았기 때문이다.

원하는 것을 얻기 위한 질문들

과제 ⑭ 핵심 질문 찾기

내가 린다에게 던진 질문을 눈여겨보라. 그 질문이야말로 당신이 물어야 하는 질문들이다. 눈치 챘겠지만, 이 질문들은 계속 반복된다. 다시 말해, 정해진 틀을 따라간다. 그러니 자신에게도 동일한 질문을 던진 후 노트에 답변을 적어라. 규칙적으로 반복되는 질문을 찬찬히 따라가다 보면, 마침내 삶에서 무엇을 원하는지 파악할 수 있다. 핵심적인 질문은 다음과 같다.

1 당신이 원하는 것은 무엇인가?

2 그것을 얻기 위해 무엇을 해야 하는가?

3 그것을 얻는다면 어떤 느낌일 것 같은가?

4 따라서 당신이 진정으로 원하는 것은 ……이다. (질문 3의 답변)

5 그것을 얻기 위해 무엇을 해야 하는가?

6 그것을 이룬다면 어떤 기분이 들 것 같은가?

7 그렇다면 당신이 원하는 것은 ……이다. (질문 6의 답변)

이렇게 질문은 반복된다. 솔직하고 성실하게, 무엇보다도 정확하게 질문에 답하라. 린다처럼 충분히 노력을 기울이면, 당신이 원하는 것을 정확하게 말할 수 있고, 그러면 그것을 얻을 수 있다.

당신이 삶에서 원하는 것들은 여러 형태로 표현될 수 있다. 그리고 당신은 각각의 목표에 대해 아주 구체적이어야 한다. 또 당신이 '원하는 것'을 자신뿐만 아니라 다른 사람의 눈에 비쳤을 때 어떤 모습일지도 묘사할 수 있어야 하고, 그것을 얻었을 때 어떤 기분일지도 설명할 수 있어야 한다. 목표를 이룬 후의 삶에 어떤 반응을 보이며, 어떤 느낌일지도 말할 수 있어야 한다. 마지막으로 그것을 이루려면 어떤 행동이 필요한지도 알아야 한다.

최대한 구체적으로, 여러 다양한 형태로 목표를 정의하면 당신이 원하는 것을 더 깊게 이해할 수 있다. 그러면 이후로는 삶의 여러 선택도 더 목표 지향적이 된다. 또한, 목표의 달성 여부를 측정할 다양한 기준이 마련되었기에 실제로 목표를 달성했을 때 그 사실을 더 잘 알 수 있다.

'얻는다'는 것은 무엇인가

자, 이제부터는 인생목표 10번의 두 번째 부분인 '얻는다'는 것의 의미에 대해 살펴보자. 이 인생법칙의 두 번째 부분은 구체적으로 자신이 원하는 것을 아는 것만큼이나 힘들고 어려운 과제다. 얻는다는 것은 결심과 전념이 필요하다. 혹시 이런 우스갯소리를 들어봤는가?

'점잔만 빼다가는 이 세상 전부를 물려받아도 결코 손을 뻗어 그것을 가질 수 없다.'

따라서 당신은 때가 오면 손을 뻗어서 당신이 원하는 것을, 당신이 누려야 할 것을 차지해야 한다. 앞으로 나서며 이렇게 말할 수 있어야 한다.

"세상을 멈춰라. 이제 내 차례이고, 내 순서이니 내가 이 세상을 차지하겠다."

우리가 살아가는 이 세상은 경쟁이 만연한 곳임을 명심하라. 텍사스에서는 이런 말을 자주 한다.

'뼈 하나를 두고 수많은 개가 달려든다.'

이보다 세상을 더 잘 설명하는 말은 없다. 이 세상에는 당신의 것마저 빼앗으려고 호시탐탐 기회만 노리거나, 실제로 빼앗을 수 있는 사람이 무수히 많다. 그들은 당신의 재산을 빼앗을 수도 있고, 당신의 공간을 앗아갈 수도 있다. 심지어 당신이 특정한 방식으로 생각하고 느끼고 믿을 수 있는 권리조차 가져갈 수 있다.

열심히 전투를 치른 뒤 승리를 코앞에 두고 포기하는 사람의 모습을 보면 너무나 안타깝다. 당신도 그런 모습을 목격한 적이 있을 것이다.

그 모습이 당신의 모습이어선 안 된다. 그러려면 수줍음이나 죄책감을 극복해야 한다. 열등하다는 느낌을 버려야 한다. 심지어 지나친 자아의식을 버려야 할 수도 있다. 당신은 더 많은 것을 누릴 자격이 있고, 실제로 더 많이 누릴 수 있다.

당신이 원하는 것을 반드시 갖겠다는 의지와 용기는 인생법칙 10번을 성공적으로 적용하는 데 매우 중요하다. 특히 당신이 적극적으로 쟁취하는 성격이 아니라면, 이 인생법칙은 더더욱 중요하다. 당신이 원하지 않는 삶에 만족하며 살아왔거나, 지나치게 현실과 타협해 왔다면, 완벽한 삶을 추구하고 절대 타협하지 않으려는 자세가 아주 부자연스럽게 여겨질 것이다. 그 말은 그저 그런 삶을 벗어나 좋은 삶으로 도약하려면 의식적인 결심이 필요하다는 뜻이다. 그리고 앞에서 언급한 것처럼, 인생 결정은 마음속 가장 깊은 곳에서의 확신이기에 사소한 일상에 의해 좌지우지되지 않는다.

이미 언급했듯이, 경쟁사회에서 기업 경영자는 반드시 성과를 내야 한다. 마찬가지로 당신도 인생 관리자로서 더 나은 성과를 요구해야 한다. 예를 들어, 당신이 나를 인생 관리자로 고용했다고 가정해보자. 그런데 나는 당신이 살면서 원하는 것을 가질 수 있다고 확신하지 못한다. 나는 해고되지 않고 인생 관리자 자리를 유지할 수 있을까?

"당신의 인생목표 목록을 쭉 검토해 봤는데요. 당신이 그것들을 가질 자격이 있는지 확신이 안 섭니다. 그러니까 내 말은, 당신은 별로 특별하진 않잖아요. 그런데 당신이 원하는 것들은 특별한 사람만이 가질 수 있는 것들이죠. 그러니 굳이 모양 사납게 애쓰지 말고, 그냥 지금 모습에 만족하시는 게 어떨까요? 당신이 그런 특별한 감정과 경험을 얻기란 아주 힘들 겁니다. 게다가 그런 것들을 추구하는 과정에서 오히려 남들을 불편하게 할 수도 있어요. 그렇다면 당신은 너무 이기적인 겁니다. 아시다시피, 대부분 사람은 원하는 것을 얻지 못합니다. 그러니 그나마 이 정도로 사는 것에 만족하시죠."

당신은 즉각 나를 해고할 것이다. 그러면 문제가 말끔히 해결된다. 그런데 당신의 인생 관리자는 당신이니 당신은 자신을 해고할 수 없다. 바꿔 말하면, 해결책이 쉽지 않다는 뜻이다. 유일한 해결책은 스스로 최고의 인생 관리자가 되는 것이다. 지금 당장 원하는 것을 가장 소중히 여기겠다고 결심하라. 그리고 때가 오면 그것을 차지할 권리를 반드시 행사하겠다고 결심하라.

인생전략의 핵심!

- 이 세상은 요구하는 것만 얻을 수 있는 곳이다. 중대한 인생목표는 물론이고, 일상에서의 소소한 욕구도 마찬가지다.
- 당신의 목표를 최대한 구체적으로, 다양한 형태로 정의하면 원하는 것을 더 깊게 이해할 수 있다.
- 당신은 때가 오면 손을 뻗어서 당신이 원하는 것을, 당신이 누려야 할 것을 차지해야 한다.

12장

내 인생
수리 매뉴얼

직면해서 맞서야만 헤쳐나갈 수 있다.
그러니 맞서라.

—

조지프 콘래드

인생전략 수립하기

변화하기에 가장 좋은 때는 바로 지금이다. 이 책에서 나는 현실을 장밋빛으로 포장하지 않았다. 당신이 너무나 훌륭한 사람이라는 입바른 소리도 안 했다. 이 세상을 도덕적이고 고상하며 선량한 곳으로 묘사하지도 않았다. 오히려 나는 지금까지 있는 그대로 현실을 말했다. 당신이 인생에서 거쳐 가게 될 길을 가감 없이 보여주었다. 그렇기에 나는 이제 당신이 운전대를 잡고 그 길을 달릴 준비가 돼 있다고 생각한다.

인생전략 수립은 타고나는 재능이 아니라 배울 수 있는 기술이다. 그리고 당신은 이미 이 책에서 기본적인 내용을 습득했다. 당신은 이제 자신의 인생이 지금 어디쯤 있는지, 자기관리에 따라 미래에는 어디로 흘러갈 것인지 안다. 또 당신은 인생의 성패를 결정하는 10가지 인생법칙도 자세히 알게 되었다. 그 지식을 토대로 이번 장과 다음 장에서는 당신만의 고유한 인생전략을 수립하는 방법에 대해 살펴보겠다. 그러려면 일단 현재 상태에 대한 정확한 인식과 미래에 당신이 어디로 가고 싶은지에 대한 철저한 이해가 필요하다.

인생 가이드

문제 해결의 절반은 문제를 제대로 정의하는 것이다. 문제를 제대로 이해하기 전까지는 해결로 한 발자국도 나아갈 수 없다. 인생전략을 세울 때도 마찬가지다. 따라서 가장 먼저 할 일은 당신의 인생을 진단하는 것이다.

효과적인 진단을 내리려면 구체적이어야 한다. 구체성에 관해서는 인생법칙 10번에서 이미 충분히 살펴봤기에 여기서 다시 반복하진 않겠다. 다만 당신은 인생이란 단어가 행복이란 단어처럼 아주 광범위하고 추상적이란 것을 명심해야 한다. 따라서 "인생이 행복하길 원해"라고 말하는 것은 사실상 별반 의미가 없는 모호한 개념일 뿐이다. 그보다는 당신의 삶이 지금 어디에 있는지, 앞으로 어디로 향할지에 대해 구체적으로 결정해야 한다.

인생은 단번에 해결하는 것이 아니라 꾸준히 관리하는 것이다. 성공은 늘 움직이는 목표물과 같다. 따라서 그 목표를 시야에서 놓치지 않고 계속 뒤쫓아야 한다.

인생을 진단하고 관리하는 가장 효과적인 방법은 인생을 더욱 좁은 범주로 나누어서 접근하는 것이다. 인생의 범주에는 겹치는 것들도 있고, 독립적인 것들도 있다. 당신의 인생을 여러 범주로 나눠보는 것이 좋다. 인생을 진단하기 위한 최소한의 범주를 나열하면 아래와 같다.

- 개인적 삶
- 인간관계
- 직업적 삶
- 가정
- 정신과 신앙

물론 여기 나열된 각각의 범주는 다른 범주에 영향을 끼칠 수 있다. 그러나 개별 범주마다 고유한 측면이 있기 때문에 제각각 따로 떼어서 살펴보는 것이 좋다. 다음 표는 당신의 생각을 정리하기 쉽게 세분화하는 데 도움이 될 것이다.

이 표에는 25개에서 30개의 다양한 인생의 방면이 담겨 있다. 그것들을 다 종합하면 당신 인생의 대략적인 윤곽이 나오게 된다. 인생의 방면은 하나같이 우리가 살면서 가장 많이 신경을 쓰는 것들이다.

표를 보면, 앞에서 당신이 노트에 적어둔 내용을 참조해야 하는 부분이 나온다. 예를 들어, 당신이 진심 어린 감정을 표현해야 하는 5명에서 10명의 사람(과제 ⑧), 그리고 9장에서 작성한 관계 진단 문항(과제 ⑫)이 그러하다. 또한, 당신은 다섯 가지 인생범주 모두에서 당신이 인생에서 절대적으로 옳다고 믿는 신념을 파악하기 위해 8장에서 작성했던 인생 결정 목록(과제 ⑪)을 고려해야 한다. 그리고 당신은 다섯 가지 인생범주

인생의 방면

개인적 삶	인간관계	직업적 삶	가정	정신과 신앙
자존심	배우자나 연인 친구	직업에서의 성과	부모	신이나 초월적 존재와의 개인적 관계
교육	새로운 인간관계	사업	자녀	정신적, 영적 생활
재정	기존 관계의 회복	목표	형제자매	개인적 신앙생활
건강	깨진 관계의 복구	승진	친척	기도하는 삶
	10명의 사람 (과제 ⑧) 참조	이직		인생에서 집중할 것들
	인생결정 목록 (과제 ⑪) 참조			
인생결정 목록 (과제 ⑪) 참조	관계 진단 문항 (과제 ⑫) 참조	인생결정 목록 (과제 ⑪) 참조	인생결정 목록 (과제 ⑪) 참조	인생결정 목록 (과제 ⑪) 참조

를 진단하기 위해 인생결정 목록을 참조하는 과정에서 더욱 긍정적인 방향으로 변화가 필요한 부분을 찾게 될 수도 있다.

어쩌면 당신은 모든 인생의 범주와 방면에서 목표가 있을 수도 있고, 또는 일부에서만 목표가 있을 수도 있다. 어느 쪽이든 검토하면서 스스로 이런 질문을 던져야 한다.

"나는 지금 어디에 있는가? 내가 진정으로 인생에서 원하는 것은 무엇인가?"

당신은 각각의 인생범주와 인생 방면을 검토해야 한다. 특정한 범주나 방면에서 잘하고 있다는 생각이 들어도 빠짐없이 재점검해야 한다. 특정한 범주에서 만족스러운 상태라는 생각이 들지라도, 일단 그것이 사실인지 확인한 후에 다른 범주로 넘어가는 것이 좋다.

인생의 위치 파악하기

위의 표를 작성하는 과정은 살면서 처음으로 진정한 자신과 마주하는 아주 중요한 여정의 첫걸음이다. 이 과정은 당신의 인생에 대한 가장 체계적인 진단이다. 당신이 이 과정에 충분한 시간을 쏟는다면, 당신은 인생을 완전히 변화할 수 있는 통찰력과 이해, 집중력을 얻을 수 있다. 결론적으로 당신은 사신을 아주 깊게 이해하는, 오로지 극소수만이 경험하는 특권을 누리게 될 것이다.

비극적인 사실은, 당신을 가장 모르는 사람이 바로 당신이란 것이다. 비극적이라고 한 이유는 자신을 모른다는 것은 너무나 큰 손해이기 때문이다. 자신을 모른다는 것은 자신이 무엇을 원하고 바라는지 모른다는 것이고, 그것은 자신에게 중요하고 소중한 것이 무엇인지 모른다는 말이기도 하다. 그러나 당신이 살면서 가장 많은 시간을 함께 보내는 것은 당신 자신이다. 당신이 가장 많은 공을 들이는 대상도 다름 아닌 당신 자신이다. 그만큼 자신을 아는 것은 너무나 중요하다.

이런 생각을 해본 적이 있는가? 이 세상의 역사에서 당신으로서 존재하는 것은 결국 자신뿐이다. 당신 말고는 이전에 또 다른 당신은 없었다. 이후로도 또 다른 당신은 존재하지 않을 것이다. 당신은 이 세상에 태어났고, 이 세상을 살아가며, 결국에 죽는다. 그 인생은 전적으로 당신의 것이다. 당신은 고유한 개인이며, 역사상 이 세상을 살았던 모든 사람과는 철저하게 구별되고 완벽하게 다른 존재다. 그런 소중한 인생을 무턱대고 살다가 그냥 죽는다는 것, 그리고 그런 소중한 사람과 가까운 관계를 맺지 못한 채 이 세상을 떠난다는 것은 무조건 잘못이다.

모든 사람은 사회적 가면을 쓴다. 그리고 예상했겠지만, 우리는 종종 우리 자신과 마주할 때에 그 가면을 쓴다. 그 때문에 나는 자기인식의 과정 중 필수조건이 자신에게 완벽하게 솔직한 것이라고 믿는다. 어차피 당신이 자신을 마주할 거라면, 되도록 진정한 자신을 만나야 한다. 허구의 꾸며진 자신을 마주하지 마라. 그러려면 자신에 대한 정직한 진단이 필요하고, 그럴 때만 당신의 삶은 원하는 곳에 도달할 수 있다.

인생법칙 1번에서 말한 '깨닫거나 모르거나 둘 중 하나다'는 이 원칙을 잘 보여준다. 여기서 '깨달아야' 할 대상은 바로 자신이다. 우리가 인생법칙 1번을 살펴보는 과정에서 논의한 것처럼, 가장 강력한 지식은 바로 자신에 대한 지식이다. 당신이 겪는 모든 상황과 환경, 문제, 인간관계에서 공통분모는 결국 당신 자신이기 때문이다. 당신이 겪는 모든 상황과 환경에서 당신은 이로운 역할을 하든지, 아니면 해로운 역할을 한다. 지금이라도 당신이 어떤 역할을 하고 있는지, 왜 그런 역할을 하는지 파악해야 하지 않을까? 아래 질문에 대해 답해보자.

- 상황이 변해도 늘 변하지 않는 나의 성격은 무엇인가?
- 나는 특정한 상황이 닥치면 부정적인 결과를 예상하는가?
- 모든 상황에서 늘 시비조이거나 공격적인가?
- 특정한 상황이 벌어지면 즉각 남 탓을 하는 편인가?
- 늘 적대적이고 쉽게 화를 내는 편이라서 만나는 사람마다 기분을 상하게 하는가?
- 너무나 불안하고 소심해서 사람들이 늘 나를 우습게 본다고 생각하는가?
- 평상시에 소심하고 소신이 없는 편이라 사람들이 우습게 여기고 내 사생활에 간섭하는 경우가 잦은가?
- 겉으로 센 척하거나 잘난 체하는 것으로 내적 불안감을 숨기려 드는가?
- 지나치게 내 실속만 챙기면서 타인을 질리게 하는가?
- 매 순간 자신을 남과 비교하는가?
- 남의 시선을 의식하느라 마음껏 그 순간을 즐기지 못하는가?
- 지나치게 내 탓을 하거나 남 탓을 해서 중요한 인간관계를 망친 적이 있는가?

이 단계에서는 어떻게 변화할지 신경 쓰지 않아도 된다. 그 내용은 다음 단계에서 다룰 것이다. 지금 당장은 자신을 더 명확히 파악하고, 따라서 스스로 아주 정직할 거라고 다짐하는 것으로 충분하다. 알다시피 모든 상황에서 지식은 효과적인 장점으로 작용한다. 그런 면에서 자신을 잘 아는 것은 아주 중요하다. 또 당신이 배우는 걸 즐기지 않는다 해도, 적어도 자신을 배워가는 과정만큼은 아주 즐거울 것이다.

자기진단 과정은 글로 적지 않고 머릿속으로 생각만 해서는 별로 효과가 없다. 오히려 글로 적게 되면 객관성을 더할 수 있다. 종이에 적은 글은 마치 거울과 같다. 당신이 거울 없이는 자신의 얼굴을 살필 수 없는 것처럼, 글로 적지 않고는 자신의 인생을 진단할 수 없다. 또한, 글로 적게 되면 자신을 좀 더 멀리서 객관적으로 바라볼 수 있다. 자, 그러니 이제 당신의 노트와 펜, 그리고 빨간색 펜을 꺼낼 차례다. 지금부터 적어라!

이제부터 당신은 아주 기본적이지만 중대한 질문에 답할 것이다. 인생의 방면에서 어느 하나의 중요한 인생범주도 간과하지 않으려면, 지금부터 작성하게 될 차트를 정기적으로 들여다볼 필요가 있다. 무엇보다도 차트를 참조하면서 각각의 질문에 대해 답하는 과정에서 '정직하게 사실만을 말하는' 습관을 들이기 바란다.

과제 ⑮   자기평가 차트 작성하기

282~285쪽에 인생의 방면을 스스로 평가하기 위한 질문이 빼곡하게 담겨 있다. 이 질문들은 앞에서 표로 제시된 '인생의 방면'에 맞춰

당신의 현재 삶과 이상적인 삶을 평가하고 비교할 수 있는 대략적인 가이드라인을 제공한다.

노트를 펼친 후 양쪽 면을 활용해서 이 표를 그대로 옮겨 그려라. 그러면 답변을 적을 여백이 충분할 것이다. 펼친 노트의 왼쪽 면('이상' 부분, 282~283쪽)의 왼쪽 위에 차트와 똑같이 '인생 방면'이라고 적어라. 그런 뒤 둘째 줄에 'A. 행동'이라고 적어라. 그런 다음 다섯 줄 정도를 비워두고 그 밑에 'B. 내적 감정'이라고 적고 이번에도 마찬가지로 다섯 줄 정도를 비워두라.

이런 식으로 총 4개의 굵은 소주제(행동, 내적 감정, 부정적 측면, 긍정적 측면)를 모두 적어라. 그런 다음에는 펼친 노트의 오른쪽 면에도 284~285쪽('실제' 부분)과 똑같은 내용을 그대로 옮겨적으면 된다.

노트의 '이상' 부분, 페이지에서 왼쪽 상단에 적은 '인생 방면' 옆에 당신이 검토할 첫 번째 인생범주를 적어넣어라. 그리고 반대쪽의 '실제' 페이지의 오른쪽 상단에는 이 특정한 인생범주에 대해 1점부터 10점까지 점수를 매긴다.

당신이 이 인생 방면에서 완벽하게 잘살고 있다고 확신한다면, 10점을 주고, 완전히 무너진 처참한 상황이라면 1점을 매겨라. 그런 대로 괜찮은 편이지만 썩 만족스럽지도 않다면 5점을 준다. 따라서 5점을 기준으로 '지극히 평범한' 삶의 경험보다 나은지 못한지를 판단해 점수로 매기면 된다. 점수를 매길 때는 아주 솔직해야 한다. 당신이 매긴 점수는 지금은 물론이고, 나중에도 아주 중요하다.

사람들은 '인생에 10점 만점은 없다'라는 말을 자주 한다. 이 말은 만족하지 않고 늘 더 나은 것을 추구한다는 의지의 표현이다. 그런 면에서 10점이란 절대 나올 수 없는 점수라고 여길 수 있지만, 적어도 이 차트에서는 최고의 상태를 의미하는 점수로써 유용하다.

● 1단계

자, 이제 '이상' 페이지와 '실제' 페이지를 비교해보자. 두 페이지를 나란히 마주 보게 작성한 이유는 현 상태에 만족하지 않고 진정 원하는 방향으로 성공적으로 나아갔을 경우 어떤 변화가 있을지를 한눈에 비교하기 위해서다.

먼저 왼쪽 '이상' 페이지의 1단계를 보라. 여기에서는 당신의 생각을 정리한다. 질문은 이렇다.

내가 이 인생 방면에서 '10점 만점'으로 살고 있다면,

    A 내 행동의 특징은 아래와 같을 것이다.

    B 내적 감정의 특징은 아래와 같을 것이다.

    C 아래와 같은 부정적인 측면이 사라질 것이다.

    D 아래와 같은 긍정적인 측면이 도드라질 것이다.

위 각각의 문장 밑에 있는 네댓 개의 세부 질문은 구체적인 생각을 끌어내기 위한 것들이다. 다음은 이 과정을 오른쪽 '실제' 페이지의 2단계와 비교해보자.

● 2단계

2단계에서도 마찬가지로 일부 중요한 문장의 내용을 완성해야 하고, 각각의 문장에는 더욱 상세한 답변을 끌어내기 위한 질문이 마련되어 있다. 질문은 이렇다.

내가 이 인생 방면에서 실제 살아가고 있는 상태를 점수로 매기면 _____ 점이기에,

A 내 실제 행동은 아래와 같다.

B 내 실제 내적 감정은 아래와 같다.

C 현재 내 삶에서 부정적인 측면은 아래와 같다.

D 현재 내 삶에 없지만 필요한 긍정적인 측면은 아래와 같다.

이해하기가 어렵다면 예를 들어주겠다. 나는 270쪽 '인생의 방면' 도표를 본 후 자존심에 대해 평가하려 한다. 일단 나는 노트의 왼쪽 상단에 적어둔 '인생 방면' 옆 빈칸에 '자존심'이라고 적는다. 그런 뒤 1단계('이상' 페이지)와 2단계('실제' 페이지)에 걸쳐 A부터 D까지 모든 문장을 완성하고, 각 문장과 연결된 구체적 질문에도 답변한다. 특히 '자존심'에 초점을 맞추고 이 모든 과정을 진행한다.

자, 이제 '인생의 방면' 도표에서 당신이 1단계와 2단계 과정을 수행할 인생의 방면을 선택하라.

✹ 3단계

당신이 선택한 인생의 방면과 관련해 양쪽 페이지를 모두 채웠다면, 2단계('실제' 페이지)에 적은 답을 다시 찬찬히 읽어 보라. 특히 자신에 대해 비판적이거나 제약성 관념이 드러난 부분을 주의 깊게 살펴라. 기억하는가? 제약성 관념은 당신 스스로 확신하는 부정적 성격이다. 예를 들어, '나는 원래 따분한 사람으로 태어났어'라든지, '나는 매사 중간에 포기하는 성격이야'라는 생각이 제약성 관념이다. 혹시라도 지극히 비관적인 관점이나 제약성 관념을 찾아냈다면 빨간색으로 동그라미를 쳐라. 나중에 이 내용을 다시 참조하게 될 테니 빠짐없이 표시해두라.

✹ 4단계

자, 지금부터는 '실제' 페이지에서 '이상' 페이지로 넘어가려면 어떤 장애물이 있는지를 작성할 차례다. 당신은 지금 현재의 삶에서 당신이 원하는 삶으로 나아가는 것을 가로막는 모든 장애물을 남김없이 파악해야 한다. 그러려면 노트에 적힌 다음 내용을 참조하는 것이 좋다.

- 부정적인 자기암시 목록 (과제 ⑤)
- 부정적 행동 목록 (과제 ⑥)
- 바람직하지 않은 보상 (과제 ⑥)
- 틀에 박힌 행동 테스트에 대한 답변 (과제 ⑦)

그 밖에 당신이 원하는 삶을 가로막는 삶의 여러 환경을 검토하고 적어라. 예를 들면 아래와 같다.

- 부족한 돈
- 자신감을 무너뜨리는 배우자
- 좋지 못한 주거환경
- 부족한 교육

이런 식으로 당신의 길을 가로막는 모든 장애물을 빠짐없이 목록으로 작성하라. 목록에는 외적 장애물과 내적 장애물이 모두 포함되어야 한다.

✸ 5단계

4단계와 달리, 5단계에서는 이 인생 방면에서 '실제'에서 '이상'으로 나아가는 데 '도움이 되는 것'을 고민할 차례다. 당신이 지닌 자원은 무엇인가? 현실에서 목표로 나아가려면 당신의 삶에서 어떤 것을 활용할 수 있을까? 아래는 그 예시다.

- 당신을 지지하는 가족
- 좋은 직업
- 지적 능력
- 분명한 결단
- 현 상황에서 느끼는 고통

・ 더 이상 잃을 것이 없다는 자각

● 6단계

주관적 불편단위 척도SUDS: Subjective Units of Discomfort (286쪽)는 심리학에서 자주 쓰는 기법으로, 특정한 인생 방면에서 당신이 현재 느끼는 고통의 정도를 수치화하는 데 도움이 된다.

예를 들어, 당신이 노트에 당신의 자존심이 10점 만점에 6점이라고 매겼다고 가정해보자. 그렇다면 질문은 이 점수 차가 주는 괴리가 당신을 얼마나 괴롭히느냐다. 다시 말해, 당신은 자존심과 관련해 이상과 실제의 괴리로 인해 어느 정도나 고통을 받고 있는가? 그 불편함을 0점(전혀 불편하지 않다)부터 10점(하루도 못 견딜 만큼 불편하다)까지 점수로 환산하여 노트에 적어보라.

● 7단계

다음 네 가지 항목 중에서 어떤 것이 이 인생 방면에서 변화하고자 하는 당신의 의지 정도를 가장 잘 묘사하는지 선택한 뒤 이를 노트에 적어라.

1. 최우선 순위

현재 내게 가장 중요한 것은 인생을 변화하고픈 욕구와 열망이다. 그만큼 당신은 현재의 삶에 고통을 느끼고 있고, 늘 그 생각에 사로잡혀 다른 생각을 할 여유와 에너지, 시간조차 없다. 따라서 이 인생 방면에서 변화를 창조해내는 것은 대단히 중요하다.

2. 높은 우선순위

중요도가 높아서 감정과 에너지가 소모되지만, 최우선 순위까지는 아니다. 당신은 일상에서 겪는 일반적인 문제보다 이 문제에 더 많이 신경을 쓴다. 무언가를 높은 우선순위 범주에 넣는다는 것은 그 때문에 아주 강한 고통을 받지는 않지만 그래도 여전히 일상에서 방해를 받고, 따라서 심각하게 고민해야 한다는 뜻이다.

3. 중간 우선순위

중간 우선순위에 속하는 문제는 변화가 필요하긴 하지만 그렇다고 해서 당신이 온종일 그것만을 고민하지는 않는 정도라는 것이다. 당신은 문제가 있단 사실을 알고 있고, 그 문제를 의식하고 있다. 그 문제로 신경이 쓰이긴 하지만, 일상의 다른 문제에도 에너지와 노력을 쏟아야 하기에 중간 우선순위의 문제에만 전념하지는 못한다. 당신이 최우선 순위나 높은 우선순위 문제를 해결하고 나면, 중간 우선순위 문제는 상위 범주로 올라가게 된다.

4. 낮은 우선순위

그냥 버틸 수 있는 정도의 문제다. 문제가 있다는 것은 알고, 변화하고 싶지만, 현 상황에서는 사소한 문제에 불과하다. 다시 말해, 프로젝트로 삼아 착수할 정도까지는 아니다.

인생 방면: _____ **이상 = 10점**

[1단계]   만약 내가 이 인생 방면에서 '10점 만점'으로 살고 있다면,

A 내 행동의 특징은 아래와 같을 것이다.

· 나는 어떤 행동을 하고 있을까?

· 나는 어떤 식으로 그 행동을 하고 있을까?

· 누구와 그런 행동을 하고 있을까?

· 내 행동과 태도가 다른 사람들의 눈에는 어떻게 비췄을까?

· 사람들은 내가 살아가는 방식을 어떤 말로 묘사할까?

· 자신과 타인에게 배우자를 대신해서 사과하는 경우가 많은가?

B 내적 감정의 특징은 아래와 같을 것이다.

· 나는 나를 어떻게 느낄까?

· 나는 자신에게 평상시 어떤 메시지를 주고 있는가?

· 아침에 눈을 뜨면 나는 그날 하루에 대해 어떤 감정을 느낄까?

· 피할 수 없는 어려움이나 도전에 직면했을 때에도 내가 여전히 이 인생 방면에서 '10점 만점'으로 살고 있다고 확신할 수 있는 감정이 있다면 무엇일까?

C 아래와 같은 부정적인 측면이 사라질 것이다.

· 어떤 바람직하지 못한 결과를 얻지 않게 될 것인가?

· 실망스럽고 위험하고 짜증나거나 고통스러운 순간이 더는 생기지 않을 것인가? 내 일상에서 늘 반복되는 부정적인 부분 중에 어떤 부분이 사라질 것인가?

· 다른 사람들이 늘 나에 대해 보이는 반응 중에 어떤 부분이 사라질 것인가?

· 부정적인 측면이 사라졌다는 것을 내가 어떻게 알 수 있을까?

D 아래와 같은 긍정적인 측면이 도드라질 것이다.

· 사람들이 나를 어떤 식으로 대할까? 사람들이 나를 어떻게 대할 때 내가 이 인생 방면에서 '10점 만점'임을 알 수 있을까? 나는 남들로부터 지속해서 어떤 칭찬이나 격려를 끌어낼까?

· 내 일상에서 어떤 부분이 개선될까?

· 내가 일상에서 반복적으로 수행하는 활동 중에 내가 특히나 즐기는 활동이 있다면 무엇일까?

· 육체적으로 어떤 부분이 개선될까? 남들이 봐도 한눈에 내가 '10점 만점'의 삶을 살고 있다는 것을 알아챌 수 있는 신체적 변화(자세나 표정, 혈압 수치, 호흡)가 있을까?

· 내가 활용하는 자원은 무엇인가?

[2단계] 내가 이 인생 방면에서 실제 살아가고 있는 상태를 점수로 매기면 _____ 점이기에,

A 내 실제 행동은 아래와 같다.

· 하고 난 뒤 꼭 후회하는 행동이 있다면 어떤 것인가?

· 내가 위에 매긴 점수에 걸맞은 행동을 한다면 구체적으로 어떤 행동인가? 내가 이 인생 방면에서 부족하다는 것을 보여주는 행동이 있다면 무엇인가?

· 내가 부족함을 감추기 위해 남들에게 늘어놓는 핑곗거리는 무엇인가? 어떤 변명을 늘어놓는가? 특히 변명 이외에 특정한 행동도 하는가?

· 내가 특정한 사람들 때문에 원치 않는 행동을 한다면, 대체 그들의 어떤 점이 '내 잘못된 행동을 촉발'하는가? 그들이 그런 식으로 행동할 때, 나는 정형화된 반응을 보이는가? 이런 경우에 대체로 나는 어떤 부정적인 단계를 거치는가?

· 내가 아끼는 사람들이 내게 이 인생 방면에 문제가 있다고 지적하는가?

B 내 실제 내적 감정은 아래와 같다.

· 이 인생 방면에 대한 즉각적인 감정 반응은 어떤가?

· 이 인생 방면에 어려움이 있을 때 어떤 감정 신호가 그것이 고통스럽다고 알려주는가?

· 이 영역에 위기가 닥치면 내 기분은 어떤가?

· 이 영역에서 급속히 실패하면 나는 어떤 변명을 대는가? 그 문제를 스스로 어떻게 설명하는가?

C 현재 내 삶에서 부정적인 측면은 아래와 같다.

· 내가 이 인생 방면에서 문제가 있다는 것을 알려주는 신체 신호가 있는가? 이 인생 방면에서 내가 겪는 고통의 본질은 무엇인가?

· 사람들이 나를 대할 때면 늘 보이는 부정적인 반응은 무엇인가?

· 나는 이 인생 방면에서 '가면'을 쓴 것처럼 느끼는가? 그 가면은 어떤 모습인가? 혹시 나는 이 인생 방면에서 늘 '진정한 나 자신'을 숨기고 지내지는 않는가?

· 내가 스스로 나쁜 상황을 자초하고 있다면, 어떤 부분이 문제일까?

· 나를 가로막고 있는 장애물은 무엇인가?

D 현재 내 삶에 없지만 필요한 긍정적인 측면은 아래와 같다.

· 지금 내게는 없지만, 만약 있었다면 이 인생 방면에서 내 점수를 크게 높여줄 것은 무엇인가?

· 지금껏 듣거나 느끼지는 못했지만, 남들로부터 듣고 싶은 말이나 느끼고픈 감정이 있다면 무엇인가?

· 다른 사람이 특정한 행동이나 말을 하는 것을 그만두게 하려면 나는 무엇을 해야 할까?

· 이 인생 방면에서 느끼는 만족이나 성취감은 무엇일까?

[3단계]   2단계에서 자신에 대한 비판적이거나 제약성 관념이 드러난
        부분을 빨간색 동그라미로 표시하라.

[4단계]   이 인생 방면에서 '실제'에서 '이상'으로 나아가려면 극복해야
        할 모든 걸림돌을 적어라.

[5단계]   이 인생 방면에서 '실제'에서 '이상'으로 나아가기 위해 활용할
        수 있는 자원이 무엇인지 적어라.

[6단계]   주관적 불편단위 척도를 매겨라. (왜 그 점수를 매겼는지 이유도 함
        께 적어라)

[7단계]   이 인생 방면에서 내 변화하려는 의지는 어느 정도인가?
        (최우선 순위, 높은 우선순위, 중간 우선순위, 낮은 우선순위 중 하나를
        골라라): _____

이제부터는 인생 방면 도표에 적힌 인생범주를 찬찬히 들여다보면서 진도를 나갈 차례다. 변화가 필요하다고 생각되는 인생 방면마다 두 쪽짜리 자기평가 차트를 작성하라. 이 차트를 작성할 때에는 시간을 충분히 들여서 신중히 하라. 한꺼번에 모든 내용을 작성해야 한다는 압박감을 느낄 필요는 없다. 필요하면 여러 날에 걸쳐 조금씩 작성해도 괜찮다. 다만 어떤 식으로든 자기평가를 완료하겠다고 굳게 결심하라. 또한, 이처럼 중요한 과정을 수행할 때에는 매일 일정한 시간을 정해두고 할애하는 것도 좋다.

과제 ⑯ 우선순위 요약표 정리하기

인생 방면의 모든 인생범주에 대한 자기평가를 마쳤다면, 다음 쪽의 우선순위 요약표를 펼쳐보라. 각각의 열에 우선순위의 중요도에 따라 최우선, 높음, 중간, 낮음이란 명칭이 붙어 있다. 이 표는 변화를 위한 당신의 우선순위를 정리하는 데 도움이 된다.

예를 들어, 당신은 인생 방면 중 다섯 가지에 신속한 변화가 필요하다고 생각한다. 그렇다면 이제는 그 다섯 가지를 우선순위에 따라 정렬해야 할 차례다. 가장 우선순위가 높은 인생 방면은 최우선 순위 범주에서도 최상단에 올라가야 한다. 그 밑에는 두 번째로 중요한 것을 적고, 세 번째와 네 번째, 그리고 마지막으로 다섯 번째까지 순서대로 적으면 된다. 각각의 인생 방면마다 이 과정을 거치면 모든 내용이 우선순위 요약표에 말끔하게 정리될 것이다.

우선순위 요약표

최우선	높음	중간	낮음

힘겨운 자기평가 과정을 잘 마무리하려면, 다음 쪽에 나오는 인생 방면 요약표를 각각의 인생 방면 범주마다 한 장씩 총 다섯 장 작성하라.

이 요약표는 '인생의 방면' 도표에 포함된 각각의 인생 방면 범주에 대해 자세한 검토 과정을 거친 후에 작성해야 한다. 예시로 나온 요약표에 '개인적 삶'이란 인생범주에 속하는 각각의 인생 방면에 대해 1부터 10까지 숫자가 나열되어 있는 것을 볼 수 있다. 각각의 인생 방면에 대해 당신이 자기평가 차트를 작성할 때 매긴 점수를 해당되는 연속된 숫자에 표시하라. 그리고 요약표의 맨 밑에는 전체 평점을 표기할 수 있는 종합점수 부분이 있다. 따라서 당신이 자존심과 재정에 4점을, 그리고 교육과 건강에 8점을 매겼다면, 네 점수를 합산한 24점을 평가항목 개수인 4로 나눈 평균점수 6점이 종합점수가 된다.

인생 방면 요약표

개인적 삶

	1	2	3	4	5	6	7	8	9	10
자존심 점수										
교육 점수										
재정 점수										
건강 점수										
종합점수										

인생 방면 요약표는 각각의 인생 방면에 대해 당신이 어떤 점수를 매겼는지, 해당 범주에 대한 합산 점수를 함께 보여준다. 다섯 개 인생범주마다 요약표를 빠짐없이 작성하라.

프로그래밍 과정으로 비유하면, 자기평가의 마지막 단계는 지금 살고 있는 인생과 관련해 우선순위에 더 집중하는 것이다. 내가 말하는 우선순위란 당신이 소중히 생각하고 가장 중요하다고 여기는 것을 말한다. 이것은 앞에서 당신이 매긴 우선순위와는 조금 다르다. 여기에서 말하는 우선순위는 당신이 바꾸고 싶은 것이 아닌 당신이 진심으로 소중히 여기는 것을 의미한다.

아래 '우선순위' 표의 맨 위에 당신의 삶에서 가장 중요한 우선순위를 적어라. 그 밑에 두 번째로 중요한 우선순위를 적고, 그런 식으로 총 다섯 가지 우선순위를 적어라. 물론 다섯 가지 우선순위를 중요도에 따라 구분하기란 쉽지 않다. 그러나 어떤 식으로든 순위를 매겨야 한다. 그러니 신중히 생각하고 마음속을 찬찬히 들여다보며 무엇이 진정 당신에게 중요한지 판단하라.

우선순위

1	
2	
3	
4	
5	

아직 중요한 과정이 더 남았다. 아래 시간 배분표에 당신이 가장 많은 시간을 쓰는 활동을 나열하라. 첫 번째 칸에는 당신이 깨어나 있는 시간 동안 가장 많은 시간을 쏟는 활동이나 취미를 적어라. 이때 아주 솔직해야 한다. 예를 들어 하루는 24시간인데 그중 잠을 자는 8시간을 빼면, 남은 시간은 16시간이고, 당신은 그 시간을 다양한 활동에 분배한다. 만약 10시간을 일에 쏟는다면, 다시 말해 출근하고 근무하고 퇴근하는 데 그 시간을 쏟는다면, 단순히 계산하더라도 당신이 시간을 가장 많이 할애하는 활동은 일이다. 자, 이제 6시간이 남았다. 그중 3시간을 텔레비전 시청에 쓴다면, 그것이 두 번째로 많은 시간을 쏟는 활동이 될 것이다. 이것은 어디까지나 예시다. 그러니 시간을 어디에 할애하는지 정직하고 정확하게 심사숙고한 후에 아래 표를 채워라.

시간 배분표

활동	시간 비율
1	1
2	2
3	3
4	4
5	5

과제를 모두 수행했다면, 이제는 지금까지 작성한 것들을 검토할 차례다. 당신은 삶에 대한 체계적이고 구체적인 평가를 진행했다. 그런 뒤 그 내용을 인생 방면의 범주로 나누어 정리했다. 지금 당신의 노트에 담긴 내용은 지금껏 당신에 대한 가장 자세하고 객관적인 평가일 것이다. 요약표를 참조하라. 인생의 '큰 그림'을 보는 데 도움이 될 것이다.

이제 무엇을 해야 할까? 가장 먼저 할 일은 이 모든 정보를 검토하면서 반복되는 공통점이 있는지 파악하는 것이다. 예를 들어보자.

- 현재 처한 상황과 당신이 원하는 상황 간에 얼마나 큰 괴리가 있는지 살펴보라. 그 괴리는 아주 큰가, 아니면 약간 클 뿐인가?
- 한두 가지 인생 범주에 유달리 많은 문제가 집중되어 있는가? 아니면 전체적으로 고르게 문제가 분산되어 있는가?
- 자신에 대한 비판이나 제약성 관념에 공통적인 특징이 있는가? 다시 말해, 습관적으로 자신에게 하는 말이 있는가?
- 자기 의심과 자기비하에 빠져 있는가?
- 당신을 한마디로 정의할 수 있는 감정은 무엇인가? 분노인가, 두려움인가, 고통인가? 아니면 또 다른 감정인가?
- 육체적, 감정적, 정신적으로 상당한 에너지를 소진하게 하는 요인이 있는가?
- 우선순위 요약표를 검토하면서 혹시 특정한 범주에 적은 내용 중에 실제로는 다른 범주에 해당되는 내용이 있는가? 예를 들어, 직업에서의 성과 범주에 최우선 순위로 적은 내용이 실제로는 개인적 삶 범주에 포함되어야 더 적절하지 않은가?

- 우선순위와 관련해 정해진 시간이 있는가? 최우선 순위로 분류된 것들은 단기 목표인가, 아니면 장기 목표인가?

위 질문과 그밖에 머릿속에 떠오르는 질문에 답하다보면, 당신이 현재 삶에서 어느 곳에 있는지, 당신의 목표를 언제까지 달성해야 할지 더 잘 이해하게 될 것이다. 이런 통찰력과 큰 그림은 당신의 인생이 더 나은 방향으로 나아가는 데 아주 유용할 것이다.

과제 ⑰ 개인 프로필 작성하기

단계별 분석의 결과를 요약표에 다 옮겨 적었고, 응답에서 몇 가지 공통점을 찾아냈다면, 이제 진단 과정으로 넘어갈 준비가 끝났다.

이 과정에서 가장 중요한 단계는 당신이 진심으로 되고 싶은 인물이 어떤 모습인지를 개인 프로필로 작성하는 것이다. 목표를 달성했을 때 당신 인생이 어떤 모습일지, 당신이 어떤 감정을 느낄지를 아는 것이 중요하다. 아주 가까이에서 지켜보는 모습이 아니라, 약간 멀리 떨어져서 지켜보는 인생의 전체적인 모습이다.

이 개인 프로필은 당신의 '북극성'이 될 수 있다. 이것은 친숙한 이미지로 작용할 것이며, 당신이 옳은 방향으로 나아가도록 도울 것이다.

개인 프로필을 작성할 때에는 연극의 주인공을 묘사하는 것처럼 작성하는 것이 좋다. 비유하자면 연극은 당신의 삶이고, 주인공은 당신이다. 당신이 극본을 쓰는 과정에서 주인공에 대해 작성한다고 가정해보자. 그러면 당신은 그 역할을 맡은 배우가 말투나 분위기, 태도, 인물의 성격이나 행동에 대해 잘 이해할 수 있게 주인공을 묘사할 것이다. 당신은 배우에게 주인공이 느끼는 내적 감정을 묘사해줄 것이고, 외적으로는 어떤 식으로 행동하는지도 잘 보여줄 것이다. 이 시점에서 중요한 것은 이유나 방식이 아니다. 당신이 묘사할 주인공이 어떤 모습이고, 어떤 감정을 느끼며, 어떻게 행동하느냐가 중요하다.

개인 프로필을 작성하면서 목표를 이뤘을 때 어떤 느낌일지를 묘사하려면 약간의 상상과 예측이 필요하다. 그리고 내가 원하는 것이 바로 그것이다. 예를 들어, 당신의 꿈은 마라톤 대회에 출전해서 우승하는 것이다. 결승선을 통과할 때 어떤 느낌일지, 다른 모든 경쟁자를 제쳤을 때 어떤 느낌일지 묘사해보라. 관중의 박수 소리를 들으면서, 그 박수가 오직 당신만을 향하고 있다는 사실을 알 때 당신은 어떤 기분일까?

이번 과제는 당신이 상상력을 발휘해 그런 상황 속에 있는 자신을 떠올리는 것이다. 그래야만 그 상황에서 어떤 감정을 느낄지 알 수 있고, 그래야 그 감정이 당신의 북극성이 되어 당신을 목적지로 이끌어줄 수 있다. 이 과정은 상상의 삶과 환상의 세계가 바람직한, 아주 드문 경우다. 그러니 이번만큼은 당신 인생의 목적지를 깨달을 때까지 상상과 환상을 마음껏 즐겨도 좋다.

책임지기

자, 이제 당신은 원하는 방향으로 삶을 바꿀 준비가 되었다. 이 힘든 도전을 받아들이기에 앞서, 당신은 약점이 아닌 강점에서 출발해야 한다는 사실을 명심하라. 당신은 이제 아무것도 모르는 상태가 아니라 충분한 지식을 지닌 상태이기 때문이다. 당신은 10가지 인생법칙은 물론이고, 당신 자신에 대한 중요한 지식도 파악했다.

이 책에 나온 모든 과제를 충실히 수행했다면, 처음에 느꼈던 혼란스러운 감정이 많이 정리된 것을 느낄 것이다. 당신은 삶에서 가장 원하는 것이 무엇인지 명확하게 알 것이다. 어쩌면 당신은 자신에 대해 알게 된 진실이 마음이 들지 않을 수도 있다. 그러나 적어도 이제 당신 자신에 대한 진실을 잘 안다. 그리고 안심하라. 인생법칙 4번, '인정하지 않으면 변화할 수 없다'는 거꾸로 뒤집어도 여전히 유효하다. 즉, 당신이 인정하면 변화할 수 있다.

꿈과 목표의 관계

일단 당신의 꿈은 당신의 목표와는 다르다는 것을 알아야 한다. 꿈과 목표를 구별할 수 있어야만, 당신의 꿈을 목표로 바꿀 수 있다.

모든 사람은 살면서 한 번쯤 인생이 어떤 모습일지 꿈꾼다. 꿈은 유용하다. 꿈은 영감을 주고, 흘러간 과거에 집착하기보다는 다가올 미래를 기대하게 만든다. 꿈은 처음부터 끝까지 정신적이고 감정적인 과정이며, 오로지 상상력의 한계로만 제약된다.

꿈을 꾸는 과정은 에너지가 거의 소모되지 않고, 특별한 행동을 요구하지도 않는다. 사실과 현실의 제약을 받지도 않는다. 꿈에 대해 완벽히 이해하려면, 무엇이 꿈이 아닌지를 생각해보면 된다. 당신이 매일 살아가는 이 세상은 꿈이 아니다. 꿈은 유형의 결과물을 만들어낼 수 없다. 오히려 꿈은 당신을 혼란스럽게 한다. 또는 삶을 변화해야 한다는 압박감으로부터 벗어나게 해주는 도피처가 되기도 한다.

꿈을 꾸기는 쉽다. 그러나 그 꿈을 현실로 만드는 것은 결코 쉽지 않다. 당신의 삶이 어떤 모습일지 꿈꾸고, 생생하고 구체적인 환상의 세계를 상상하는 것은 종종 더 나은 삶으로 변화하기 위한 전제조건이기도 하다. 당신이 원하는 것이 꿈을 꾸는 것이라면, 그저 창조적인 정신세계와 상상의 나래를 펼치겠다는 의지만 있으면 충분하다. 그러나 꿈을 현실로 만들려면, 훨씬 많은 것이 필요하다. 에너지도 필요하고, 전략도 필요하며, 구체적인 계획과 기술, 지식도 필요하다. 그리고 나는 이 모든 요소를 종합해서 '전략적 인생계획Strategic Life Planning'이라고 부른다.

이제부터는 당신의 꿈을 어떻게 목표로 바꿀지를 배울 차례다. 당신이 추구해서 실현할 수 있는 대상은 꿈이 아닌 목표이기 때문이다. 현실적인 목표를 추구하는 과정은 크게 7단계로 이뤄진다. 이 7단계 과정을 배워 목표를 추구하는 데 활용한다면, 당신은 모든 목표를 이룰 수 있다.

인생전략의 핵심!

- 인생은 단번에 해결하는 것이 아니라 꾸준히 관리하는 것이다. 성공은 늘 움직이는 목표물과 같다. 따라서 당신은 그 목표를 시야에서 놓치지 않고 계속 뒤쫓아야 한다.
- 이 세상의 역사에서 당신으로서 존재하는 것은 결국 당신 자신뿐이다. 이전에도 당신 말고 또 다른 당신은 없었다. 이후로도 당신 말고 또 다른 당신은 존재하지 않을 것이다.
- 인생을 수리하기 위한 인생전략 7단계 과정을 실행하라.

13장

어떤 목표든 완벽하게 달성하는
궁극의 7단계 전략

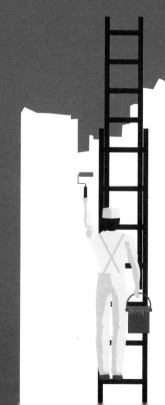

최고의 낙하산 보조병은
대신 뛰어내리는 사람이다.

익명

1단계: 목표를 구체적인 상황이나 행동으로 표현한다

중요한 내용이 빠져 있거나 구체적 내용이 생략된 꿈과는 달리, 목표는 조금도 불명확해서는 안 된다. 목표를 달성하려면 행동으로 옮길 수 있는 형태로 목표를 정의해야 한다. 즉, 목표를 구성하는 구체적인 상황과 행동으로 표현되어야 한다. 예를 들어, 여행을 가고 싶다는 욕구를 꿈으로 표현하면 이렇다.

'더 넓은 세상을 보고 싶어.'

꿈이라면 이 정도로 충분하다. 반면에 목표와 현실의 언어로 이 욕구를 표현하려면 '세상을 본다'라는 것이 어떤 행동을 의미하는지 명확히 정의되어야 한다. 따라서 이 욕구를 목표로 표현하면 이런 식이다.

'나는 앞으로 5년 동안 매년 국내 여행을 세 번, 해외 여행을 한 번씩

다닐 것이다.'

이런 식으로 욕구를 더 세부적으로 나눠라. 그러면 뜬구름과 같은 모호한 꿈은 목표가 되고, 그러면 그 목표를 더 쉽게 관리하고 더 효과적으로 추구할 수 있다.

결론 꿈이 목표가 되려면 '무엇을 하겠다'는 구체적인 행동으로 정의되어야 한다. 그러니 당신이 진정으로 원하는 것이 무엇인지 결정하라. 그리고 아래 질문에 대한 답을 파악하라.

- 목표를 구성하는 구체적인 행동이나 활동은 무엇인가? 당신이 목표에 맞게 살아간다면 당신은 어떤 행동을 하고, 어떤 행동을 하지 않을 것인가?
- 목표를 이뤘을 때 무엇을 기준으로 달성 여부를 파악할 것인가?
- 목표를 이룬다면 어떤 느낌일까?

위 질문에 구체적이고 명확하게 답하면 당신이 목표를 향해 효과적으로 나아가고 있는지, 아니면 중간에 방향을 수정할 필요가 있는지를 명확히 알게 될 것이다. 명심하라. '행복한 삶' 같은 것은 절대 목표가 될 수 없다. 그것은 특정한 사건도 아니고, 특정한 행동도 아니다. 목표를 파악하려면 반드시 이런 모호함에서 벗어나야 한다. 행복해지고 싶은가? 그렇다면 행복이 무엇인지부터 정의하라.

2단계: 목표를 측정 가능한 형태로 표현한다

꿈과 달리 목표는 측정할 수 있고, 관찰할 수 있고, 정량화할 수 있는 결과물의 형태로 표현되어야 한다. 목표를 효과적으로 관리하려면, 목표를 향해 나아가는 진도를 파악할 수 있어야 한다. 즉, 당신이 얼마나 목표에 접근했는지 알 수 있어야 한다. 또한, 목적지에 성공적으로 도달했는지를 알 수 있는 수단도 필요하다. 꿈으로만 이뤄진 세상에서는 이렇게 말할 수 있다.

"나는 멋지고 보람찬 삶을 원해."

그러나 목표와 현실로 이뤄진 세상이라면, '멋지고 보람찬 삶'을 정의하고, 한발 더 나아가 측정할 수 있어야 한다. 당신이 '얼마나 멋진' 삶을 살고 있는지, '얼마나 보람찬' 삶을 살고 있는지를 측정할 수 있도록 목표를 정의해야 한다. 이와 관련해 중요한 질문은 아래와 같다.

- 멋진 인생이 되려면 어디에서 살아야 할까?
- 멋진 인생이 되려면 누구와 함께 삶을 보내야 할까?
- 돈이 얼마나 많아야 할까?
- 어떤 일이나 활동을 할까?
- 어떤 식으로 행동할까?
- 특정한 활동에 얼마나 많은 시간을 할애할까?

위 항목 이외에 당신의 목표와 관련된 다른 구체적인 내용도 측정 가능한 결과물이 될 수 있다.

결론 측정 가능한 결과물로 당신의 목표를 표현하라. 그래야 목표를 향해 나아가고 있는지, 얼마나 더 가야 하는지, 목표에 도달했는지 아닌지를 알 수 있다. 위에 열거한 질문과 비슷한 질문을 던져서 목표의 달성 정도를 검토하라.

3단계: 목표에 기한을 정한다

정확한 기한이 없는 꿈과는 달리, 목표는 달성까지 정해진 기한이나 일정이 필요하다. 꿈이라면 이렇게 말할 수 있다.

"언젠가 꼭 부자가 되겠어."

반대로 현실적인 목표라면 이렇게 말해야 한다.

"2020년 12월 31일까지 반드시 매년 10만 달러의 수입을 얻겠어."

기한이나 일정을 정하면 그 목표는 프로젝트 상태에 돌입할 수 있다. 당신이 정한 마감일은 목표에 긴급성과 목적성을 부여하므로 그 자체로 강력한 동기부여가 된다. 또한, 마감일을 요구하는 목표는 타성이나 게으름을 방지한다.

기한이 길든 짧든, 무조건 목표에 도달할 날짜를 정하라. 당신의 목표가 20주 동안 20킬로그램의 살을 빼는 것이라면, 마감일은 시작한 날짜부터 20주 후가 된다. 마감일로부터 거슬러오면, 딱 중간지점인 10주차까지 얼마나 감량해야 할지 알 수 있다. 마찬가지로 다시 또 중간지점의 중간인 5주차와 15주차에는 어느 정도나 살을 빼야 할지 정할 수 있다. 이처럼 기간을 토대로 목표를 점검하면 그 계획이 얼마나 실현 가능한지, 목표를 달성하기 위해 어느 정도의 강도로 목표를 추구해야 할지를 결정할 수 있다.

결론　기한을 정해두고, 특정한 날짜까지 반드시 달성하겠다는 의지가 있을 때만 목표를 이룰 수 있다. 목표를 명확하게 정의했다면, 언제까지 달성할지 결정하라.

4단계: 스스로 통제할 수 있는 목표를 선택한다

목표는 통제할 수 없는 사건마저도 마음껏 상상할 수 있는 꿈과는 다르다. 목표는 당신이 삶에서 통제하고 조작할 수 있는 측면만을 다룬다. 꿈이라면 이렇게 말할 수 있다.

"내 꿈은 아주 멋진 화이트 크리스마스를 보내는 거야."

반면에 현실적인 목표라면 이런 식이어야 한다.

"이번 크리스마스 때에는 가족들이 좋은 추억을 떠올릴 수 있도록 전통적인 분위기로 꾸며야겠어."

분명한 사실은 당신은 날씨를 조절할 수 없다. 따라서 눈이 내리는 화이트 크리스마스는 적절한 목표가 아니다. 그러나 크리스마스 장식이나 음악, 음식 등은 당신의 의지대로 조절할 수 있다. 조절 가능한 요소들은 목표의 일부분이 되어도 아무 문제가 없다.

결론　목표를 정할 때는 통제할 수 없는 부분이 아니라, 당신의 힘으로 통제하고 조절할 수 있는 부분에 집중하라.

5단계: 목표에 도달하기 위한 전략을 수립한다

목적이 이뤄지길 그저 소망만 하는 꿈과는 달리, 목표는 실제로 목적을 달성하기 위한 전략적 계획이 필요하다. 다시 말해, 목표는 A라는 지점에서 B라는 지점으로 이동하기 위한 전략이 있느냐 없느냐에 따라 결과가 달라진다. 진지하게 목표를 추구하려면, 목표를 가로막는 장애물이 무엇인지, 어떤 자원을 활용할 수 있을지 현실적으로 검토한 후 그 현실을 헤쳐나갈 전략을 수립해야 한다.

좋은 전략이 있으면 굳이 의지력에 기대지 않아도 된다. 이것이 잘 계획된 전략이 주는 장점이다. 의지력이 필요하다는 주장은 망상에 불과하다. 의지력이란 신뢰할 수 없는 감정적 동력일 뿐이다. 열정이 넘치는 순간에 경험하는 의지력은 일시적으로는 노력에 에너지를 공급해준다. 그러나 의지력의 토대인 열정이 사라지는 순간, 전부 멈추게 된다. 당신도 살면서 어떤 일을 시작한 뒤 어느 순간에 하고픈 마음이 사라지고, 에너지도 고갈되는 것을 여러 번 경험했을 것이다.

이런 상황에서도 계속 앞으로 나아갈 수 있는 유일한 방법은 전략 계획을 지니고 있는 것이다. 전략 계획은 감정적 에너지가 소모되었을 때에도 열정을 유지하도록 돕는다. 구체적으로 말하자면, 전략 계획은 당신의 환경을 통제할 수 있어야 한다. 그러려면 목표에 맞게 일정을 조절할 수 있어야 하고, 책임도 분명하게 명시해두어야 한다. 그리고 이 세

가지는 감정적 에너지가 모두 소진된 후에도 여전히 당신의 목표를 지원하도록 설계되어야 한다.

예를 들어, 당신의 목표가 일상에서 규칙적으로 운동하는 것이라고 가정해보자. 목표를 세운 직후에는 열정이 넘친다. 집을 나와서 운동을 하는 것이 어렵지 않다. 그러나 그런 노력을 뒷받침하던 감정(의지력)이 소진되었다면? 2월의 추운 아침에 잠이나 더 자고 싶은 마음이 든다면 어찌해야 할까? 이미 의지력은 사라졌지만, 여전히 운동은 해야 한다면? 이럴 때는 결심한 목표를 지키도록 사전에 환경을 조절해두어야 한다. 그래야만 포기하려는 마음을 극복할 수 있다.

아주 단순한 형태의 실행 계획도 엄청나게 효과적일 수 있다. 예를 들어, 나는 일을 마치고 집에 오면 늘 허기가 진다. 한동안 나는 부엌을 통하는 문으로 집에 들어왔다. 나는 매번 저녁 식사 전에는 절대 군것질을 하지 않겠다고 다짐했지만, 의지력이 발동되어 참는 날도 있었고, 그렇지 못할 때도 있었다. 부엌을 지나다 보면 주변은 온갖 유혹으로 가득했다. 때론 과자 한 봉지가 유혹했고, 때론 초콜릿 케이크가 유혹했다. 그래서 나는 목표를 달성하기 위한 계획을 세웠고, 집에 들어올 때 부엌과 연결되지 않은, 다른 문을 사용했다. 내가 선택한 경로는 실패할 여지를 아예 차단했다. 그 덕에 나는 내 의지와 상관없이 군것질하는 습관을 버릴 수 있었다. 이런 단순한 방법은 변덕스러운 의지력에 의존하는 것보다 훨씬 더 쉽고 효과적이다.

마찬가지로 내가 누군가의 환경을 마음대로 조절할 수 있다면, 나는 그 사람의 행동도 내 의지대로 움직이게 하거나 조절할 수 있다.

예를 들어보자. 나는 다른 사람의 흡연 습관을 고칠 수 있다. 100퍼센트의 성공률로 금연하게 할 수 있다. 그저 그 사람을 담배가 없는 환경 속에 넣어두면 된다. 그러면 흡연 문제는 완벽하게 해결된다. 다만 그러려면 그 사람의 환경을 내가 완전히 통제할 수 있어야 하는데, 안타깝게도 낙하산을 태워서 남극에 떨어뜨려 놓지 않는 한, 그런 완전무결한 환경을 제공하기는 불가능하다. 그렇지만 그런 환경을 향해 한 걸음씩 나아간다면 적어도 금연에 성공할 확률은 높아질 것이다.

당신이 30일 이내에 500쪽짜리 책을 다 읽는 것이 목표라고 가정해보자. 일단 이 목표는 충분히 추진할 수 있는 목표다. 구체적이고, 측정 가능하며, 기한도 정해져 있기 때문이다. 하루에 몇 쪽씩 읽어야 할지는 계산하면 쉽게 알 수 있으니 큰 문제가 아니다. 정말로 중요한 것은 매일 그만큼씩 책을 읽도록 자신의 환경을 조절하는 실행 계획을 세우는 것이다. 그러려면 아래와 같은 과정이 필요하다.

- 정해진 분량을 읽으려면 하루에 얼마나 시간을 할애해야 할지 파악한다.
- 매일 언제 책을 읽을지 정한다(일정을 정하는 것은 특히 중요하다. 의지력만으로는 절대 목표를 달성할 수 없다. 매일 특정한 시간을 할애하고, 그 시간을 사수해야만 목표를 이룰 수 있다).
- 주변의 방해나 간섭 없이 책을 읽을 수 있는 물리적 장소가 어디인지 파악한다. 또한, 그 장소는 바쁜 일상 중에도 정해둔 시간이 되면 늘 도달할 수 있는 곳이어야 한다.

실행 계획을 마련한다는 것은 당신의 삶에 온갖 유혹과 실패 요소가 가득하다는 것을 인정하는 것이다. 이런 유혹과 실패 요소는 바람직하고 목표 지향적인 행동과 늘 충돌한다. 따라서 실행 계획 없이는 목표를 향한 경로를 유지하기가 어렵다.

알코올중독자가 금주에 성공하는 것을 도우려면 그를 새로운 환경으로 유도해야 한다. 당신은 술 친구들과 어울리지 말라고 조언할 것이다. 술의 유혹에 굴복하기 가장 쉬울 때 다른 활동을 하라고 권할 것이다. 마찬가지로 당신도 부정적인 결과를 가져오는 행동을 스스로 방지하도록 주변 환경을 조절할 수 있다.

주변 환경을 조절하는 것은 아주 중요하다. 당신이 흡연자인데 정말로 금연을 하고 싶다면, 담배를 피울 수 없는 환경을 조성해야 한다. 담배를 피울 수 있는 곳에 가지 말고 담배를 피우는 시간이나 담배를 구하는 방법도 바꿔라. 정말 금연을 하려면 다음 사항을 철저히 실행해야 한다.

- 집에서 담배와 관련된 모든 것을 없앤다.
- 담배를 살 수 있는 돈을 아예 지니고 다니지 않는다.
- 친구와 동료들에게, 당신이 아무리 부탁해도 절대 담배를 주지 말라고 당부한다.
- 흡연 욕구가 가장 강할 때 대신할 활동을 미리 정해둔다. 예를 들어 아침에 일어난 직후, 식사를 마친 직후, 또는 술을 마실 때 흡연을 대신해서 할 행동을 미리 정해둔다.

결론 계획을 세우고 수행하라. 그러면 목표를 이룰 수 있다. 의지력에 의존하지 말고, 전략과 실행 계획에 의존하라. 원하는 결과를 유도하는 쪽으로 당신의 환경을 조절하라. 실패를 조장하는 장소나 시간, 상황이나 환경을 파악하라. 그런 뒤 그것들을 조절해서 당신이 진정으로 원하는 것을 추구하는 과정을 방해하지 못하게 하라.

6단계: 목표를 단계별로 정의한다

꿈에서는 결과물이 단 하루 만에 '뚝딱' 생겨나지만, 목표는 원하는 결과물로 다가가는 측정 가능한 단계로 세분화된다. 꿈이라면 이렇게 말할 수 있다.

"88사이즈를 여름 전까지 66사이즈로 줄이겠어."

반면에 현실에 토대를 둔 목표라면 이렇게 말해야 한다.

"앞으로 20주 동안 주당 1킬로그램씩 감량하기 위한 조치를 취하겠어. 그리고 이 모든 과정이 끝나면 꼭 66사이즈를 입을 거야."

중대한 삶의 변화는 절대 하룻밤 사이에 일어나지 않는다. 오히려 단계를 거쳐 천천히 일어난다. 단번에 20킬로그램을 감량하고 옷도 두 단계나 작은 사이즈로 줄이는 것은 너무나 힘든 일이라서 지레 겁을 먹을수도 있다. 그러나 매주 조금씩 감량하겠다는 작은 목표로 세분화해서 생각하면 훨씬 달성하기가 쉬워진다.

결론 제대로 계획된, 실현 가능한 중간단계를 거치면서 천천히 나아가다 보면 마지막엔 원하던 결과물을 얻을 수 있다. 그러니 목표를 향해 나아가기 전에 각각의 단계를 미리 파악하는 것이 좋다.

7단계: 목표를 향해 나아가는 과정을 책임진다

마음만 먹으면 즐길 수 있는 꿈과 달리, 목표는 매 단계 당신이 져야 할 책임을 명확히 정해두어야 한다. 꿈에서라면 당신은 자녀의 학기말 성적표에 모든 과목에서 'B' 이상의 점수가 매겨져 있기를 기대할 수 있다. 반면에 현실에서는 자녀가 매주 단계별로 책임을 져야 한다. 예를 들어, 매주 금요일마다 숙제와 쪽지시험, 기타 시험의 결과를 당신이나 선생님에게 보고해야 하는 의무 같은 것이 필요하다. 이런 단계별 책임을 통해 자녀는 더 열심히 노력하고 더 잘하려는 마음을 품게 된다. 매주 부모나 선생님께 평가를 받아야 한다는 사실을 알기 때문이다.

책임을 요구하지 않으면, 사람은 스스로를 속이게 된다. 자신의 저조한 성과를 제때 알아채지 못하고, 계속 기대에 못 미친다. 그러니 주변의 가족이나 친구를 활용해서 정기적으로 진행 과정을 보고하라. 사람은 누군가의 검사를 받아야 할 때, 그리고 실패에 따른 대가를 치러야 한다는 사실을 알 때 더 열심히 노력한다.

결론 당신이 하는 행동, 하지 않는 행동에 대해 책임을 부여하라. 때로 당신은 목표를 향해 나아간다는 느낌이 들 것이고, 때로는 그렇지 않을 때도 있을 것이다. 다만 당신의 목표가 무엇이고 언제까지 그 목표를 이룰 것인지 명확한 계획을 세우고, 목표를 달성하기 위해 준수해야 할 시간과 장소를 확보한다면, 그리고 계획한 일을 안 했을 때 겪어야 할 나쁜 결과도 예측할 수 있다면, 당신은 더 열심히 목표를 추구하게 된다. 그러니 목표를 달성하지 않고는 못 배길 정도로 목표에 책임을 더하는 체계를 갖춰라.

삶의 변화를 위한 당신의 전략 계획을 성공적으로 수행하려면, 전략 계획을 수립하는 과정에서 모든 목표에 대해 지금까지 살펴본 7단계 과정을 효과적으로 반영하라.

인생전략의 핵심!

- 목표는 구체적이어야 하고, 측정 가능해야 하고, 언제까지 달성할지 정해야 한다.
- 계획과 전략을 세우고, 결과를 유도하는 쪽으로 환경을 조절하라.
- 목표를 단계별로 정의하고 각 과정마다 책임을 져라.

14장

이번 생을 망치지 않고도
성공할 수 있다

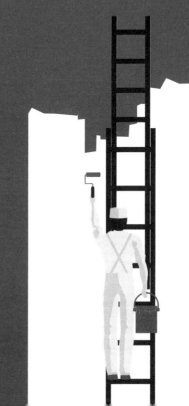

여전히 잠재력이 있다는 것은
아직도 능력을 발휘하지 못했다는 뜻이다.

대럴 로열, 텍사스주립대학 미식축구 감독

지금까지 세 가지 중대한 사건이 지나갔다.

첫째, 당신은 태어나서 처음으로 정직한 시선으로 가까이에서 자신을 대면했다.

둘째, 당신은 10가지 인생법칙을 통해 세상이 실제로 어떻게 작동하는지를 배웠다.

셋째, 당신은 인생전략의 핵심인 목표를 세우고 달성하는 방법에 대한 중요한 지식을 습득했다.

지금껏 내가 사람들을 관찰해온 바로는, 당신도 지금쯤 두 가지 상반된 감정을 느낄 것이다. 첫 번째 감정은 불안감이다. 약간은 두려움도 느낄 수 있다. 당연하다. 이 책에서 내준 과제를 성실히 수행했다면, 그리고 인생법칙을 제대로 배웠다면, 지금껏 당신이 믿어왔던 삶에 대한 논리가 근간부터 흔들렸을 것이기 때문이다. 당신은 이 시점에서 세상의 모든 측면을 의심하거나 재검토하고 있을지도 모른다. 또는 자신이 과거에 했던 선택과 행동, 또는 선택하지 않았던 행동에 대해 스스로 분노가 치밀 수도 있다.

그런 감정이 건강하지는 않다. 그러나 그런 감정이 든다는 것은 당신 인생을 바꾸고 재정비하는 과정에서 많은 노력과 의지가 필요하다는 사실을 잘 보여준다. 이제 당신의 삶에는 과거의 습관이나 도피처, 고집이 파고들 틈이 사라졌다. 이런 것들을 제거하는 과정은 매우 괴롭고 힘들 수 있다. 그러나 당신은 그런 행동을 유지할 수 없다는 것을 잘 안다. 특히 과거의 잘못된 편견과 아집을 계속 가져갈 수 없다는 것도 잘 안다. 지금 당신은 유연해져야 한다. 지금껏 무의식적으로 저항하던 모든 시험과 도전, 시도를 기꺼이 받아들여야 한다.

당신이 느끼는 두 번째 감정은 엄청난 흥분일 것이다. 혹시라도 그렇지 않다면, 흥분해도 좋다. 지금이 바로 당신의 삶이 한 단계 도약할 절호의 기회이기 때문이다. 계획에 따라 삶을 재정비하고, 원하던 것을 하고, 원하던 사람이 될 수 있는 기회가 바로 지금이다.

성공하는 인생을 위한 공식

이 책을 통해 당신은 긴 여정을 걸어왔다. 그 여정에서 당신 자신을 속속들이 알게 되었다. 희망컨대, 이 과정으로 당신 삶의 현재 상태에 대한 중대한 진실을 깨달았길 바란다.

당신은 감정적, 행동적 무감각이란 조용한 전염병에 감염되었음을 알게 되었을 것이다. 무엇보다도 당신의 삶이 10개의 불변하는 인생법칙에 의해 움직이며, 그 법칙을 당신의 인생전략에 적절히 반영하면 인생의 승자가 될 수 있다는 것을 깨달았을 것이다. 또한, 다양한 시험과 질문, 그리고 모든 것을 아우르는 인생 가이드를 통해 이후 집중해야 할 당신 삶의 취약점도 파악했다.

이 책의 내용을 성실하게 수행했다면, 당신은 스스로 어려운 질문을 던지고, 어떤 단점이든 자신의 모습을 있는 그대로 받아들이고 인정하게 되었을 것이다. 당신은 자신이 절대 완벽하지 않다는 사실을 확인했을 것이다. 그리고 더 나아지기 위해 노력하지 않는다면 그것이야말로 심각한 문제임을 확신했을 것이다.

당신이 공을 들여서 인생 가이드가 내주는 과제를 수행했다면, 목표를 이루기 위해 직면하고 해결해야 할 중대한 문제를 파악하고, 그에 맞게 우선순위도 설정했을 것이다. 그리고 당신은 이미, 반복되는 시행착오를 피하고 인생의 진정한 변화를 가져올 전략계획을 수립하는 단계와 조건도 배웠다.

이제 당신은 당신의 인생을 단계별로, 목표별로, 우선순위별로 찬찬히 변화하기 위한 준비를 마쳤다. 앞에서 배운 여러 방법을 활용해서, 먼저 최우선 순위 목표부터 시작해 지식과 결과물을 토대로 변화를 위한 전략을 수립한 후 실천에 옮기면 된다.

인생이란 결국 나아가는 방향과 가속도에 의해 좌우된다. 당신이 나

뻔 방향으로 나아간다면, 이내 가속도가 붙고 마침내 재앙으로 치닫게 된다. 반대로 긍정적인 방향으로 변화하기 위해 노력하면, 이내 가속도가 붙고 변화의 속도와 강도는 더욱 증가한다. 또한, 아무리 작고 미미하더라도 긍정적인 방향으로 계속 걸음을 내디딘다면 언젠가는 인생이 변화하게 되는 순간을 맞게 될 것이다. 그러면 그때부터 당신은 삶에서 긍정적인 결과물과 보람찬 승리를 일궈내는 강력한 힘을 발휘하게 된다.

당신은 태어날 때부터 좋은 인생을 만들어가는 데 필요한 성향과 수단, 성격을 모두 내면에 지니고 있었다. 그저 깨달음과 노하우, 집중력, 명확함이 부족했을 뿐이다. 그런데 이제 당신은 모두 갖췄다. 변화에 필요한 지식과 의지, 욕구도 모두 갖췄다. 이 모든 것이 인생전략의 중요한 구성 요소다.

다만 지금까지 습득한 모든 긍정적인 요소에도 불구하고, 변화를 위한 당신의 준비와 실행계획은 아직 완벽하지 않다. 한 가지 아주 중요한 단계가 남아 있다. 그것은 아주 즐겁고 신나는 단계이자, 필수적인 단계다. 인생의 모든 측면과 마찬가지로, 인생전략을 적용할 때 어떤 마음가짐과 에너지, 태도를 지닐지는 전적으로 당신의 선택이다.

승자의 성공 공식 찾기

당신의 성공 공식은 무엇인가? 당신에게서 최상의 결과를 끌어내는 태도와 열정, 행동이나 성격은 무엇인가? 성공 공식은 마치 당신이 찾아내서 머물고 싶은 '최상의 상태나 영역'과 같다. 프로 운동선수들은 종종 이런 식으로 승자의 모습을 갖춘다. 승자의 모습을 통해 그들은 최상의 상태에 도달해서 최선의 성과를 낸다. 그들이 승자의 모습을 잃으면, 그들의 성과도 심각하게 낮아진다.

자, 그렇다면 당신의 성공 공식은 무엇인가? 당신은 자신감이 넘칠 때, 약간 잘난 체를 할 때 가장 좋은 성과를 내는가? 아니면 겉으로 드러내지 않고 묵묵히 마음속으로 결의를 다질 때 더 좋은 성과를 내는가? 당신은 리더로서 앞장설 때 더 잘하는가, 아니면 리더를 뒤에서 지원할 때 더 잘하는가? 긍정적이고 포용적인 태도가 당신에게 더 적합한가, 아니면 건전하고 비판적인 태도가 더 적합한가? 당신은 혼자서 일하는 타입인가, 아니면 팀을 이뤄서 일하는 타입인가? 어느 쪽이든 당신만의 성공 공식을 찾아내서 자부심을 지니고 살아라.

우리는 종종 '실수에서 배운다'는 말을 한다. 옳은 말이고, 아주 현명한 조언이다. 당신이 특정한 방식으로 상황을 다뤘다가 실수를 했다면, 그 성공적이지 못했던 태도나 행동을 기억해뒀다가 이후 또 다른 선택을 해야 할 때 제외해야 한다.

실수에서 배우라는 말은 아주 좋은 조언이지만, 그것만으론 부족하다. 당신은 성공에서도 배우겠다고 다짐해야 한다. 그러니 당신의 성공에 대해서도 실수와 마찬가지로 최선을 다해서 파헤치고 분석하라. 실수에서 배우는 것의 단점은 당신 삶의 부정적인 측면을 살피는 데 상당한 시간을 쏟아야 한다는 것이다. 반대로 성공을 분석하는 것의 장점은 삶의 긍정적인 측면에 집중할 수 있다는 것이다. 그 과정을 통해 당신의 삶 역시 성공적인 부분이 있음을 알게 되고, 그러한 성공을 분석하다 보면 일이 잘 풀린 까닭이 당신 때문임을 알게 될 것이다.

나는 운을 믿지 않는다. 인생에 우연이 있다고 생각하지 않는다. 나는 당신의 삶이 성공적인 이유가 당신이 삶을 성공적으로 이끌었기 때문이라고 생각한다. 다시 말해, 당신의 삶이 성공적인 이유는 당신이 옳은 태도와 행동을 선택해서 옳은 결과를 만들어냈기 때문이다. 그렇기에 성공적인 상황을 분석해서 성공 요인이 무엇인지를 파악하면, 이후로도 계속 성공적인 선택을 반복할 수 있다.

예를 들어보자. 당신이 특별히 좋은 인간관계를 유지하고 있다면 왜 그 관계가 잘 돌아가는지 시간을 들여 심사숙고할 필요가 있다. 물론 분석에만 매달리다가 오히려 그 관계가 주는 즐거움을 놓쳐선 안 된다. 다만 이 특별한 인간관계가 당신에게 큰 만족감을 주는 이유가 무엇인지는 알아야 한다.

당신은 이 인간관계를 다른 인간관계와는 다르게 접근하는가? 그렇다면 그 이유는 무엇인가? 혹시 이 인간관계에서만 유달리 다르게 행동하는가? 혹시 이 관계의 우선순위를 높게 두었는가? 그래서 상대적으로 원만하지 못한 다른 관계에 비해 더 많은 에너지를 할애하는 것은 아닌가? 이 인간관계에서 당신에게 이로운 특정한 반응이나 보상을 얻고 있는가? 그 반응이 다른 인간관계에서는 얻지 못하는 것인가? 이 인간관계를 특별하게 만드는 요소는 무엇인가? 이 인간관계가 성공적인 이유는 무엇인가?

당신은 성공을 분석함으로써 성공으로 이끈 태도와 행동을 찾아내 반복할 수 있다. 그 인간관계가 성공적인 이유는 당신과 상대방이 서로 진솔한 마음을 나눴기 때문일 것이다. 그 사실을 깨달았다면, 그것을 다른 인간관계에도 적용할 수 있다. 아니면 그 인간관계에서 유달리 상대방에게 포용적이었을 수도 있다. 또는 반대로 상대방이 당신을 매우 관대하게 대해주었을 수도 있다. 그렇다면 다른 인간관계에서도 이런 성향을 유지함으로써 성공 가능성을 높일 수 있다.

당신이 인간관계나 직업, 문제 해결, 건강관리 또는 자기관리에서 어느 한 분야라도 성공적이라면, 그 이유를 파악해서 계속 적용하라.

과제 ⑱ 성공 요인 분석하기

인생전략을 수립하기에 앞서 먼저 성공 요인을 분석하는 것이 좋다. 그러려면 270쪽의 인생의 방면 도표를 참조하라. 다섯 가지 인생범주 중에서 당신이 성공적으로 삶을 영위하는 범주는 어디인가? 이전에도 성공한 적이 있다면, 그 성공을 반복할 수 있다.

자신의 성공을 분석하는 것도 유용하지만, 타인의 성공과 승리전략을 모방하는 것도 도움이 된다. 존경하는 이들의 성향과 특징을 파악해서 당신의 성향과 인생전략에 적용하는 것은 절대 나쁜 짓이 아니다. 물론 고유한 성향을 버리고 무조건 남을 따라 할 필요는 없다. 당신의 모습이 틀린 것은 아니기 때문이다. 나는 당신의 지인, 또는 당신이 가까이에서 지켜본 사람 중에 큰 성공을 거둔 사람을 역할모델로 삼아 그들의 인생전략이나 성향을 연구하기를 권한다. 그들의 모든 것을 본받을 필요는 없다. 그저 긍정적인 부분만 떼어내 모방하면 된다.

사실 나는 타인의 성공 요인을 연구하는 것에 늘 흥미가 있었다. 처음에는 취미였지만, 나중에는 그 일에 전념하게 되었다. 나는 어린 시절부터 성공에 매료되었었다. 운동선수로 활동할 때에도 순위나 통계, 성적 같은 것보다는 오히려 특정한 팀이나 선수가 리그에서 최고인 이유가 더 궁금했다.

예를 들어, 능력과 기술에서 보면 최상위권 선수나 최하위권 선수나 별반 차이가 없었다. 내가 알기론 엄청난 수입을 올리는 슈퍼스타라고 해서 간신히 프로리그에서 뛰는 선수들에 비해 훨씬 더 빠르거나, 더 높게 뛰거나, 엄청난 괴력을 발휘하는 것은 아니었다. 나는 최고의 선수에게는 무언가 다른 점이 있다는 걸 알았고, 그것이 무엇인지 찾아내고 싶었다.

당신이 존경하는 이들 중 대단히 성공적인 사람이 있는가? 그 사람은 당신의 직장동료이거나, 고용주일 수 있다. 혹은 언론이나 책, 기사를 통해서만 접해본, 널리 이름이 알려진 유명인사일 수도 있다. 그 사람은 당신의 부모나 가족일 수도 있다. 누구든 그들의 성공 공식을 연구하고 분석하는 것은 자신의 성공을 분석하는 것만큼 도움이 된다.

그들에게 성공을 유도하는, 당신이 우러러볼 만한 특별한 철학이 있는가? 그들은 문제 해결이나 대인관계에서 남과 다른 특별한 태도를 지니고 있는가? 본받을 만한 직업윤리나 열정이 있는가? 그들은 자신이 원하는 것을 얻기 위해 일정 부분 위험을 감수하는가? 어떤 성향이든 간에 그것들을 찾아내어 모방하는 것은 도움이 된다.

나는 평생 성공을 연구했다. 그래서 성공한 사람을 연구하면 무엇을 찾아낼 수 있는지 귀띔해줄 수 있다. 나는 오랜 세월 동안 성공 신화와 그 주인공들을 연구하면서, 성공이 절대 우연이 아닌 사실을 알아냈다. 이를테면, 사업으로 성공한 사람은 운동이나 예술 분야에서 성공한 사람들과 비슷한 성향이 있다. 지속적으로 성공하는 사람은 스스로 운을 만든다. 세상이 주목할 만한 일을 하고, 세상은 그들에게 상응하는 보상을 준다.

성공한 이들은 각기 다른 목표와 전략을 가지고 있다. 그런데 그 모든 전략을 쭉 나열해서 성공 요인을 비교해보면, 분명히 공통 요소를 찾아낼 수 있다. 이런 공통 요소는 성공의 필요조건이다. 그 필요조건이 충족되지 않는 한, 당신은 실패할 수밖에 없다.

지금 나는 성공을 위한 공통적인 성향과 특징을 알려주려 한다. 그리고 당신이 그 공통 요소를 인생전략에 적용하기 바란다. 그 공통 요소는 특별한 능력이 아닌 선택의 문제다. 다시 말해, 당신이 마음만 먹으면 언제든 적용할 수 있는 것들이다.

성공하는 사람들의 10가지 요소

✸ 1. 미래 비전

성공적인 사람이 늘 원하는 것을 얻는 이유는 무엇을 원하는지 알기 때문이다. 그들은 상상 속에서 그것들을 보고, 느끼고, 경험한다. 그들은 자신이 원하는 것과 도달하고자 하는 목적지를 늘 마음속에 그린다. 그 상상은 너무나 선명하고 강력하다. 그래서 그들은 당장에라도 승리할 것처럼 목표를 향해 매진할 수 있다. 반대로 대다수 평범한 사람은 자신이 원하는 것을 상상하며 흥분하는 것을 오히려 두려워한다. 왜냐하면, 상상한 대로 일이 풀리지 않거나, 원하는 것을 얻지 못했을 때 실망이 너무 클까봐 두렵기 때문이다. 성공 가도를 달리는 사람은 그런 두려움에 절대 위축되지 않는다. 그들은 오히려 늘 목표를 꿈꾸며 상상한다. 목표가 이뤄지는 순간의 느낌이 어떨지를 아주 구체적으로 묘사할 수 있다. 성공한 사람들은 원하는 것을 이뤘을 때 어떤 모습이고 어떤 느낌일지 안다. 그것이 자신의 삶을 어떻게 바꿔놓을지도 안다. 그들에게 미래에 대한 비전은 마치 북극성처럼 그들을 계속해서 목적지로 안내한다.

● 2. 전략

성공을 반복하는 사람은 하나같이 꿈꾸는 비전을 현실로 만들어줄 명확하고 구체적인 전략이 있다. 그들에게는 지도가 있고, 계획이 있으며, 일정표가 있다. 그들은 무엇을 언제 해야 할지, 어떤 순서로 해야 할지 안다. 특히 그 내용을 모두 글로 적어둔다. 성공적인 사람들은 달력과 일정표 또는 컴퓨터 폴더에 글로 적어서 자신의 전략을 시각화한다. 그들의 인생전략에는 자신들이 활용할 수 있는 자원과 극복해야 할 난관에 관한 내용이 상세히 포함되어 있다. 글로 작성된 인생전략은 명확한 미래 비전과 더불어 지속적으로 목표를 추구하게 만드는 요인이다. 그들은 지도에 없는 샛길로 빠지는 법이 없다. 그들의 눈은 북극성에 고정되어 있기에 결승선으로 다가가는 데 도움이 되지 않는 유혹에도 넘어가지 않는다.

● 3. 열정

늘 성공하는 사람은 열정을 지니고 시합에 임한다. 그들은 자신이 하는 일에 신이 난다. 자신의 일에서 에너지를 얻는다. 그들은 목적지에 도달하는 것은 물론이고 그 과정마저도 사랑해 매 순간을 즐긴다. 성공적인 사람들에게 목표를 추구하는 과정은 결코 일이 아니기 때문에 그들은 잘 지치지도 않는다. 오히려 그들에게 목표를 추구하는 것은 즐겁고 흥미로운 과정이다. 그래서 성공하는 사람은 밤에 잠을 자는 것을 미루면서까지 목표를 추구하고, 아침이면 신이 나서 눈을 뜨고 다시 목표를 향해 나아간다. 그들의 열정은 전염성이 강해서 주변 사람들을 흥분시키고 같은 목적을 추구하게 만든다.

● 4. 현실 직시

성공적인 사람은 현실을 부인하거나, 환상이나 허구의 세상에 사로잡히지 않는다. 그들은 자신과 남들에게 있는 그대로 사실만을 말한다. 자신을 기만하기보다는 엄격하며, 고상하지만 현실적인 잣대로 평가한다. 그들은 남들의 비판이나 충고를 적극적으로 포용한다. 모든 정보에서 자신에게 유용한 부분을 찾아낸다.

성공한 사람은 모든 성공이 자신의 능력 덕분이라고 착각하지 않는다. 오히려 자신이 누구인지 잘 알고, 더 나아지려고 노력한다. 그들은 직면한 도전과 문제를 과소평가하지 않는다. 그들은 진실을 추구한다. 그래야만 자신의 비전을 현실로 만들 수 있다는 걸 알기 때문이다. 그들은 이런 태도를 취한다.

"최악의 경우를 알면 버틸 수 있어. 그러나 아예 모르면 대책조차 세울 수가 없지."

● 5. 유연성

승리하는 사람은 인생이 성공으로만 점철된 여정이 아님을 잘 안다. 또한, 아무리 좋은 계획이라도 때로는 수정하거나 바꿀 필요가 있다는 사실도 이해한다. 성공한 사람은 특정한 행동이나 행동방식을 고집하지 않는다. 늘 좋은 의견에 귀를 열고, 실현 가능한 대안을 모색한다. A라는 방식이 통하면 A를 실행하고, B라는 방식이 통하면 B를 실행하는 식이다. 성공한 사람은 굽힐지언정 결코 부러지지 않는다. 자신의 성과를 겉모습이나 자존심, 의도가 아닌 오직 결과로만 평가한다. 그렇기에 실수를 두려워하지 않고, 언제든 새롭게 시작하거나 변화할 수 있다.

● 6. 위험 감수

늘 승리하는 사람은 위험을 감수한다. 그렇다고 해서 경솔히 자신이나 자신의 목표를 불필요한 위험으로 몰아넣지 않는다. 다만 안락하고 익숙한 것에서 벗어나 새로운 것을 시도하려는 의지가 있다. 필요하면 미지의 영역이라도 뛰어든다. 더 많은 것을 얻기 위해 안전하고 익숙하며 편한 상태에서 벗어난다. 성공한 사람은 지금 자신이 가진 것으론 충분하지 않다고 기꺼이 인정한다. 그렇기에 변화에 대한 압박감과 실패 가능성을 기꺼이 감내한다.

✹ 7. 핵심 집단

이기는 사람은 독불장군이 아니다. 승자는 주변에 자신을 지지해주는 이들로 가득하기 때문에 승리하는 것임을 안다. 승자는 건강한 관계를 유지하는 핵심 집단을 곁에 두는 것이 중요하다는 것을 안다. 그렇기에 자신에게 없는 기술이나 재능, 능력이 있는 사람들을 골라서 관계를 맺는다. 이런 핵심 집단은 기꺼이 진실을 말해줄 만큼 당신을 아끼는 이들이다. 그들은 당신에게 건강한 비판을 해주는 것에 자부심을 느낀다.

신뢰할 수 있는 친구와 지지자들로 구성된 핵심 집단을 만드는 것은 아주 중요하다. 그리고 성공한 이들은 자신이 받은 만큼 베푸는 것으로 핵심 집단을 구성하고 유지한다. 또한, 자신도 다른 사람의 핵심 집단 중 일원으로 활동한다.

✹ 8. 행동

승리하는 사람은 목적과 방향성을 분명하고 바람직한 행동으로 옮긴다. 승자는 마음속으로만 세상을 바꾸지 않고, 위험을 감수하기에 기꺼이 실행에 나선다. 지속해서 될 때까지 실행한다. 첫 시도에서 원하는 결과물을 얻지 못하더라도 좌절하지 않는다. 왜냐하면, 세상이 쉽게 보상을 내주지 않는다는 걸 알기 때문이다. 따라서 승자는 한 번의 시도로 원하는 보상을 얻는다면 좋아하지만, 열 번의 시도가 필요하더라도 절대 실망하지 않는다.

✸ 9. 우선순위

성공하는 사람은 문제를 중요도에 따라 구분해서 관리한다. 다시 말해, 우선순위를 매기고 그것에 맞게 관리한다. 승자는 우선순위 2번이나 3번, 또는 4번에 시간을 허비하지 않고 우선순위 1번에만 집중하도록 자신의 시간을 관리한다. 일하는 중에도 우선순위 1번이 아닌 다른 일을 하고 있다면, 하던 일을 멈추고 되돌아간다. 승자는 우선순위를 신중하게 정한다. 우선순위에 따라 살아가기 때문이다. 그리고 절대 샛길로 빠지지 않는다. 가장 중요한 일에 집중해서 끝마친 후에야 다음 일로 넘어간다.

✸ 10. 자기관리

성공적인 사람은 의식적이고 의도적으로 자신을 관리한다. 목표를 달성하는 데 가장 중요한 자원은 바로 자신이기 때문이다. 그래서 적극적으로 자신의 정신적, 육체적, 감정적, 영적 건강상태를 관리한다. 삶의 균형을 유지하고, 지나친 과로 때문에 무기력에 빠지지 않도록 노력한다. 특정한 목표에 너무 집착하는 바람에 인생의 다른 것들을 놓치는 실수를 범하지 않는다. 그렇기에 운동과 휴식, 가족과 보내는 시간에도 에너지를 할애한다.

승자는 사람을 지치게 하는 불쾌한 직업이나 인간관계 때문에 괴로워만 하지 않는다. 최우선 순위로 그 상황을 고치거나, 아예 그 상황에서 벗어난다. 승자는 절대 스스로 망가지는 법이 없다. 원하는 삶의 목적지에 도달하려면 자신에게 의존해야 한다는 사실을 잘 알기에, 자신을 아끼고 보살핀다.

일상의 챔피언에게는 자기만의 인생전략이 있다

성공한 이들의 삶에서 반복적으로 목격되는 이 10가지 공통요소는 당신이 살면서 모방해야 할 자질이다. 그러니 이 중요한 요소들을 당신의 성공적인 삶을 통해 입증하라. 실제로 유명한 운동선수나 교회의 청년 지도자를 막론하고 모든 승자의 인생전략에는 이 10가지 요소가 작용한다.

혹시 위에 언급한 10가지 요소가 지나치게 고상하게 들린다고 해서 지레 겁먹을 필요는 없다. 그 요소들은 절대 유명인에게서만 발견되는 자질이 아니다. 사실 유명인도 당신과 같은 일반 대중 덕분에 유명해졌다는 것만 빼고는 본질적으로 당신과 다를 것이 없다. 다시 말해, 학교 선생님이나 NBA 슈퍼스타에게서 동일한 공통요소가 발견된다. 간호사에게서, 상점 점원에게서, 유명한 오페라 가수에게서도 10가지 공통요소가 발견된다. 그리고 당신은 이런 자질을 당신의 가족에게서도 찾을 수 있다. 내 경우가 그렇다.

나는 세계 최고의 챔피언과 함께 산다. 바로 지난 22년 동안 나와 결혼 생활을 함께해온 아내 로빈이다. 아내는 밖으로 드러나지 않는 조용한 삶을 산다. 그러나 그 삶은 농구선수 마이클 조던이나 세릴 스웁스의 삶에서 찾을 수 있는 여러 훌륭한 자질과 열정으로 가득한, 아주 보람찬 삶이다.

아내가 암 투병을 하다가 끝내 임종하신 아버지를 수개월 동안 간호하는 광경을 보며, 그녀의 인간됨이 얼마나 깊은지를 깨달았다. 심지어 그 힘든 와중에도 아내는 나와 두 아들을 위해 매일 시간을 할애했다. 첫째 아이가 뇌수막염에 걸려 목숨이 위중할 때에도 아내는 단 한마디 힘들다는 말도 않고 90시간이나 뜬눈으로 아이 곁을 지켰다.

로빈은 열정과 비전으로 아내와 엄마 역할을 수행한다. 157센티미터의 작은 키에 52킬로그램의 작은 몸에도 불구하고, 누구든 그녀의 아이를 괴롭혔다간 크게 혼쭐이 날 것이다. 전기톱이라도 쥐여주면 곰과도 맞서 싸울 것이다. 로빈은 절대 '포기'하거나 '지치는' 법이 없다. 그녀는 승자이고, 챔피언이다. 비록 그녀에게 트로피를 안겨주면서 우승자 인터뷰를 요청하는 사람은 없지만, 그럼에도 아내는 다른 모든 시합에 임하는 선수들과 같은 열정과 비전, 실행력으로 자신만의 시합에 임한다.

조던과 스웁스가 골 밑으로 돌파하며 공을 몬다면, 아내는 카풀을 하려고 차를 몬다. 조던이 팀의 심장이자 영혼인 것처럼, 로빈도 자애로운 아내이자 엄마로서 우리 가족의 심장이자 영혼이다. 그녀는 좋을 때나 힘들 때나 늘 자부심으로 가득한 고상한 삶을 살아간다. 로빈은 가족을 위한 계획이 있다. 두 아들을 위한 미래 비전도 있다. 그녀는 우리를 보살피기 위해 먼저 자신을 보살핀다. 그리고 성공을 끌어내는 따스하고 자애로운, 건강한 환경을 제공한다.

위에 언급한 것들은 챔피언의 자질이다. 당신의 삶에서도 이런 챔피언을 찾아라. 위대한 챔피언을 찾기 위해 굳이 NBA를 들여다볼 필요는 없다. 장담컨대 당신의 삶에도 챔피언이 있을 것이다. 물론 당신은 그 사람을 챔피언이나 슈퍼스타라고 부르지 않을 것이다. 당신 자신이 그런 사람이라고 할지라도, 스스로 챔피언이나 슈퍼스타로 여기지도 않을 것이다. 다만 당신이 그 사실을 인식하지 못한다고 해서 그것이 사실이 아닌 것은 아니다.

누구나 삶에서 스타가 될 수 있다. 누구나 챔피언이 될 수 있다. 자신의 모습을 있는 그대로 드러낼 때 당신을 비추는 조명이나 카메라도 없고, 취재하는 기자도 없다고 해서 당신이 챔피언이 아닌 것은 아니다. 그럴 때는 잠시 멈춰서 주변을 둘러보라. 생각보다 훨씬 위대함에 근접해 있을지도 모른다.

혹시 당신이 '일상의 위대함'은 없다고 믿는다면, 혹시라도 내가 아내를 챔피언이라고 말하는 이유가 22년간 결혼 생활을 함께했기 때문이라고 생각한다면, 앤디의 이야기에 귀를 기울여보라.

택시기사 앤디의 이야기

내 가장 가까운 친구이자 동료인 빌 도슨은 캘리포니아에서 벌어진 거대한 기업 간 소송전에 나를 끌어들였다. 당시 우리는 10억 달러가 넘는 소송에서 포천 100대 기업에 속하는 여러 회사의 변호를 맡았다. 재판은 거의 5개월 동안 계속되었는데, 아무리 최고급 호텔이어도 그렇게 오래 호텔에 묵다 보면 힘이 들게 마련이다.

빌 도슨은 소송의 대표 변호사였다. 그는 미국에서 손꼽히는 훌륭한 법조인이기도 하다. 그는 사건을 맡으면 마치 배고픈 들개처럼 소송에서 이기기 위한 준비에 몰두했다. 그러려면 재판 전과 재판 중간에 회의를 해야 했고, 재판 후에는 다음 재판을 준비하기 위한 회의도 했는데, 그러다 보면 새벽까지 회의가 이어지기 일쑤였다.

우리가 머물던 시내의 교통체증은 악몽과도 같았다. 처음 도착한 날 밤, 나는 택시기사 앤디를 만났다. 앤디는 자정이 약간 지난 시각에 공항에서 나를 태워서 호텔까지 데려다주었다.

나는 다른 도시에서도 택시를 많이 타봤다. 가끔 깨끗한 택시도 있지만 대부분은 그렇지 않았고, 무엇보다 냄새가 심했다. 그런데 앤디가 모는 택시는 타는 순간부터 달랐다. 이미 자정이 지난 시각이었는데도, 번쩍거릴 정도로 깨끗하게 세차가 돼 있었다. 앤디는 말쑥한 셔츠에 넥타이를 매고 있었다. 뒷자리에는 그날의 지역신문과 〈USA투데이〉, 〈월스트리트저널〉이 깔끔하게 접힌 채로 놓여 있었다. 10명 정도가 이미 들춰본 것 같긴 했는데, 단 한 장도 사라지지 않은 온전한 상태였다. 나는 앤디가 자기 일과 일 처리 방식에 큰 자부심을 지녔다는 사실을 단박에 알 수 있었다. 셔츠도 오래되긴 했지만 깨끗한 것이, 복장에도 신경을 쓰는 것 같았다.

다음 날, 나는 시내 곳곳을 다니느라 서너 대의 택시를 타야 했는데, 매번 택시에서 내릴 때마다 옷을 입은 채로 샤워라도 하고픈 심정이었다. 나는 전날 받은 택시 영수증을 꺼내 앤디에게 전화를 걸었다. 앞으로 6명에서 8명 정도의 우리 회사 직원들이 정기적으로 시내 여러 곳과 공항을 반복적으로 들를 텐데, 우리가 시내에 머무는 동안 교통수단이 되어줄 수 없겠냐고 물었다. 고맙게도 그는 그러겠다고 동의했다.

이후 4개월 보름 동안 나는 자신의 삶에 대한 비전과 열정을 지니고 단순한 방식으로 살아가는 이 소박한 사내를 깊이 알게 되었다. 앤디는 우리 직원 모두를 살뜰하게 챙겼다. 그는 매번 예정시간보다 먼저 도착해서 우리를 기다렸다. 때로는 새벽 6시에 우리 직원들을 데리러 왔고, 같은 날 자정이 넘은 시간에 공항에서 나를 태워가기도 했다. 택시는 늘 깨끗했고, 앤디도 늘 말쑥한 차림이었다. 그는 프로답게 행동했고, 자신이 맡은 일에 헌신적이었다.

나는 택시에 올라타면 앤디와 얘기를 나눴다. 앤디는 내게 자신의 철학을 들려주었다. 그는 일을 열심히 제대로 하면 당연히 보상이 따른다고 믿었다. 그러면서 5년 이내에 자신이 직접 택시회사를 운영하는 것이 목표라고 말했다. 앤디는 그 목표에 대단히 열정적인 것 같았다.

어느 금요일에 앤디는 나를 공항으로 데려다주었다. 날씨 때문에 출발이 심하게 지연되었고, 앤디는 기다리는 동안 내게 자신의 사업계획서를 봐달라고 부탁했다.

나는 그의 사업계획서를 보고 크게 감명했다. 철자가 틀리고, 손으로 작성한 사업계획서였지만, 그 내용만큼은 논리적이었다. 사업계획서에는 고민의 흔적이 역력했다. 미래에 대한 예측도 담겨 있었다. 분명한 기한이 적혀 있었고, 결과물에 대한 명백한 기준도 있었다. 한마디로 앤디는 미래 계획이 있었다. 또한, 그는 그해에 미국에서 가장 큰 규모의 소송을 지원하는 운송책임자이기도 했다. 앤디는 나와 내 직원들은 물론이고, 핵심 증인들과 변호사들에게 늘 시간을 맞출 수 있는, 믿을 만한 이동수단을 제공했다. 앤디도 이 대형 소송에 일조하고 있다는 사실에 자부심을 느꼈다. 그는 매일 신문을 통해 재판 내용을 파악했고, 나중에는 소송에 대해 많은 내용을 이해하게 되었다.

내가 모든 일을 마치고 그곳을 떠나는 날, 앤디는 나를 공항에 내려주고는 탑승구까지 배웅해주었다. 그는 나와 함께 걸으며 이렇게 말했다.

"박사님, 이번 일에 저를 끼워주셔서 감사합니다. 제가 도움이 된 것 같아서 기뻐요. 그간 많이 배웠습니다. 앞으로 다시 뵙지는 못하겠지만, 제게 함께 일할 기회를 주셔서 감사드립니다."

품위가 넘치는 말이었다. 나는 앤디에게 도와줘서 고맙다고 말했고, 그가 꿈을 이룰 것을 의심하지 않는다고 말했다. 사업계획서도 훌륭하며, 계획대로 잘될 거라고 격려도 해주었다. 진정한 의미에서 앤디는 미래 비전과 열정을 지니고 있었다.

이 세상에 앤디 같은 사람이 있고, 앤디처럼 일을 말끔히 처리하는 사람이 있다는 것이 얼마나 다행인가. 앤디 같은 사람이 없다면, 제아무리 대단한 사람일지라도 큰 곤경에 처할 것이다. 나는 집으로 향하는 비행기 안에서 내가 맡았던 소송보다 앤디에 대한 생각을 더 많이 했다. 내가 맡은 일에 능숙한 만큼, 앤디도 자신이 맡은 일을 훌륭하게 해낸다는 생각이 들었다.

앤디는 챔피언이었고 승자였다. 그는 자신의 삶에 자부심을 느꼈고, 자신이 속한 분야에서 성공의 꽃을 피우고 있었다. 의회나 기업을 비롯해 여러 분야에서 활동하는 이른바 잘나가는 사람들조차 앤디에게서 배울 점이 있었다. 적어도 나는 앤디에게서 많은 것을 배웠다.

내게는 이와 비슷한 이야기가 수없이 많다. 다만 이쯤이면 내가 전하고픈 메시지를 당신도 충분히 알았을 것이라 믿는다. 당신이 어디에 있든, 어떤 일을 하든, 얼마나 많은 교육을 받았든 또는 받지 않았든 상관없다. 그저 당신이 인생법칙에 따라 살아간다면, 그리고 당신의 삶에 성공의 공통요소들을 적용하면 당신도 인생의 승자가 될 수 있다. 그리고 다시 한 번 말하지만, 그 선택은 결국 당신의 몫이다.

인생전략의 핵심!

- 당신의 임무는 자신만의 성공 공식을 찾아 성공하는 인생을 위한 자신만의 고유한 모습을 정의하는 것이다.
- 지속적으로 성공하는 사람은 운이 좋아서 성공하는 것이 아니다. 오히려 그들은 스스로 운을 만든다.
- 위대한 챔피언을 찾기 위해 굳이 NBA를 들여다볼 필요는 없다. 누구나 자신의 삶에서 스타가 될 수 있다. 누구나 챔피언이 될 수 있다.

인생은 수리가 됩니다

1판 1쇄 발행 2018년 8월 17일
1판 8쇄 발행 2022년 1월 10일

지은이 필립 C. 맥그로
옮긴이 차백만
펴낸이 고병욱

책임편집 장지연 **기획편집** 윤현주 유나경 조은서
마케팅 이일권 김윤성 김도연 김재욱 이애주 오정민 **디자인** 공희 진미나 백은주
외서기획 이슬 **제작** 김기창 **관리** 주동은 조재언 **총무** 문준기 노재경 송민진

펴낸곳 청림출판(주)
등록 제1989-000026호

본사 06048 서울시 강남구 도산대로 38길 11 청림출판(주) (논현동 63)
제2사옥 10881 경기도 파주시 회동길 173 청림아트스페이스 (문발동 518-6)
전화 02-546-4341 **팩스** 02-546-8053
홈페이지 www.chungrim.com
이메일 cr1@chungrim.com
블로그 blog.naver.com/chungrimpub
페이스북 www.facebook.com/chungrimpub

ISBN 978-89-352-1223-1 (03320)

LIFE STRATEGIES